李嘉诚传

初心与未来

李阳◎编著

花山文艺出版社

奉献的艺术

——汕头大学长江商学院“与大师同行”系列讲座之一

多谢大家常称赞我是一个成功的企业家，对于这些支持、鼓励，我内心是感激的。

很多时候传媒访问我，都会问及如何做一个成功的商人。其实我很害怕被人这样定位。我首先是一个人，再而是一个商人。

每个人一生中都要扮演很多不同的角色。最关键的成功方法就是寻找到导航人生的坐标。没有原则的人，会漂流不定。有正确的坐标，我们做什么角色都可以保持真我，挥洒自如，有不同程度的成就，活得更快乐、更精彩。

不知道什么时候开始，“士农工商”的社会等级观念，开始深深扎根在中国人的思想里。几千年来，从政治家到学者，在评价“商”的时候，几乎都不可避免地带着贬义。他们用负面的眼光看待商人的经济推动力，在制度上，各种有欠公允的法令，历代层出不穷，把司马迁《史记·货殖列传》所形容的商人“各任其能，竭其力，以得所欲”、资源互通有无、理性客观的风险意识、资本运作技巧、生生不息的创意贡献等正面的评价，曲解为唯利是图的表征，贬为“无商不奸”，或是“熙熙攘攘，都是为利而来，为利而往”的唯利主义者。

当然，在商人的行列里，也有满脑袋只知道赚钱，不惜在道德上有所亏欠，干出恶劣行为的人。他们伤害到企业本身及整个行业的形象。也有一些企业钻营于道德标准和法律尺度中的灰色地带。今天商业社会的进步，不仅要靠个人勇气、勤奋和坚持，更重要的是建立社群所需要的诚实、慷慨，从而创造出一个更公平、更公正的社会。

从小我就很喜欢听故事，从别人的生活，得到启发。当然，不单是名人或历史人物，四周的各人、各事，言行举止，都是如此。在商言商，有些时候，更会带来巨利的机会。洛克菲勒（Rockefeller）与擦鞋童的故事，大家都听过：1929 年，华尔街股灾前，一个擦鞋童也想给 Rockefelle 炒卖股票的秘密消息，Rockefeller 听后，马上领悟到股票市场过热，是离场的时候，他立刻将股票兑现，躲过股灾。

范蠡一句“飞鸟尽，良弓藏；狡兔死，走狗烹”，说尽了当时社会制度的缺憾，大家都忘不了他这句话。范蠡是《史记·货殖列传》中所记的第一人，他曾拜计然为师，研习治国方略，博学多才，是春秋时代著名的政治家。

他有谋略，有渊博及系统化的经济思维，他的经济智慧为他赢得巨大的财富。

现代经济学很多供求机制的理论，我国历史早有记载。

范蠡的“积著之理”研究商品过多或短缺的情况，说出物价涨跌的道理。怎样抓住时机，货物和现金流的周转，要如同流水那样生生不息。

范蠡的“计然之术”，还试图从物质世界出发，探索经济活动水平起落波动的根据；其“待乏”原则则阐明了如何预计需求变化并做出反应。他主张平价出售粮食，并平抑调整其他物价，使关卡税收和市场供应都不缺乏，才是治国之道，更提出了国家积极调控经济的方略。

“旱时，要备船以待涝；涝时，要备车以待旱。”强调人们不仅要尊重客观规律，而且要运用和把握客观规律，应用在变化万千的经济现象之中。

我觉得范蠡一生可算无憾，有文种这样知心相重的朋友；有共渡艰难，共度辰光的西施为伴侣，最重要的是，有智慧守候他的终生。我相信他是快乐的，因为他清楚知道在不同时候，自己要担当什么角色，而且都这样出色，这么诚恳有节。勾践败国，范蠡侍于身后，不被夫差力邀招揽所动。

范蠡助勾践复国后，看透时局，离越赴齐，变名更姓为鸱夷子皮。他与儿子们耕作于海边，由于经营有方，没有多久，产业竟然达数十万钱。

齐国的人，见范蠡贤明，欲委以大任。范蠡却相信"久受尊名，终不是什么好事"，他散其家财，分给亲友乡邻，然后怀带少数财物，离开齐到了陶，再次变易姓名，自称为陶朱公。

他继续从商，每日买贱卖贵，没过多久，又积聚资财巨万，成了富翁。

范蠡老死于陶。一生三次迁徙，皆有英名。

书中没有记载范蠡终归是否无憾。范蠡没有日记，没有回忆录；只有他行动的记录，故无法分析他的心态。他历尽艰辛协助勾践复国，又看透勾践不仁不义的性格；他建立制度，却又害怕制度；他雄才伟略，但又厌倦社会的争辩和无理；他成就伟大，却深刻体会到世上最强最有杀伤力的情绪是嫉妒，范蠡为什么会有如此消极的抗拒（不参与本身就是一种抗拒）？

说完我国著名历史人物范蠡，我想谈一谈一个美国的伟人。

来自另一个世界的本杰明·富兰克林（Benjamin Franklin），他墓碑上只简单刻上"富兰克林，印刷工人"这几个字。他是个哲学家、政治家、外交家、作家、科学家、商人、发明家和音乐家，闻名于世，像他这样在各方面都展现卓越才能的人是少见的。

富兰克林，1706年生于波士顿，家境清贫，没有受过正规教育，他一直努力弥补这一遗憾，完全是靠自学获得了广泛的知识。他12岁当印刷学徒，1730年接办《宾州公报》，他著作的《可怜李察的日记》一纸风行，成为除《圣经》外最畅销的书，他为政府印刷纸币，实业上获得了很大成功。

富兰克林不单有超越年龄的智慧，更对别人关心，有健全的思维，他对公共事业的热心和能力，更赢得了当地居民的信任。富兰克林曾经立下志愿，凡是对公众有益的事情，不管多困难，他都要努力承担。自1748年始，他开展了不同的公共项目，包括建立图书馆、学校、医院等。

做好事、做好人是驱动富兰克林终生的核心思想，他极希望自己做的每一件事，均有益于社会、有用于社会，身体力行为后人谋取幸福。

他名成利就后，从未忘记帮助年轻人找到自己增值的方法，在"给一个年轻商人的忠告"的文章内，他的名句"Time is money, credit is money"，将时间和诚信作为钱能生钱可量化的投资；在"财富之路"一文内，富兰克林清楚简单地说明，勤奋、小心、俭朴、稳健是致富之核心态度。

勤奋为他带来财富，俭朴让他保存产业。

富兰克林十三个人生信条他都写得简明扼要："节制、缄默、秩序、决心、节俭、勤勉、真诚、正义、中庸、清洁、平静、贞节、谦逊。"

他更是一位杰出的政治家，在美国独立战争期间，他曾出使法国，赢得法国对美国的同情与支持。独立后，制宪会议一开始，富兰克林更表现出一个政治家的博大胸怀。虽然他是众望所归，但却提名华盛顿将军当总统。

富兰克林坚持留给制宪会议的绝非是名誉高位，而是胸襟、智慧和爱国精神。

1790 年，这位为教育、科学和公务献出了自己一生的人，平静地与世长辞。他获得了很高的荣誉，美国人民称他为“伟大的公民”，历代世人都给予他很高的评价。

人类历史纪念碑上永远会铭刻富兰克林的名字。

范蠡和富兰克林，两个不同的人，不同时代，不同文化背景，放在一起说好像互不相干，然而，他们的故事是值得大家深思的。

范蠡改变自己迁就社会，而富兰克林推动社会的变迁。

他们在人生某个阶段都扮演过相同的角色，但他们设定人生的坐标完全不同，范蠡只想过他自己的日子，富兰克林利用他的智慧、能力和奉献精神建立未来的社会。就如他们从商所得，虽然一样毫不吝啬馈赠别人，但方法成果有天渊之别：范蠡赠给邻居，富兰克林用于建造社会能力（Capacity building），推动人们更有远见、能力、动力和冲劲。有能力的人可以为社会服务，有奉献心的人才可以带动社会进步。

今天的中国人是幸运的，我们经历中国历史前所未见的制度工程，努力建设持续开放及法治的社会，拥抱经济动力和健康自我概念的发展，尽管未尽完善，亦不必像范蠡一样受制于当时社会价值观，只能以“无我”为外衣，追求“自我”，今日我们可以像富兰克林建立自我，追求无我。

在今天，停滞的思维模式已变得不合时宜，这不是弃旧立新，采取二元对立、非黑即白的思维，而是要鼓励传统的更生力，使中国文化更适用于层次多元的世界。

在全球化的今天，我们要懂得比较历史，观察现在和梦想未来。

从商的人，应更积极、更努力、更自律，建立公平公正、有道德感、自重和守法精神的社会，才可以为稳定、自由的原则赋予真正的意义。

虽然没有人要求我们，我们自己要愿意发挥我们的智慧和勇气，为自己、企业和社会创造财富和机会，大家可以各适其适。

最近我看到一段故事《三等车票》：在印度，一位善心的富孀，临终遗愿要将她的金钱留给同村的贫困小孩分批搭乘三等火车，让他们有机会见识自己的国家，增长知识之余，更可体会世界的转变和希望。

“栽种思想，成就行为；栽种行为，成就习惯；栽种习惯，成就性格；栽种性格，成就命运。”这不知道是谁说的话，但我觉得适用于个人和国家。

我最近常常对人说，我有了第三个儿子，朋友们听说后都一脸不好意思地恭喜我。我是很高兴，我不仅爱他，我的儿子也将爱他，我的孙儿也将爱他。我的基金会就是我第三个儿子。

过去六十多年的工作，沧海桑田，但我始终坚持最重要的核心价值：公平、正直、真诚、同情心，凭仗努力和蒙上天的眷顾，循正途争取到一定的成就，我相信，我已创立的一定能继续发扬；我希望，财富的能力可有系统地发挥。我们要同心协力，积极、真心、决心，在这个世上散播最好的种子，并肩建立一个较平等及富有同情心的社会，亦为经济、教育及医疗做出贡献；希望大家抱有慷慨宽容的胸怀，打造奉献的文化，实现我们人生最有意义的目标，为我们心爱的民族和人类创造繁荣和幸福。

谢谢大家。

李嘉诚

2004年6月28日

目录

李嘉诚小时候的理想是当医生，也曾想过当大学教授。那时的李嘉诚，最渴望的便是与那些幸运的同龄人一样，可以坐在教室里读书学习。李嘉诚资助教育事业的动机，一方面是作为企业家“胸怀天下”的责任感；另一方面也是为了弥补自己早年失学的遗憾。无数资助教育和失学者的举动所展现出来的，不仅是作为商人的理性的李嘉诚，更是一个作为学子的心怀遗憾的李嘉诚。

在李嘉诚创办基金会之初，他的家乡潮州所在的整个潮汕地区，都没有一所高校，当地的学生要接受高等教育，都要离开家乡去外地上学。这个情况李嘉诚很早就知道了，他一直想为家乡办一所大学，帮助本地培养人才。之前没有做，是因为实力还不够，如今有能力了，自然要完成这个心愿。于是，他立即将此事放到了李嘉诚基金会的计划中。

李嘉诚不仅是一个成功的企业家，在教育两个儿子方面他也非常成功。长子李泽钜行事沉稳，李嘉诚就有意培养他做接班人。次子李泽楷性格张扬，爱标新立异，李嘉诚就放手让他去闯，支持他开拓新路。最终，李嘉诚平稳地实现了自己事业的过渡，没有出现像其他富豪家族那样的分家闹剧。

第一章 追根溯源：李氏家族

「

我自小便很喜欢念书，而且很有上进心。那时候，我就立誓要像父亲一样做一名桃李满天下的教师。但是由于环境的改变，贫困生活迫使我孕育出了一股强烈的斗志，就是要赚钱。可以说，我拼命创业的原动力就是随着环境的变迁而来的。

」

第一节　家族迁徙：从焦作到潮州

潮州，一个山清水秀的地方，因濒临南海，经常有潮水往复，所以取名潮州。这里文明昌盛，多产名士，自古便是孕育灵秀之地，被誉为“海滨邹鲁”。

潮州位于广东省东部，从汉武帝元鼎六年成立古揭阳至今，已有两千多年历史。

潮州的文明开化，应该是始自唐朝。唐朝文学家韩愈曾因为谏迎佛骨，被贬为潮州刺使。当时潮州还属于蛮荒之地，韩愈的到来为此地带来文明的种子。经过韩愈的治理，潮州文化逐渐发展起来，为以后的文明发展打下了基础。清朝时期的两广总督吴兴祚在参观韩愈祠时，曾为之题诗：

文章随代起，烟瘴几时开。
不有韩夫子，人心尚草莱。

明、清两朝以来，潮州人才辈出，各界名人不断涌现，直到现在，潮州仍是文化荟萃之地。这里，就是商界奇人李嘉诚的故乡。

在潮州市北门街面线巷，有一座非常普通的住宅，门宅不大，装修也比较一般，不过古色古香，十分静谧。李嘉诚就出生在这座古宅里，到现在李嘉诚都可以非常清楚地记起自己少年时住过的小院，以及院落外的大街小巷。虽然这些在今日已经不复存在，但是在李嘉诚的心中，它们是那样的清晰，清晰到他记得自己曾经上学路过那些羊肠小道的心情，他也想得起少年时的自己每天归家时，那种可以学习的幸福感。

每次站到曾经住过的小院前面，李嘉诚都万分感慨。这是祖父和前辈们留下的小屋，也是记录了他美好少年时光的地方，这对于他来说，早就不单单是一间房子那么简单了，它更是他年少时，为数不多的温暖所在，是他也曾像别的孩子那样无忧无虑，有父母疼爱的证明。这里的一切都保存在了他的记忆中，不会被岁月抹去，无法割舍。

不过据资料考证，李嘉诚的祖先应是来自河南焦作。据李氏族谱记载，潮州李氏的一世祖名叫李怀功，字明山，本来是中原人士，后来迁居福建莆田，又迁居广东潮州。关于迁居福建莆田这一点，李嘉诚本人在会见福建省领导时曾亲口提到："我们祖先有几代在福建莆田居住生活过，我可以说是半个福建人。"在迁居莆田之前，李明山到底居住在中原什么地方，之前并没有定论，后来在河南焦作发现的一块石碑，算是提供了一份比较可靠的证据。

2007年7月，河南焦作市博爱县孝敬镇唐村发现了一块石碑。该石碑为墓碑，墓主人名叫李自奇，碑文所刻为：皇明庠生李公讳自奇，字之奇，行五，配陈氏，生于明万历八年，卒于康熙六年，为大清康熙二十八年所立，子李允、李牟、李参。在其后的碑文中，还注明李牟的儿子名叫李怀功，字明山，孙子名叫李朝客。后面的碑文说李朝客迁往福建莆田，后居潮州府。这一点似乎与前面说的一世祖李明山为迁居始祖有些矛盾，不过我们可以根据李氏族谱的记载综合来看。

据李氏族谱记载：李明山之父李牟，字沐，婚配汤氏，生子怀功，字明山，庠生。牟文武双修，明崇祯七年随父李自奇往陕西山西传拳，被诱入闯贼营为将。明崇祯十七年，遭闯贼误杀，子怀功依牟堂兄李仲浙江俊府武堂习拳成师，徙往福建传拳为生，徙莆田又迁潮州府。

我们可以大致推测，当时从河南迁往福建的应是李明山和李朝客父子俩，至少当时李朝客是已经出生了的。而且根据这两条线索，我们可以大致勾勒出当时李氏家族迁移的图景。

李牟本是一名秀才，不过也习武，文武双全，崇祯七年跟随父亲李自奇前往陕西、山西等地教习拳艺。后来被骗到闯王李自成的军营中，成为一名将领。崇祯十七年，被李自成误杀。之后儿子李明山跟随自己的堂伯父李俊学习拳艺，成为一名拳师，带着儿子李朝客及其他家人迁往福建莆田，以教习拳艺为生。后来因为战乱，又从莆田迁往潮州府。

综合以上信息，李自奇虽然前往陕西和山西教拳，但死后葬在河南焦作，古人注重落叶归根，应是祖居焦作无疑。到李明山这一代，才从焦作迁往莆田，后又至潮州，成为潮州李氏的一世祖。而李嘉诚是潮州李氏的第十世，李氏家族在潮州正好繁衍了十代。

第二节　先祖李鹏万的辉煌仕途

自李明山之后，当地的史籍上几乎再无李家子孙的身影，一直到李家第七代孙李鹏万主事的时候，李家才再度发展起来。

李鹏万，这位李嘉诚的先辈，自幼天资聪慧，是海阳县的名人，写的一手好字，在两次乡试中都取得了非常好的成绩。在这之后，李鹏万更是平步青云，一度成为慈禧身边的大红人。但是没多久，李鹏万就厌倦了官场的尔虞我诈，同流合污，以生病为由向慈禧辞去了一切职务，回乡养老。

李鹏万是李明山的第七代传人。他的成功可以说是李氏家族诗礼传家优良祖训的最好体现，在历经了七代人的艰苦努力后，才释放出如此闪耀的光芒。

在高中进士之前，李鹏万就曾两次在乡试中取得优异的成绩。他能写一手好字的本领更是被众人所知。每年过节，都会有人上门求取李鹏万亲手写的对联。乡亲们夸赞李鹏万的书法颇有古人苏轼之风。

举人在当时相对普遍，但是进士就不一样了。那时候，进士和一般的举人和秀才是不同的，和那些在普通大考中取得名次成为官员的学子也不一样。李鹏万的进士是皇帝亲自题名，从数以万计的优秀考生中选出来的。无论放到哪里，这都是至高无上的荣耀。

因此，当李鹏万成为京官的消息传出后，整个潮州都沸腾了。李鹏万瞬间成为乡亲们的骄傲，他们纷纷以和他是同乡为荣。潮州城里张灯结彩，鞭炮声、喝彩声响彻这座古城，一直持续了整整三天，才慢慢停息下来。

李鹏万将一切都看在眼里、记在心里。他再次提醒自己，要将为人民谋取福利作为自己的第一使命，立志做一个好官。进京后，李鹏万牢记自己的使命，不敢有一分懈怠。他每天早上早早起床读书，尽心尽力地对待手中的所有任务，认真地对待每一件事情。上天永远不会亏待努力的人，李鹏万也不例外，经过努力，他的仕途路走得越来越好，可谓扶摇直上。和李鹏万同时入朝为官的人很多，一起升迁的也不少，这其中很多人在升官后，就失去了原来的拼劲儿，但是李鹏万没有，他一点儿都不满足自己目前的状况。

那时候，慈禧刚刚开始执掌朝政，自然想要笼络人心。没多久，慈禧宣布，将在紫禁城举行一场大考，地点就选在文华殿，并且派下圣旨，凡中考者均可连升三级。很明显，这次考试是为了让大臣们一展才华，给有真才实学的官员一个脱颖而出的机会。

李鹏万早就立志要出人头地，他不愿意像一般的官员那样，浑浑噩噩地过完一生。他想将自己的才华用在该用的地方，造福百姓。对李鹏万来说，遇上这一次的大考，实属幸事，决不能让机会从手中溜走。经过数年的官场生活，原本就品学兼优的李鹏万，变得更加出色。他对这次考试非常有信心，暗暗立志，要用自己出类拔萃的文笔，在这次大考上取得名次。结果就像预料的一样，李鹏万以出色的文笔和饱含深意的文章，摘下了文华殿上的桂冠。

李鹏万在成为让所有京官羡慕的文官拔贡之后，依然没有止步的想法，他更认真地对待政务，没多久就赢得了慈禧的欣赏，成为平辈中最耀眼的明珠之一。但是好景不长，这样的日子没过几年就结束了。李鹏万因为一件事情，间接得罪了慈禧，将自己的大好前程尽毁。在那之后，再也没有得到慈禧的重视。

刚刚坐冷板凳那几年，李鹏万仍然十分想得到慈禧重用，希望可以为国家社稷、天下黎民做点儿事情。但是他不愿意像那些乐于阿谀奉承的官员一样，不愿意以一种巴结讨好的方式去争取前程，因此只能干等。没过多久，李鹏万发现自己的官邸已经被人监控起来，从里到外，处处都是可疑的人。他开始思考这些人的来历，当时李鹏万的官位甚高，能这么做的人不多，所有的证据都在指向一个人，就是慈禧太后。

李鹏万回想了一下慈禧近几年的行事作风，顿时觉得非常心凉。其实，慈禧从亲政以来，一直都在奉行顺我者昌逆我者亡的政策，凡是违逆她意思的官员，不是贬官，就是押送菜市口斩首。这里面有很多位高权重的人物，李鹏万只是其中之一。

清同治四年的夏天，李鹏万被派往河南进行巡视。那时候，一场百年难见的大旱正在席卷着整个中原大地。李鹏万在去河南的路上才发现，原本美丽富饶的中原大地，竟然成了一片荒野，到处都是枯黄的野草，没有半点儿生机。

李鹏万的祖籍就是河南，他万万想不到自己曾经盼望的美丽家乡，竟然成了一片荒芜。看着面黄肌瘦的灾民们，每天只能以枯草、树根充饥，李鹏万不禁潸然泪下。然而，让他气愤的是，当他快马加鞭地赶到地方官府时，却看见当地的那些官员不但没有受饿，反而大鱼大肉、花天酒地，丝毫不懂体恤民情。眼前的鲜明对比，让李鹏万彻底愤怒了，当场罢免了几个在他职权范围内可以处置的官员。但是他毕竟不是当地的官员，不方便干涉太多。只能将这些都记在心里，准备等到回京后再向慈禧太后禀报。

回京后，李鹏万立即将自己一路上的所见所闻写了下来，述说河南境内的大批朝官贪赃枉法、罔顾人伦。为了保证河南不被天灾涂炭，他谏言慈禧对此事明察，严办这些人。无数官员都涉及其中，被要求罢免的河南高官更是人数众多。李鹏万将自己的愤怒全部表现在文章中，言辞激烈地批判了那些官员。

那时候，李鹏万还不知道他指责的这些人中，很多都是慈禧眼中的自己人。尤其是他重点说的那几位河南高官，多年来更是和朝廷保持着良好的关系。他们会在每年慈禧太后寿辰时，送上大量的金银珠宝。

慈禧无论如何也无法将这些深受她爱护的臣子，和李鹏万文章中狼子野心的恶人联系到一起，当然，慈禧本人也不允许李鹏万将他们联系到一起。李鹏万的文章引起了慈禧的反感，认为他言辞过于激烈，夸大了事实的真相。按照慈禧当时的处事态度，必定会重罚写这份奏折的人，甚至将其降职。但是李鹏万毕竟是两年前在紫禁城文华殿内摘得桂冠的举世才子，慈禧当时也确实欣赏他的文采，这才只是退回了奏折，没有降罪于他。这件事是李鹏万人生的转折点，从此以后，慈禧再也没有对他予以重用。

李鹏万回想近几年的事情，每天除了上朝外，再也没有做过什么大事。他并非不学无术的人，不可能将每天大把的时间都用在研究官场六部九卿上面。再加上官场内部高层官员之间的尔虞我诈、步步惊心都让他感到疲惫。他十年如一日的苦学，为的是报效国家，服务百姓，而不是为了混迹尔虞我诈的官场。从小养成的品质更加让他无法适应官场中的险恶。这个恶浊的大环境根本不适合他。再加上此次巡视河南，更让他感觉到高处不胜寒。李鹏万觉得自己若是再继续留京为官，非但不能为大清朝政和众多黎民百姓做贡献，很可能在不知不觉中陷入泥沼，甚至送命。

光绪五年秋，李鹏万以生病为名向慈禧递上了一道条陈，恳请慈禧允他返乡养老。慈禧心中虽然仍记恨李鹏万，但也是惜才之人，也知道李鹏万拥有真才实学，所以在接到他的请辞后并没有立即同意，而是派人前去劝说，希望他可以留下来，继续效命朝廷。但那时候的李鹏万已经厌倦了官场，去意已决，自然不愿继续留下。

同年冬天，李万鹏返回了自己的故乡。返乡后，他并没有继续住在海阳县，而是去了离海阳县不远的潮州。选择在那里繁衍后代，李嘉诚就是在潮州出生的。

李万鹏可以说是李氏家族中最辉煌的一段，他将李氏家族的优良祖训完美地表现了出来。之后的几个李家子孙都平凡无奇，这一直持续到了李嘉诚的父亲李云经那一代。

第三节　李鹏万的两个儿子

李鹏万膝下有两个儿子，分别是长子李起英和次子李晓帆。李鹏万当时毅然辞官离京也有他们的原因。

次子李晓帆就是李嘉诚的祖父，也是继承李鹏万衣钵的人。当初李鹏万为了锻炼两个儿子，时刻教导他们学习，在前往京城为官期间，便将他们带在身边，就是希望他们可以接受京城文化的洗礼，为将来入朝为官做准备。

但是李鹏万发现，官场远不像他想的那样简单，正所谓一入京门深似海，那里充满了险恶与奸诈。尤其是进入晚清时期后，几乎无人不贪，到处都是收送贿赂的人，这让李鹏万后悔极了。他害怕这个巨大的染缸，会影响到自己的爱子，怕两个孩子在这种环境的熏染下，变成不知上进，天天以研究官场为业的纨绔子弟。想到这一点，李鹏万更加不愿意继续待在京城，他宁愿弃官归乡。

值得高兴的是，两个孩子都很上进，尤其让他感到欣慰的是次子李晓帆。在京城那段时间，他并不像别的官家子弟一样，整天游手好闲，不知上进。他最常去的地方是琉璃厂。因为那里有很多古玩店，珍藏着辽金、北魏、东晋、唐、宋等历代有名的书画。李晓帆很喜欢这些东西，只要没事，就会去琉璃厂参观。这些文化精品对李晓帆的影响很大，完全可以称得上是李晓帆才智的启蒙老师。

李晓帆自幼就非常喜欢书画。每天最喜欢的事情便是待在父亲李鹏万的书房里。李鹏万的书房中存有大量图书，涉及方面甚广，几乎每本书上都有他的题字和点评。李晓帆大量地阅读背诵，靠着父亲留下的字，无师自通地学会了很多知识。在这样得天独厚的条件下，李晓帆终于在大清光绪三十三年，考中了秀才。那一年李晓帆才 17 岁，考试结果出来后，众人皆惊。纷纷称赞李家果然都是才子。然而，清朝的统治在李晓帆中秀才后的第二年就因为慈禧的突然驾崩而结束了。被读书人封为成才之路的科考自然也中断了。因此这也成了李鹏万心中的遗憾。他从来都知道小儿子的才智，尤其在将对李起英的希望移至李晓帆身上之后，发现李晓帆非常聪慧，很多别人费尽力气也学不会的东西，李晓帆都能非常容易地弄明白。他一度觉得这个儿子会成为第二个他，多年后必定可以在紫禁城的文华殿中独占鳌头。

其实李鹏万最开始看中的儿子并不是李晓帆，而是他的长子李起英。在父亲在京为官的时候，李起英也被一同带往京城。和弟弟李晓帆一样，李起英也是一个上进好学的好孩子，身上同样有着李家人特有的正直与刻苦，他很清楚自己想做一个什么样的人，时刻警醒自己，绝不能和那些游手好闲的纨绔子弟为伍。因此，经过几年的京城生活后，没有沾染上任何的不良风气。从他身上依然找不出那些朝廷命官身上的陋习。无论在哪里，他始终用功学习，认真对待自己的功课。

李鹏万为此感动极了，当时李起英是他寄予厚望的人，希望他可以继承自己的衣钵。看着李起英能有如此修为，李鹏万感动着也骄傲着，更加用心地培养这个儿子。

虽然清朝的腐败让李鹏万厌恶至极，但是他仍然觉得考取功名是出人头地的唯一出路。这一点其实很好理解，在当时那样的环境下，几乎人人都觉得成才之路只有那一条，十年寒窗苦读就是为了一朝入朝为官，李鹏万自然也不例外。"万般皆下品，唯有读书高"被他当作至理名言，他不止一次地告诉自己的孩子们，如果想要有一个好的出路，就只能像他一样刻苦读书。

李起英从小受父亲的耳提面命，学习向来非常刻苦。从北京回到广州后，更是以治学为己任，一刻不敢怠慢。按照李起英的才学和人品，只要可以坚持下去，必定会大有成就，甚至有可能超过李鹏万的风光。

可是李起英却不这么想。几年的京城生活让他看尽了官场的黑暗，因此不愿入朝为官。李起英也跟父亲说过自己的想法，想一直留在潮州教书。李鹏万非常理解儿子的心情，不过他还是劝说儿子不要被一叶障目，想要成才只有那一条路，他鼓励儿子，说一直将李起英看作继承自己衣钵的最佳人选，让其加油。

李起英到了弱冠之年，李鹏万亲自送其上考场。不出意料，李起英首次乡试，便中了贡生。就在所有人都以为李起英会沿父亲的路走下去的时候，他本人却如突然转性一般，一改往日刻苦形象，开始偷懒起来。

李鹏万为此没少头疼，他数次劝说长子，都被李起英几句话给挡了回来。之后，李起英更是得了一场大病，学业也因此而遭到中断，这更加影响了李起英后来的仕途。

看着病床上的长子，李鹏万心里难过极了。再三思考过后，他终于决定尊重孩子的意愿。李鹏万所处的是封建时代，大家奉行孔孟之道，孩子的一切都应该由父母决定，听父母的话，便是最大的孝道。在那样的年代里，李鹏万能够尊重儿子的选择实在太难得了。可见，李家人的思想从很早以前就非常开明了。

就这样，李鹏万将期望转到次子李晓帆身上。好在李家的男儿都是聪明努力的好孩子，不论是李起英还是李晓帆，都是难得的好孩子。在外人眼中，他们正直努力，都是极为优秀的人才。

由此可以联想到，当初李泽楷完全不考虑家族公司，选择当时并不流行的计算机专业时，李嘉诚所表现出的支持其实也有继承祖风的成分。因为李嘉诚的祖先，早在最封建的年代里，就为他做了一个开明的榜样。让李嘉诚明白，什么才是真正对儿子好。

其实不管是李鹏万身上，还是李起英和李晓帆身上，都是可以看见李嘉诚影子的。他们同样的勤奋努力，敢于拼搏。无论命运赐给他们什么难题，都可以勇往直前，努力走自己想走的路。这应该也是李氏家族最优秀的品质。

第四节　走上街头的爱国主义者

多少年来，李嘉诚一直致力于慈善。为了让祖国拥有更多的人才，他投资修建学校，帮无数孩子完成了求知的愿望；为了让更多的人可以接受治疗，他无数次的向医院捐款，解决了很多人就医难的问题。他更是将自己 1/3 的财产拿了出来，全部托付给了名下基金，就是为了可以有系统地资助中国及世界各地的慈善服务。他希望可以通过自己的力量，建立一个关怀的社会。

李嘉诚说："我非常热爱自己的祖国。爱国并不是说说而已的事情，需要讲真话、做实事、有奉献，这才是爱国的表现。"他多次强调，没有人不希望自己的祖国好，他只是做了一个国民应该做的事情。

这个亚洲首屈一指的投资家，因为怀有一颗爱国之心而受到众人的尊敬。若是可以翻看李氏的家族史，不难发现李氏家族中的男儿没有一个是不爱国的，他们都愿意为人民，为祖国做出奉献。

李鹏万不愿与贪官同流合污是爱国，李起英以治学为己任是爱国，李嘉诚的祖父李晓帆在大街高举"反对二十一条"的条幅，自然更是因为爱国！

1915 年 1 月 18 日，日本在华公使接见了袁世凯，递交了"二十一条"要求的文件，他们要求政府对"二十一条"事情绝对保密，企图在不知不觉的情况下，迫使袁世凯政府签订该条约。对于日本这种企图控制中国领土、政治、军事以及财产等"二十一条"无理要求，引发了全国上下的一致愤怒声讨。大家对于袁世凯政权的卖国行径同仇敌忾。

各个城市的爱国团体，纷纷集会，拒不承认"二十一条"，誓雪国耻。各地青年学生尤其愤怒，他们有的因愤怒难当而自杀，有的自断手指写血书，有的要求参军，请缨杀敌。上海各界也据此事召开国民大会，到场数万人，一致要求取消"二十一条"，表示抗日到底。全国教育联合会决定，各学校每年以 5 月 9 日为"国耻纪念日"。北京各学校学生决议，于每日课余时背诵一遍通牒，用来警醒自己勿忘国耻。

对于任何一个爱国者来说，这一天都是为洗雪国耻出力的日子，李晓帆当然也不例外。对于这场由北京学生发起的主旨为对废除旧制度的革命运动，具有反帝爱国思想的李晓帆做出了积极的反应。他亲自带领学生，组成队伍，拉起〝反二十一条〞的横幅，上街示威，是粤东积极声援支持的代表人物之一。

之后，汉口、汉阳、镇江、福州等地，相继发生反日运动。众多日本商店被愤怒的学生捣毁，损失巨大……

李鹏万去世以后，李晓帆便在潮州附近的澄海县开了家民办学校——〝澄海书院〞。李晓帆曾中过秀才，又是难得的正直人士，因此大家都愿意将自己的孩子送去给他教。办学校的时候，已经是民国年间了，李晓帆又是进步人士，于是他成为第一批主张废除八股文的开明人士之一。

在他的主持下，〝澄海书院〞的学生们都用白话文交流，书写的文章也别具匠心。不止如此，因为李晓帆本身就是一个爱国的人，总会时不时地在课堂上给同学们讲很多爱国的故事和道理，所以他教出来的学生，大多都有着强烈的爱国情怀。

正是因为这样，在〝二十一条〞暴露出来时，学生们才会如此愤怒。他们纷纷赶去参加潮州学生大集会，自愿跟随尊敬的老师一同上街示威。

潮州不比北京，想要像北京那样发动学生运动，难度相当大。因为有李晓帆这些先进知识分子的带领，同学们才会愿意站出来，投身于这场爱国运动之中。

1919 年 6 月，以李晓帆等先进人士为首的学生运动人数已经达到三千余人，他们高举〝反对二十一条〞的条幅，不停地走向街头示威，那次游行因人数众多而影响巨大。潮州商界人士同样受到了他们的鼓舞，纷纷加入队伍，甚至有人提出商人应该罢市来呼应学生运动。

潮州是一个以商业为主的城市，如果真出现罢市的情况，必定会造成巨大的损失。潮州军阀非常重视，为了避免后续的麻烦，他们马上派出兵力对学生们进行武装镇压。街头巷尾贴满了对李晓帆等人的通缉令。

为了躲避政府的追拿，李晓帆不得不东躲西藏。这让原本身体就不好的李晓帆更加虚弱了。

潮州军阀的打击并不能让李晓帆放弃对爱国运动和文化运动的信心。在潮州，他依然是知识界的先进分子。他更加努力地传播拥护进步的文化运动，反对腐败落后的八股文章。一生支持反帝爱国主义运动，直到生命终结。

曾有人这样评价过李晓帆，说他是一个标准的爱国主义者。他一生都在追求新生活和新文化，是李氏家族有史以来第一个走上街头的知识分子。五四运动后，李晓帆的身体已经超过负荷，无法像之前一样带领学生游行。但这并不能让他停止支持反帝运动。

因为职业的关系，李晓帆身边总是有很多求知欲很强的青年学子，和这些学子一起讨论、读书，是李晓帆晚年最大的乐趣。在李晓帆的教导下，这些青年都有着很浓的爱国思想。他们大多都参与了当时的反帝运动。李晓帆就是通过他们为祖国奉献自己的一点儿力气。

晚年时，李晓帆的身体状况非常差，不可能再像年轻时那样带领青年学生去街上游行了，可是他不想错过任何为祖国呐喊的机会。于是便亲自书写学生们游街时用的标语和条幅，算是为祖国尽自己的绵薄之力了。

第五节　李家第一个商人李云章

李嘉诚小时候，常常会跟父亲一起到笔架山下，看着一座竖立在那里的汉白玉牌坊发呆。牌坊上刻着“昌黎旧治”四个大字。那时候，李嘉诚还不能理解这个几个字的意思，也不清楚父亲为什么总是对着这块牌坊发呆。直到多年以后，李嘉诚有了自己的公司，再次回到家乡，站在笔架山下时，才明白这四个字中包含了故乡人民对治学的崇拜和对经商的轻视。

在李嘉诚记忆中，父亲李云经时常会给他讲祖辈们的故事。说李家从李嘉诚曾祖父李鹏万去世后，便开始走下坡路。说爷爷李晓帆谨遵祖训，教了一辈子的书。中间也提过李嘉诚的伯父李云章，李家有史以来第一个从商的。那时候，人们对商人的看法非常不好，他们认为只有没有文化的人才会从商。李嘉诚的爷爷李晓帆为此没少在李云经面前数落他，更勒令全家不允许跟李云章过多来往。

李云章的父亲是李晓帆的兄长李起英。当时李云章不顾父亲的反对，坚持要去日本学习他们的经商经验。希望有天可以在中国的土地上经商，李云章认为只有让自己强大起来，才能不受其他列强的欺负。他无数次对李起英说起自己的想法，都被李起英骂了回来。面对父亲的不理解，李云章难过极了。但他并没有因此放弃想要出国取经的想法。毕业以后，李云章不顾父亲的反对，毅然坐上了开往日本的轮船。

李云章在日本的生活单调而无味，每天除了上课，就是打工。为了可以早点儿学成回国，他每天只睡六个小时。数年后，李云章学成归来，等待他的却是李起英病逝的消息。李云章心痛万分，他知道自己这个离经叛道的做法，永远也不能得到父亲的谅解了。跪在父亲坟前，李云章再次向父亲说起来自己的抱负，立志要闯出一片天下。

拜祭过父亲后，李云章便用自己在国外的存款，开了自己的第一家店铺，成了家族中第一个经商的人。他用所学的知识，成功开辟出一片属于自己的天地。对于同样选择经商的李嘉诚来说，叔伯李云章是他经商的楷模，他常常用李云章的为人行事来要求自己。

李云章还有个弟弟，叫李云梯。受兄长的影响，李云梯也希望能去日本学习先进的文化。但李云梯想学的并不是商学，而是最新的办学方法。李云梯去留学的时候，李云章在潮州已经是一个小有成就的商人了。

李云梯没有被兄长的成就迷晕眼，他牢记李家祖训，以求知育人作为自己人生的宗旨。留学回来后，李云梯便潜心做起了教书育人的工作，乡亲们对他都非常尊重。

他也是李云经小时候的榜样。李云经的父亲李晓帆常常指着李云章和李云梯兄弟俩，对李云经说："你要向你云梯哥学习，做一个有文化的人，千万不能离经叛道的跟你大哥一样去从商啊！"李云经确实也想听父亲的话，好好跟父亲学习，做一个老老实实的文化人。但天不遂人愿，在李云经 14 岁的时候，李晓帆因病离开了人世。原本就不富裕的家庭，变得更加困难。年幼的李云经不忍看母亲独自操劳，主动休学，想要外出打工，分担一点儿家里的经济压力。

从学校回来后，李云经就一直在考虑如何赚钱。他首先想到的就是当时已经小有成就的李云章，希望可以跟着堂哥学习如何经商。李云经将自己的这个想法告诉了母亲，希望能得到母亲的支持。他说："母亲，我明天想去找大哥。我准备以后跟大哥一起经商做生意。儿子不是不记得父亲生前的叮嘱，如果条件允许，儿子也想好好学习。可是自从父亲去世后，所有的重担都落在您一个人的身上，为了养活我和弟弟，您不得不做原来两倍的工作。可是做儿子的又如何能眼睁睁看着老母受苦而不作为呢！"说完，他跪在地上，哭着道："母亲，您就答应我吧，让我跟表哥一起经商吧！"

李母闻言大哭，她一把搂住李云经道："纵然生计艰难，我也不希望你放弃学业。你爸一生没什么愿望，只希望你和弟弟可以专心学习，承袭李家的基业。如今他尸骨未寒，你就将他的话放在脑后了吗？经商一事，休要再提，否则我非打死你这个没出息的东西不可。"

看着大哭的母亲，李云经只能将自己的想法暂时压下，老老实实在家读书。第一次经商的想法，就这样夭折了。

第二章 父亲李云经，一生的楷模

「

抗日战争爆发后，我随先父来到香港，举目看到的都是世态炎凉，人情冷暖，就感到这个世界原本就是这样的。因此在我的心里产生很多想法。就这样，童年时五彩缤纷的梦想和天真都完全消失了。

」

第一节　出师不利赔光家产

李云经从商的想法夭折后，没过多久，就到了春节，这是李云经有生以来过得最痛苦的一个节日。因为过节，母亲找不到工作，全家人只能围在一起发呆。年幼的弟弟因为挨不住饿而嗷嗷大哭，听着弟弟的哭声，看着越加沧桑的母亲，李云经决定，无论如何也不能躲在母亲身后了，他必须靠自己的力量养活这个家！而最直接的道路就是从商。

春节过后，李云经偷偷去拜访堂哥李云章，一再央求带自己出去挣钱。直到那时，李云章才知道堂弟家如此困难，他让李云经不必操心，若是生活上真有问题，他定不会袖手旁观。李云章心里还是十分喜欢这个腼腆懂事的堂弟的。他知道李云经从小头脑机灵，是读书的好材料，也真心希望堂弟可以和他的叔父李晓帆一样，成为受人敬仰的名师。所以马上表示愿意帮助堂弟一家，直到他完成学业，可以赚钱养家为止。

对于兄长的好意，李云经感动极了。但从小受的教育，让他无法白白地接受兄长的帮助。而且他也希望可以靠自己的双手养活母亲和弟弟。李云经马上打断了兄长的话，说道："云章哥，我知道你是为了我好。但这样下去不是办法，我还是想靠自己的力量，养活我们家。你就让我跟着你一起干吧，我肯定不会给你惹麻烦的。"看着堂弟渴望的眼睛，李云章实在无法拒绝，只能答应试着带李云经一段时间。他们约法三章，这段时间里，若是发现李云经不是做生意的材料，就要听李云章的话，乖乖回去念书。

李云章费尽功夫，终于说动堂哥带他一起经商做生意。正好李云章几天后要去南洋进货，再三思索之后，便决定带堂弟一同前往，就当给他长长见识。约定好日期后，李云经便兴高采烈地回家了。回家后，李云经仍然抑制不住兴奋，他只要一想到，以后可以像堂哥一样，担负起全家的重担，心里就开心得不行。但他不敢表现得太明显，生怕母亲知道后会阻止他。他了解母亲，知道母亲和父亲一样，希望他可以好好读书，做一个有学问的人。他也知道读书才是正道。但是若是连生计都保证不了，拿什么读书呢！李云经暗暗告诉自己，就瞒母亲这一次，只要让母亲看到这次的成功，就一定不会再阻止他了。为了不让老母发觉，李云经不敢提前准备行装，他将要带的东西悄悄放好，只等登船当天拿出来打包就好。

李云经算准了一切，却漏算了他的大哥。李云章第一次带弟弟出门，还是千里之外的南洋，他又如何敢不让婶母知道呢！因此在登船前一天，他专门去婶母家走了一趟，将这次的行程和目的，一一告诉了婶母。李云经的老母知道儿子要经商后震惊极了。她清楚儿子这样做的原因，是想替她分担家里的经济压力。她自然也知道现在家里条件困难，但她宁愿累也不想让自己的孩子受苦啊！况且，李云经这次要去的地方还是千里之外的南洋啊！受苦是其次，万一遇见个大风大浪，李云经就可能永远回不来了。她想马上就将儿子叫过来，让他保证绝不跟堂哥一起去南洋。可她知道这样做是没用的，儿子的心情她比谁都明白，若是不让他试这一回，以后怕会永远惦记着，无法安心读书的。

晚上，李母带着一包干粮，敲响了李云经的房门。这可把正在打包行李的李云经吓坏了。他马上将包袱藏起来，然后走到门边给李母开门。李母进屋后，什么也没有说，只是将自己手中的包袱递给了儿子，让他万事小心。望着母亲关切的眼神，李云经心里顿时涌起无限悲楚。他上前抱住母亲，哭着说：“母亲，我一定会成功的，您就相信我吧！”实际上，李云经对这次旅行还是有信心的，他认为有堂哥“带路”，自己又不是特别笨，别人做得成的生意，没道理他做不了！

第二天，李云经便在母亲关切的目光中出发了。站在船上，看着越来越远的母亲，李云经心中感慨万分。他向上天祈求，保佑他这次可以成功归来。然而，老天并没有听见他的祈求。当李云经千辛万苦远渡重洋带着自己买的货物再次回到潮州时，等待他的却是一个天大的笑话。他辛苦挑选的上等货品，竟被人调包成了不值钱的次等货。这可难坏了李云经，这次进货的钱，都是母亲跟乡亲们借的，如此一来，非但没有如原先想的赚到钱，还把成本赔了进去。这对李云经来说，简直是晴天霹雳。他被打击得不吃也不睡，可把李母吓坏了。李母坐在李云经旁边，有些不知所措地说：“孩子，失败就失败吧，至少人没事，以后你也别再总想着做生意了，好好念书才是正道啊！”

这次失败，虽然赔光了家里的钱，但李母并没有过多地责备儿子。她理解年纪轻轻的儿子为什么会如此渴望挣钱，也明白现在这个结果，儿子远比她要难受。儿子小小年纪，就要承受这样的痛苦，她心里难受极了。她抱住儿子，轻轻抚摩着孩子的脸，柔声道：“孩子，咱不难受了。你可能真的不合适经商，我觉得还是你父亲说得对，咱们李家的人的未来，还得从书本中找。不是有句话说‘万般皆下品，唯有读书高’吗？你以后就听你爸爸的话，老老实实的在家读书吧。”

经历过这一次失败，李云经断了经商的心。其实单纯一次失败，并不能说李云经就一定没有经商天赋，但是这一次的损失实在惨重，凭现有的条件，李云经知道自己无法再继续走这条路了。重新读书，成了李云经目前最好的选择。

第二节 徘徊于校园与商场之间

从南洋回来后，李云经便将全部的心思放在了读书上。为了减轻母亲的负担，他没回书斋上课，决心在家完成中学的所有课程。可读书哪有那么简单，李云经常常遇见无法解答的问题，那时候，他就会抱着书，跑到潮州中学求教。因为没钱读书，李云经只能偷偷蹲在教室门口，偷听老师的讲课内容。听着校园里琅琅的读书声，李云经羡慕极了，那时候，可以坐在教室里，跟同学一起读书，就是他最大的梦想。

几年后，李云经和同龄的孩子们一起参加了潮州中考，并在此次考试中，取得了“同等学力”。拿到学历后，李云经高兴极了，这个学历是一块敲门砖，有了它，李云经就可以和父亲一样，进学校教书了。

1927 年，李云经进入潮州小学，开始他的执教生涯。在当时，做老师不但受人尊敬，薪水还很不错。李云经将挣到的钱全部交给母亲，贴补家用。经过媒人的介绍，李云经迎娶庄碧琴过门。庄碧琴虽然不是大家闺秀，但在潮州也是一户有名人家的小家碧玉。她身上半点儿小姐脾气都没有，嫁入李家后，专心相夫教子，服侍李母，从没有过半点儿埋怨。能娶到这样的妻子，李云经满意极了。

一年后，庄碧琴产下一子，取名李嘉诚。那时候，谁也想不到，这个出生在普通家庭的孩子，日后会凭借一己之力，建造出一个商业帝国，成为华人第一富豪！

李嘉诚出生后，李云经为了可以给孩子更好的生活，每天早出晚归，更认真地上班。没有领导不喜欢认真干活的员工，潮州小学的领导也不例外，他们原本就很喜欢长相斯文、教书又好的李云经，如今又看见李云经对工作如此认真，心里更加欣赏这个年轻人。李云经若是可以一直这样下去，用不了多久，就会升职加薪，如果可以这样过完一生，不失为一件好事。可是李云经不这么想。多年来，他心里始终想着14岁远渡南洋的画面，怎么都忘不了。他一遍遍回想那次失败的原因，认为当时自己还小，又不清楚市场，被骗确实可以理解。教书这几年，李云经翻看了大量的经商书籍，认为如今自己已经有一定的底子了，如果再次经商，必定会比以前好得多。

当时商人在潮州已经很普遍了，城里的大街小巷和城外几公里的路上，都挂满了五花八门的店面招牌。特别到了民国年间，潮州城内经商的人越来越多，几乎每家每户都有人经商。再加上，上次南洋之行后，李云经和堂哥李云章的关系更加亲近，李云章没事的时候就会来看看这个堂弟，给李云经买点儿补品，算是替李云经贴补家用。李云经看着表哥的生意越做越大，生活环境越来越好，从心里感到羡慕，希望有朝一日能成为表哥那样的人。

李云经将这个想法告诉了母亲，他说："父亲虽然才华横溢，身受众多学生的拥护，但是一生都在为柴米油盐发愁。祖父才华更加出众，曾以精妙的文笔，震惊紫禁城，一举拿下文华殿的桂冠。本想一展抱负，为百姓谋福，但无奈官场黑暗，最终只能辞官返乡，空留遗憾。但是经商不一样，它既不会为自己招来杀身之祸，也不会因为每天大量的工作而困住自己，没有时间做自己想做的事情。"李云经停下来，看着母亲再次说道："如今有了嘉诚，我得为他的未来打算，我和您一样，想给他最好的生活。而且嘉诚如今已经到了上学的年龄了，家里现在到处都需要钱。我虽然平时工资不算低，但是我们人多，平均下来，根本没有多少。可经商就不一样了，如果我能和云章哥一样，把生意做大做好的话，不但可以保证咱们一家生活无忧，还能供嘉诚读书。”

在李云经晓之以理，动之以情的劝说下，李母终于同意他辞去教师一职，到市面上闯闯。上次南洋之行的失败，在李母心中留下了阴影。李母不同意李云经和他大哥李云章一样继续远走南洋，规定他只能在潮州城中走走，不可到外面去。母子俩商量过后，决定先给别人打工，等积累了一定的经验后，再自己干。说是给别人打工，但李云经胸怀抱负，不甘心只在一个小店中当店员。他每天上街打听，看看有哪些职位聘人，工资大概是什么情况。经过调查后，李云经决定去钱庄做司库。司库每天要做的就是入库和保管，不但不需要和钱打交道，还能享受钱庄优厚的待遇，算是一个稳妥又挣钱的职位了。其实老板最开始是希望李云经做钱庄管家的，但这个想法刚说出来，就被李云经拒绝了。因此，他不得不退而求其次，让李云经只做自己钱庄的司库。管家和司库不同，需要经常和钱财打交道，虽然挣得多，但风险也大，李云经知道李母是必定不会允许他做这份工作的。他自己也不想再冒风险，所以便跟老板推了，要求换一个保险点的职位。

之后，李云经便留在了钱庄，尽心尽力地为老板工作。他做事认真稳重，从没有出过半分差错，深受老板赏识，薪水更是一涨再涨。就在李云经准备一直做下去的时候，钱庄发生了一起失窃案。

1929年夏日的一天，李云经盘点完库存后，就和往常一样下班了。第二天，当他来到钱庄后，等待他的居然是库房现金丢失过半的消息。这可把李云经和同事弄蒙了，他们马上禀告了老板。事态严重，老板也不敢耽误，马上报了警。没多久警察便到了库房。了解情况后，他们认为掌管库房的李云经嫌疑最大。李云经觉得很冤枉，想要跟警察解释，但还没等他开口，就有两个钱庄的小职员跑出来，对警察说，他们亲眼看见李云经偷了库房的白银。之后不管李云经如何解释，警察们就是不肯相信他，执意将他带回警局，对他百般审问，似乎认准李云经就是犯人。

幸好，李云经当时的老板对他十分信任。在警察将怀疑李云经是嫌疑犯的想法告诉老板后，老板不但没有逼李云经交出失窃库银，还替李云经担保，以李云经的为人，是绝对不可能做这种事情的。可警察还是紧抓着李云经不放，每天都要叫李云经来问话。老板虽然相信李云经的为人，但为了不落人口实，还是撤了他库房总管一职。这让原本只需要管理库房的李云经，不得不做起库房值班的工作。因为早上需要去警局问话，李云经的值班时间大多排在晚上，这让他十分害怕，时时担心有人来害他，每天吃不好，也睡不着，没多久就瘦得不成人形了。这场飞来横祸让李云经一家都陷入了恐慌之中。幸运的是，就在李云经快受不了的时候，警察终于找到了真正的窃贼——窃贼便是那两个指证李云经偷窃的职员。

原来之前和这两个职员一起作案的贼人，在广州偷盗其他钱庄时被警察逮住，严加审问之后供出了他的同伙，并承认与这两人一同偷窃。李云经这才洗脱嫌疑。恢复名誉之后，老板亲自找到李云经道歉，希望他可以重新担任钱库的库房总管，但此风波后，李云经彻底对从商失去了信心，他终于明白，不管在钱庄干什么，都是有风险的，而他不想再因为自己让老母、妻子担惊受怕了。他告诉自己，宁愿过得清贫些，也不能再经受这样的风险了。于是，李云经拒绝了老板的请求，离开了钱庄。这次飞来横祸之后，李云经仿佛大彻大悟，他非常后悔自己没有听父亲的教导，决定以后再不经商，专心回学校做一名老师。

长达两个月的失窃案，使李云经身心严重受挫，原本就不好的身体更是雪上加霜。从钱庄出来后，他便专心在家。以前，李云经在潮州小学教书的时候，校长就十分喜欢他，觉得这个年轻人踏实，是干正事的人，只是那时候李云经一心想经商贴补家用，才忍痛批了李云经的辞职申请。现在，他听说李云经已经从钱庄辞职，并且有回学校教书的打算，便马不停蹄地赶到了李家，诚心地向李云经表示随时欢迎他回学校教书。校长一直对李云经很好，上次辞职的时候，李云经也觉得颇为愧对校长。这次老人家在听闻他的事情后，亲自登门拜访，更让李云经感动，当场便答应，一旦养好身体，便会立即回学校教书。

1930 年元旦，李云经回到了潮州小学，再次成为一名老师。虽说从事的职位和以前一样，但是李云经的心态已经不一样了。这次他再也没有想要拼命挣钱的想法了，只想一心教书，像父亲那样，做一个好教师。

在以后的日子里，每当提起李云章，李云经都非常感慨，说自己曾被生活所迫，误认为只有从商才是人间正道，其实道路无所谓正误，适合自己就好。

第三节　从好老师到好校长

李云经饱读诗书，又经过几年的商场沉浮，讲起课来非常生动，同学们听得津津有味，不知不觉就学到了知识。当年的期末考试，李云经班上同学的成绩有了很大的进步。其中两名同学的作文，更是被报社拿去，刊登在潮州当地报纸的副刊上。李云经的名声因此传了出去。那年春节，李云经家里的门槛几乎被学生家长给踏破了。他们大多来感谢，希望李云经可以继续教育自己的孩子。当然，还有一部分家长的孩子，并非是李云经的学生，他们来的目的，就是希望李云经可以将他们的孩子调到自己班上，亲自管教。教学数年，李云经头次尝到了教书的乐趣，他终于明白父亲的话是正确的，决心把自己的全部热情，都投入到教书育人中。

李云经拼命工作，很快便被任命为教导主任，之后更是一路扶摇直上，当上校长，并成为潮州城最出色的校长之一。

李云经奉潮州教育局之命，前往潮州郊区郭垅镇，出任当地一所中学的校长一职。听闻这所中学本来是一所规模很大的学校，在这里上学的学生也很多，但因为该学校没有良好的教学秩序而纷纷转走了。这可急坏了当地的教育局。就在他们无计可施的时候，听说李云经凭自己的力量，只用了一年的时间，就将一个校风校纪混乱的小学，管理得井井有条，于是决定聘请李云经为该学校的校长。

接到任命书后，李云经并没有表现得特别高兴。父亲李晓帆在世的时候，曾无数次地告诫过李云经，不管到任何年代，李氏家族的后辈都不能做官。李云经当时已经不再年轻了，他开始明白老人的很多话都是有道理的。再加上世事无常，他也不想给自己找麻烦，认为还是安安心心地教书最好。于是，第二天李云经就亲自去了一趟潮州教育局，他委婉地说明了自己的来意，表示只想好好的教书，并没有当校长的想法。可是，教育局的人哪听他的话啊，他们将李云经视为拯救郭垅镇中学的救命稻草，好不容易抓到，怎么会轻易放开。推脱无果，李云经只能收拾包袱，前往郭垅镇中学上任。

在去郭垅镇的路上，李云经听到了很多有关这所中学的传闻。因为只是道听途说，李云经并不敢妄下结论。为了可以尽快找到问题的根本，李云经专门准备了一个本子，将从路人那里听到的传言一一记录在上面。只等到了郭垅镇，再详细打探。

第二天晚上，李云经便站在了郭垅镇中学前面。当时正是上课时间，但李云经透过校门还是看见很多在教室外面打闹的学生。那个年代，上学对于很多家庭来说，都是一件奢侈的事情。李云经自己就因为家里贫穷而无缘中学。当时他为了多学一点儿知识，常常跑到教室外面听老师讲课。春、夏、秋三季还好，老师们为了保证教室的空气清新，常常会开窗开门。李云经只要躲在其中一个窗口或者门边就可以和同学们一同听老师讲课了。但若到了冬天，为了保暖，老师们就会将门和窗子关得紧紧的，再加上寒风的呼啸，李云经想要听清老师所讲的内容，简直太难了。所以常常是李云经在外面冻了一天，却什么也没有学会。那时候李云经最大的愿望就是坐在课堂里听课。所以，李云经如今看着那些不珍惜学习机会的孩子，格外心痛。若说之前李云经到此来担任校长，只是奉命行事。那现在李云经则有了要好好整治一下学校的决心。

上任第一天，他按时到学校报到。亲自站在学校门口，看着孩子们懒懒散散地走进教室，没有发表任何意见。这让郭垅镇中学的老师小小吃惊了一把。老师们很难理解，作为一个学校的校长，在看见自己学校的学生一个个没精打采的来上课的时候，为什么会不发脾气。更让老师们吃惊的是，这个校长不但没有批评学生，也没有半点儿要召集老师训话整顿校纪的迹象。这让大家本想拿出点儿样子，陪新领导做做戏的想法落空了。他们纷纷猜测这个新校长八成和以前的那任一样，当不了多久就会离开，所以懒得管理他们。他们想，既然这个新校长留不了多久，也没想管他们，那他们何必严格要求自己。于是，大家陆续做回了原来的自己，迟到的迟到，早退的早退，反正又没人管。

这正合了李云经的意。他就是要他们放松警惕，露出自己的本来面貌，他要看看郭垅镇中学的师生，平时是如何上课学习的。为了更全面地了解郭垅镇中学，李云经悄悄来到学生和家长中间，用闲聊的方式，套出了导致郭垅镇中学学生频频转学的原因。

原来李云经前面的那任校长，非但不懂治学之道，还将学校当成了他赚钱的工具。他大量克扣教师工资，很多教师因为对校长的不满纷纷离开学校。留下的那些，则因为心中的不满，而无法专心教学，每天得过且过。孩子们在老师的影响下，一个个也都变得懒懒散散，上课交头接耳，心不在焉。整个学校里，一点儿学习的氛围都没有。久而久之就成了现在这个样子。

通过了解，李云经找到了校风问题的根源所在。并且知道，要想改变这个问题，首先要从教师下手。每个老师都是学生的好榜样，只有先让老师将这个榜样树立起来，学生们才会照着去做。那么问题来了，该如何让老师改掉这个习惯，努力给孩子们做一个好榜样呢？李云经陷入了沉思。李云经想到，之前老师们是因为前校长贪污教师薪金，才对学校不满。如今想重新唤起他们对学校热情，必定要先证明自己和前校长是不同的，自己绝对不会贪污教师薪金。

当天下班后，李云经飞奔回宿舍，用一晚上的时间写了一篇《执教宣言》。他在宣言中表明，自己绝对不会贪污学校教师的一分一厘，若是有人抓住了他贪污的证据，完全可以向教育局揭发他，他愿意自动辞去校长一职。同时，他表示自己会以身作则，如果有谁发现了他偷懒不作为，也可以向教育局揭发，他同样愿意辞去校长一职……李云经在宣言中为自己订下了严格的自律条款。这让之前一直认为他当成无所事事的教师们吃了一惊。吃惊归吃惊，他们还是不相信李云经会真的按照宣言上的内容去做，对李云经充满了怀疑。

面对众人的质疑，李云经什么也没有说。他一开始就没有指望能用一篇宣言打动他们，他就是想让他们怀疑，因为只有怀疑才会引起注意，只要大家愿意注意他，他就有信心可以用自己的行动打动他们。

公会宣言后，李云经还像往常一样，天天住在学校的宿舍中。和大家一起去校食堂吃饭，别人吃什么他吃什么，一点儿没有校长的架子。身上穿的也是最普通的衣服，开教师会议时，他认真倾听每位老师的发言，并说出自己的看法，主动和老师们讨论。每天天不亮就起床整理当天的资料，协助值日生一起打扫校园和教室，晚上别人都下班，他还在工作。

他一丝不苟的工作态度，很快得到了大家的信任。

当月发放工资时，李云经为了公开、公平，让会计将学校该月的所有开支和花销写于纸上，上面清楚记录了教育局拨给郭垅镇中学的每笔资金和它们的去向，以及全校教连同李云经在内的全部薪水开支，要求大家共同监督。李云经公开财务的做法，很快赢得了众人的称赞。很多教师私下找到李云经，为过去自己在教学上的怠慢道歉。之前离开的教师们也纷纷发出申请，希望可以重新回到郭垅镇中学授课。在老师的带领下，同学们刻苦努力地学习，校园里文明礼貌蔚然成风，校容校貌焕然一新，真是一片欣欣向荣的景象。当年夏天，郭垅镇中学在潮州统一的开学考试中，获得了全潮州升学率排名第二的好成绩。对学校来说，升学率无疑是一块金字招牌。之前转走的学生们，陆续转了回来。越来越多的人慕名而来，希望孩子可以在这里上学。郭垅镇中学在李云经手中越办越好，成了当地有名的重点中学。

看着学校的学生越来越多，李云经开心极了。这是他第一次当校长，虽然知道认真去做就可以成功，但真正看见这样的结果，他还是非常激动。为了让学校有更好的发展，李云经专门为郭垅镇中学量身定制了一系列的扩大招生计划，更加欣欣向荣的局面指日可待。

第四节　治校专家，广受好评

就在李云经以为自己会在郭垅镇中学一直待下去的时候，潮州教育局再次找到了李云经，希望他可以出任澄海中学的校长。

李云经因为丰富的教学经验和先进的管理方法，获得了全校教师和家长的好评。一传十，十传百，一时间整个潮州都在传郊区郭垅镇出了一个好校长，将原本松散破败的学校，整治得井井有条，校纪严整。这些话自然也传到了潮州教育局官员的耳朵里，他们一方面高兴当初选李云经去当郭垅镇中学的校长，一方面又更加欣赏李云经的治校之才，希望他可以继续发挥自己的长处，带领同样被人嫌弃的澄海中学前进。

当时的澄海中学和之前的郭垅镇中学很像，教师无心教学，学生不务正业，上课心不在焉，校园风气更是一塌糊涂。因为觉得在这里没有希望，很多优秀的老师纷纷从这里离开，另谋他就，学生们转学、退学，整个学校乌烟瘴气，剩下的家长老师们怨声载道。

交到李云经手上的就是这样一所中学。李云经自己也没有想到，会在这时候接到政府的任命书。毕竟他刚刚治理好一所中学，还未喘息，实在无法马上提起精神去另一所中学解决一个更大的麻烦。这样毫无休息的节奏，委实让他觉得喘不过气来。但政府的命令一下，作为下级的他只能听从。当时李云经是疲惫的，但当他听说澄海中学的情况后，恨不得可以马上过去，好好整顿一下澄海中学，给孩子们一个良好的学习环境。为了可以尽早出发，当天下午，李云经便开始做相应的交接工作。因为李云经做事向来井井有条，整个交接工作完成得非常顺利。没多久，李云经就踏上了去往澄海中学的道路。

李云经在夏天开始的时候抵达了澄海中学。澄海中学不比郭垅镇中学，没有良好的教学环境。这里的教学楼大多年久失修，漏雨问题严重，下雨天孩子们根本没办法在里面上课。而潮州毕竟是南方，现在又正值雨季，孩子们常常因为大雨而不得不停课在家。李云经就是在一个下雨天来到澄海中学的，当天因为雨势不大，孩子们都坚持正常上学。因为阴天的关系，教室里非常暗，可是因为房顶漏雨，没有人敢开灯。孩子们只能在既漏雨又黑暗的环境中学习。看着这样的画面，李云经难受极了。

他发誓，无论如何都要先把影响孩子们读书的问题解决了。

为了不影响孩子们读书，李云经到澄海中学的第一件事，就是向教育局申请资金，希望可以在更大的雨季来临之前对教室进行一次维修。为了这件事，李云经没少跑教育局，但是拨下来的资金却少得可怜。无奈之下，李云经只能先将自己的钱统统拿出来，先行修整了几个漏雨比较严重的教室。

李云经以身作则，将自己全部资金用于修建学校的事情被传了出去。大家都被他的行为感动了，学校老师自行发起校园募捐活动，学生们将此事告诉父母，第二天便有家长亲自送孩子上学，只为能进入学校，参加此次募捐活动。为了可以筹到更多的钱，李云经多次前往潮州商会进行募捐。因为之前和李云经共过事，了解他的为人，大家纷纷慷慨解囊，很快便筹到了一大笔资金。

筹到资金后，李云经马不停蹄地开始了维修教室的工作。他早起晚睡，在不影响正常工作的情况下，亲自监督施工，为了加快速度，他常常会和工人们一起上房维修。终于在潮州雨季来临之前，完成了整个修建工程。工程完成后，李云经如在郭垅镇中学一样，让会计写了一份详细的资金去向说明，张贴在学校里。上面清清楚楚写明了每一笔筹款的来源和去向。

李云经亲力亲为的做法再次赢得四方好评。老师和家长们各个对他赞不绝口，李云经的名声越传越广，成为最受人民赞赏的校长之一。

第五节　以身作则的好父亲

李云经在教书上的成就，对李嘉诚有很大的影响。李嘉诚因为父亲的关系，从小就喜欢读书，在他眼中，博览群书的父亲便是唯一的榜样。

据说李嘉诚3岁时就已经熟读《三字经》《千家诗》等书，5岁时进入学校开始读书。当时李家有一间书屋，里面都是诸子百家之类的书籍，李嘉诚也不管能不能读懂，统统拿来阅读。年少的李嘉诚，对知识有着热切的渴望，也希望自己长大后能成为父亲那样的人。

李嘉诚曾经这样评价自己的父亲："我的父亲是一个真正的学者，我爱他敬佩他，并且以他为荣，年少时的梦想就是像父亲一样，做一辈子学问。"若没有接下来的事，也许这世上便少了一个商界传奇，而多了一个高明的学者。

就在李嘉诚一家以为日子会这样一直平静地过下去的时候，突然从北平传来了卢沟桥事变的消息，毫不留情地打破了这一切。

1939年6月21日，李云经他们得到了一个让人震惊的消息，说是日本人已经攻下汕头，向潮州打来了。在潮州所辖的庵埠也落入敌手之后，李云经连夜从任教的学校赶回了家里，他说服母亲放弃父亲留下的屋子，搬到后沟那里去。李云经知道，如果母亲不走，或者晚走一步，就非常有可能落到日本人的手里。所以在说服母亲后，他马上启程，赶往隆都镇后沟村，投奔弟弟李奕。经过千辛万苦，李云经他们终于到达了后沟。但是李奕自己也只是个普通教师，生活本就拮据。李云经虽然手头有点儿积蓄，也不过勉强够临时花销，无法长时间在弟弟家居留。那时候李云经的母亲也到了弥留之际，不久就离开了他们。而老天并没有给李云经难过的时间，因为当时日军不仅占领了潮州，更是向着后沟这里来了。他们只能草草地将母亲下葬了。然后，他带着妻儿再次踏上了逃亡之路。

这次他们要去的是香港，因为李嘉诚的母亲庄碧琴的哥哥就在那里，而且当时那里是英国人的天下，他们觉得日本人应该还不敢贸然向英国人动手。其实李云经一开始并不想去香港的，他不想依靠别人，况且在这之前，他并没有见过妻子的大哥，但是在那个兵荒马乱的年代，他们别无选择。

当时他们并没有什么交通工具，也没有足够的盘缠，他们只能依靠自己的双脚，而且他们也不清楚香港到底在哪里，面对这样漫长而没有方向的行程，李云经并没有气馁，他和妻子草草收拾了行装，踏上了这个未知的旅程。

就这样，他们从1940年2月开始上路，经过了整整3个月的旅途，一直到同年的5月份，才到达了宝安县。这一路上他们吃尽了苦头，遇见了各种各样的事情，经历过饥饿、奔走，这段日子也是李云经最苦的一段日子，为了维持生计，他不得不放弃自己的专业，沿途打散工挣钱，好在当时的他，还有一些体力，可以做很多事情，拉车、搬运工等，依靠这些得来的报酬虽然不多，但也算是解决了儿子和妻子最基本的生活问题了。

其实当初李云经决定逃到香港还有一个原因，那就是他的一位长辈亲友投靠了日本人，被日本人任命为长官。这位投靠了日本人的长辈对李云经还是很重视的，自从见过李云经后，他就常常派人去找李云经，隔三岔五对李云经进行劝说，让他回潮州去为日本人做事。但是被李云经拒绝了，他表示，只要会损害到国家利益的事情，坚决不干。事后，李云经为了避免意外的发生，便和这位亲友不告而别了。

这一点李嘉诚也遗传了父亲，在他成名之后，我们总是可以从各个渠道得知：李嘉诚又捐助了哪所学校，赞助了哪个医院，赞助了哪个工程，他很早就说过，钱对于他来说并没有多大的意义，他在乎的是钱背后的意义，希望可以用它来帮助更多的人，可以更好地报效祖国。如今，李嘉诚更是称自己有三个儿子，而他口中的第三个儿子，便是李嘉诚慈善基金会，据他本人说，他往这里面投资了大量的精力和财力，是他用心血凝成的。

不难看出，李嘉诚所做的这些事情，和李云经的教育有着扯不断的关系。虽然那时候的李嘉诚还很小，但父亲的为人处世、一举一动，都在潜移默化地影响着他。不管是之前受人尊敬的教师、校长，还是在战乱时带着全家逃亡的爸爸，在幼小的李嘉诚的心中，父亲始终都是非常伟岸的。他默默地将这种伟岸印在了自己的心中，并在日后成为支持他渡过难关，迎难而上的动力。这种润物细无声的影响有着非常强大的力量，让李嘉诚即使站在人生的顶峰，也可以继续勤恳学习，正是这种力量让他慢慢地走到今天，创造了一个神话般的商业王国。

就是现在，李嘉诚也会时常想起父亲来，那个曾经给过他温暖与安稳的男人，背着他千里迢迢走到广州，又从广州跋涉到香港的坚强肩膀。那个自小就不服输，任劳任怨，敢闯敢拼的人，也许不是一个完美的父亲，却身体力行地教会了他很多让他受益终身的道理。

李嘉诚曾在一次采访中提起：小时候，家境虽然不好，但也可以保证生活安定。李嘉诚父亲李云经的文化程度很高，是受人尊重的读书人。当时做个和父亲一样的读书人，就是李嘉诚最大的愿望。

抗日战争爆发后，李嘉诚随父亲来到香港，看到了世态炎凉、人情冷暖，才明白世界原来是这样的！从那时候开始，他的童年就已经没有了。

到香港后，因为很多原因，李云经先生没有办法再上讲台教书，他们的生活因为无法保证经济来源而更加困难，但是李云经从没有向儿子抱怨过。李云经总是告诉儿子说："人生总有沉浮，我们应该学会忍受生命给予的这份困苦，只有受得了困苦的人，才配享受美好，也只有战胜这些困难，才能知道什么是成功。"

李嘉诚认为，这句话是父亲李云经历尽沧桑后的肺腑之言，他从没有见父亲放弃过对生活的向往，不管什么时候，他的父亲一直在努力地给他、给全家人创造更好的生活。李嘉诚说，很多成功的人都会谦虚地说是因为幸运，但是他的父亲教给他，成功是因为努力，是用勤劳和坚持得来的。

现在想来，这也是父亲可以留给儿子的最好礼物。

由此，不难理解李嘉诚为什么特别怀念父亲。热爱做学问的李云经，教会李嘉诚很多东西，有知识、有经验、有做人的道理，还有在困境中顽强拼搏、永不放弃的精神。

李嘉诚从小受到父亲的耳濡目染，骨子里也有一种和父亲一样的创新意识和冒险精神。当然这也有可能跟潮州的文化有关，潮州是粤东政治、经济、文化的中心，自小生活在这样的环境中，自然会深受东西方文化的影响，也就养成了这种自强不息的精神。正是这种精神，成功地帮助李嘉诚渡过了人生中一个又一个难关，助他走上了人生的顶峰。

第六节　日寇肆虐，逃难香港

李嘉诚将父亲作为一生的榜样。但李云经很早就去世了，于是李嘉诚不得不担起养家的重担。曾经有记者采访李嘉诚，问他："是否埋怨过自己的父亲？若不是他太早离世，你原本不用那么早担起家庭的重任，可以和普通孩子一样，继续上学、玩耍！"

这个简单的问题，让当时已经历经无数风雨的李嘉诚红了眼。李嘉诚说："我时常会想起我的父亲，他去得很早，但父爱的多少，并不是时间可以衡量的。我父亲在我们一家刚到香港的时候，就开始咳嗽。那时候，我们的生活条件非常艰苦，为了省钱，他连去医院看病的想法都不曾有过。后来确诊后，为了让我继续上学，他更是坚持不住院。医生给他开了药方，他也不去拿药，将这些钱都省下来，供我继续学业。我父亲的想法很简单，就是要省钱让我读书，哪怕那些钱只够我多读一天书的，他也要留给我……"

李嘉诚时常会想起父亲，想起刚到香港的那段日子，那是他和父亲在一起的最后一段时光，每次想到都会情不自禁地流泪。他认为，父亲已经把人生最宝贵的东西教给了他，这些东西让他受益一生。

那时候，李嘉诚刚刚 14 岁，对于小小年纪的李嘉诚来说，香港是一个完全陌生的地方，甚至连当地居民说的话都听不懂。刚到香港时，稚嫩的李嘉诚害怕极了，只能紧紧地抓着父亲的手，在这个陌生的城市里，唯有父母才能让他感到一点点的心安。这不能怪李嘉诚胆小，香港的一切对于他们来说都是之前从来没有见过的，别说李嘉诚了，就连李云经心里都是忐忑的。

接下来的日子，也证明了李云经当时的忐忑是正确的。李云经前半生一直在潜心学习国学，但是国学在香港并不吃香。在这个到处都是英国人的城市，李云经之前所学的知识，竟不足以撑起他们一家的生活。因此，他们必须要投靠庄碧琴的大哥，那也是他们当时的唯一希望。

庄碧琴的大哥庄静庵出生在潮州，小时候曾在广州的一家银号打工，因为聪明勤奋而升到了经理的位置。后来他自立门户，开始经营贸易。27 岁那年，庄静庵来到香港，进入钟表行业。开始只是经营一家小作坊，专门制作表带，当积攒下一些资金后，他创立了中南钟表公司，先后取得瑞士乐都表和得其利表的经销权。庄静庵是香港第一代钟表商，是香港钟表行业的先驱人物，在香港极受尊重。

当李云经一家投奔庄静庵，正是庄静庵在香港扎稳脚跟，顺利发展的时候。在抵达香港的当天下午，李云经和庄碧琴带着儿子李嘉诚辗转了数十条街巷，只为找到庄碧琴大哥的表店。那时候天气已经很热了，而他们还穿着逃离广州时的棉衣，并且这些棉衣在经过长途跋涉后已经破得不成样子了。当时，他们身上连给李嘉诚买一件像样衣服的钱都没有。李云经常常看着儿子小小的脸无限感慨，儿子还这么小，就要饱受饥寒交迫、颠沛流离之苦。他希望可以在香港找一个正经的工作，给孩子一个平静的生活，不用十分富有，就像一般人那样就可以，他要给他们一个安稳的生活。

在见到庄碧琴的大哥庄静庵后，李云经马上把自己想法告诉了庄静庵。在庄静庵的帮助下，李云经进了当地一家商行，做一些类似于记账之类的事情。对于李云经来说，这虽然不是老本行，也是个不错的工作了，至少不用像之前一样靠做体力活来养家。能找到这样的工作，他已经很知足了。

李云经刚到香港的时候，并不会说英语，好在潮州位于广东和福建的交界处，所以很多香港地区特有的广东话他都是可以听懂的。再加上李云经做事情向来勤奋努力，因此他很快就适应了这里的生活，将这份记账的工作做得妥妥当当。老板对这个不爱说话的新伙计十分满意，觉得他又听话，又努力做事，非常愿意重用他。因此当时李云经的收入还是不错的。

他们一家就这么在香港安家了。不过他们没有和庄静庵住在一起，搬出来住是李云经自己要求的，他实在不想麻烦大舅哥了。在李云经的要求下，庄静庵帮他们在九龙那里借租了一间民房，环境虽然不能和庄静庵家相比，但也算有了一个可以落脚的地方。对于这一点，李云经满意极了。

他更加勤恳地做事，希望可以尽快让全家人从之前的穷困中走出来。就在他们看见新的希望的时候，灾难再次降临在他们身边。

1941 年 12 月 7 日，日本偷袭了美国的珍珠港，太平洋战争爆发。8 日清晨，日本人便开始对香港发起进攻。当时守卫香港的只有几千驻港英军，由于日军事先计划周密，且在兵力上占有绝对优势，这些驻港英军面对日军的进攻只能节节败退。经过十七天的激战，香港大部分已经沦陷，时任港督杨慕琦无奈宣布投降。12 月 25 日，对当地的英国人来讲是个黑暗的圣诞节，对整个香港来说，则开始了“三年零八个月”香港日治时期。

香港居民在知道英国投降后，愤怒极了。尤其是原本便对日本人深恶痛绝的李云经，更是气得浑身哆嗦。当他看见遍布在香港街头巷尾的鲜血与群众尸体时，终于再也按捺不住。他发疯一样地往外跑，恨不得和日本人拼了，幸亏妻子拼命将他拉进了屋里，才没有造成更严重的后果。

李云经被拉进屋后，心情始终无法平静下来，他越想越气，自己坐在屋子中间发抖。当时还是孩子的李嘉诚担心极了，李嘉诚不知道父亲到底怎么了，只是觉得特别害怕，就在李嘉诚想上前看看父亲的时候，李云经突然吐出一口鲜血，之后就倒在地上不省人事了。

自那之后，李云经便一病不起，他的咳嗽越来越重，最严重的时候甚至可以咳嗽出大半碗的鲜血，最后庄碧琴实在看不下去了，她找到兄长庄静庵，希望兄长可以一起劝劝李云经，让他务必去医院检查一下。在妻子和大舅哥的劝说下，李云经第二天便去了香港玛丽教会医院做检查。诊断结果很快出来了，李云经得了非常严重的肺病。在当时，这种病可以说是绝症了，即便是英国人办的教会医院，也无法医治。这个诊断结果可以说再一次将李嘉诚一家打入了深渊！

其实李云经自从来了香港后就一直咳嗽，之前大舅哥庄静庵也劝他去医院看一看，但是他一直没有重视过。因为当时并不严重，庄碧琴他们都以为这只是感冒的后遗症，没想到就是这个被大家忽视的咳嗽，最后带走了李云经。

第七节　突遭不幸，父亲病逝

在得知自己的病后，李云经心里沉重极了。他一方面咬牙坚持，继续在商行工作；一方面加强了对孩子的管教。为了可以让李嘉诚继续上学，李云经坚持不住院，他偷偷地将自己的药费节省下来，留作儿子之后上学的学费。

李云经知道自己的时间已经不多了，所以长子李嘉诚就成了他眼中唯一的希望。他开始每天给长子李嘉诚讲很多的道理，说更多的话。好在李嘉诚懂事，父亲说的每一句话他都很认真地听，学习也非常努力。看着儿子，李云经欣慰并心疼着。在他心中对儿子充满了愧疚，小小的年纪，不但没有给他安稳的生活，反而给了他更多的压力。李云经知道，一旦自己离开这个世界，这个家的重担势必要压到他的身上，这是无法避免的。

让李云经最难受的就是李嘉诚的好学，当初刚到香港的时候，李云经就对他说过："如果想在香港做大事，那你必须要学好英语才可以。"因为当时多半的教材都是英语书籍。

李嘉诚对那段日子记忆犹新，每天放学后，李云经都会拉住他谈心，和他一起做功课，给李嘉诚讲很多很多的道理。那时的李嘉诚已经懂事了，可以听得懂邻居们的议论，知道父亲得了很严重的病。但那时候的他太小了，什么也做不了。唯一能做的就是好好学习，让父亲高兴。

那段时间就成了小嘉诚最刻苦的日子，他每天拼命学习英语，几乎到了走火入魔的地步，不管是在吃饭，还是在上学、放学的路上，一直都在背单词。有时候天还没亮，就起来看书，为了不打扰家人，他常常跑到路边灯下读书。那时候李嘉诚还不知道什么是做大事，他就是觉得上学不易，尤其在经过了长时间的颠沛流离之后，更懂得珍惜罢了。最后李嘉诚因为自己的好天赋加勤奋，成功攻克了英语这个难关。他高兴地告诉父亲，他已经可以熟练地用英语答题了。

这本是一件让人高兴的事情，但是现在看在李云经的眼中，却是无限的心酸。李云经很清楚，一旦自己离开的话，李嘉诚就再也不可能上学了，他的好儿子，就需要用自己瘦小的肩膀，代替他，负担起这个家。李云经一度难过得无法自己，他不知道为什么，上天就是不肯给这么懂事的儿子，一个好的生活。

这也让重病的李云经决定，他要凭自己最后的力量，能让孩子多上一天学，就多上一天。所以他扛着重病的身体，每天按时上班，幸运的是妻子庄碧琴在这件事上和他的看法一样，他们希望让儿子多学习知识，因此两个人更加努力地挣钱——这样的生活一直持续到李云经工作的那家商行因为战事紧张而倒闭才结束。那个时候，李云经的病情已经很严重了，身体也非常差了，这个曾经高大威严的男人，已经撑不起这个小小的家了。

1943 年的秋天，李云经病情恶化，每天只能躺在病床上，什么也干不了了。他迅速地消瘦，身体一天不如一天，几乎是奄奄一息了。

李嘉诚在李云经生病期间并没有什么特别的表示，他没有在父亲面前露出任何不好的情绪，每天定时定点来到医院照顾父亲。那时候小小的李嘉诚并没有什么复杂的想法，他只是希望可以和父亲在一起的时间久一点儿，再久一点儿。他每天天不亮就会赶到医院，在那里一直待到最后时限才肯从病房离去，然后第二天再照旧。

李嘉诚那时候已经是一个十几岁的少年了，他很清楚自己和父亲在一起的日子已经不多。他一方面独自难受，一方面又恨不得把时间分成两半来用，他希望可以多为父亲做点儿什么，但是他太小了，除了陪伴，他再也给不了父亲任何东西。

时间也确实没有因为李嘉诚的害怕和迷茫稍作停留，它在李嘉诚难过和忧虑中飞快地流逝。转眼就到了冬天，在李嘉诚的记忆中，那年冬天格外寒冷，因为随着气温消散的还有父亲的生命。

李云经是在一个冬天的早上离开人世的。在离开的前一天晚上，一直病得迷迷糊糊的李云经突然精神起来，他让妻子将儿子李嘉诚叫到了自己的床前，用最后一丝力气好好看了看儿子，他沙哑着嗓子说："嘉诚，爸爸对不起你，但是没有办法了，以后这个家只能靠你支撑了……以后你可能还会遇到很多事情，爸爸没有办法再在你身边，但是你一定要记得，做学问才是正理啊！爸爸希望有一天我们的嘉诚可以成长为对国家有用的人……”李云经爱怜地看着儿子，他知道再也不会有这样的机会了，他的生命马上就要终结了。

李嘉诚站在父亲床前，就那样呆呆地看着父亲，经过病魔漫长折磨后的父亲已经形如枯槁了，这再也不是当初那个可以轻而易举将他举高的强壮男人了。他明白，眼前病床上的这个男人马上就会离开他的生命，从此他的人生里再也没有爸爸了……

李嘉诚想到这里，终于止不住泪如雨下。小小的少年痛苦而倔强地擦着眼泪，他用坚定的眼神看着父亲，满怀信心地说："爸爸，您都不用为我担心，我一定不会让您失望的。"

就这样，在缺少医药的情况下，李云经于 1943 年，在香港离开了人世。那年李嘉诚刚刚 15 岁，因为贫穷，父亲没有给他留下任何遗产，不过，李嘉诚却认为，父亲已经将人生最宝贵的东西都留给了他，那就是教会了他如何做人，怎样在厄运中，保持坚忍不拔的精神。这是最宝贵的精神财富，让李嘉诚终身受益。

第八节　墓地纷争，光明磊落

父亲病逝以后，李嘉诚和母亲为了给父亲买块可以安息的墓地，不止用光了家里所有的钱，还把可以借的人都借了，才刚刚凑够了买一块墓地的钱。

依照那时的规矩，若是想看坟地，必须要先付钱才行，当时卖坟地给李嘉诚的是两个客家兄弟。他们向李嘉诚吹捧自己的墓地是如何好，但凡先人住进去，后人必定会飞黄腾达。李嘉诚虽然希望自己日后可以出人头地，但是他并不想靠这种方式，并且他也不觉得自己可以用这样少的资金，买到那样一块风水宝地。他只想给父亲找一个可以安息的地方，让父亲不至于在死后还颠沛流离。可是就是这样的心愿，老天都不答应。

在他把凑来的钱给了卖地的那对兄弟之后，并没有见到他们口中的风水宝地。那两个人把小嘉诚带到山坡的一块荒坟旁，然后他们便劝李嘉诚先去吃饭。李嘉诚坚持先安葬父亲，不肯先行离去。原来这块地下还有一具尸骨，他们两个人准备等李嘉诚离开后，先把那具尸骨从这里运走，用这个地方来埋葬李嘉诚的父亲，但是他们的想法被稍许听得懂客家话的李嘉诚知道了。

当时李嘉诚就想，世界上居然还有这样的人，连死人的尸骨都不放过。他虽然想让父亲的尸骨有一个可以安葬的地方，但他知道父亲一定不愿意这么做的。父亲一生光明磊落，从未做过害人之事，如果今天在这里安葬了父亲，想必他老人家在九泉之下，也不会安心的。但当时钱已经交出去了，这两个人这么可恶，必定不会退钱给他，而这里又只有他自己一个人，若是和他们发生什么纠缠，很可能会遭遇不测。李嘉诚经过再三思量后，终于决定顺从自己的内心，人不可以做违背道义的事情，他走到那两个客家兄弟面前说："我知道你们在说什么，这个钱我不要了，但是，你们要保证不能再挖人家的墓了。"

因为没有买到墓地，李嘉诚他们只能将李云经的遗体安葬在香港罗湖边上的沙岭坟场。很多潮州人死后都被安葬在这里。沿着半山腰排列着一座座坟墓，横七竖八杂乱无章。李云经的墓就立在了山脚下。

由于资金问题，李嘉诚只能将父亲李云经如此安葬了，这也成了李嘉诚心中的遗憾。成人之后，李嘉诚曾两次重建和修复父亲的墓地，就是为了弥补当时心中的遗憾。

第一次是1952年，那年李嘉诚只是为父亲在原来的土坟上用水泥砌了个坟墓的穹窿，然后在坟前立一块石碑，上面写了"潮州李公云经之墓"八个鲜红的大字。那时候的李嘉诚刚刚创业，成立了长江塑胶厂，身上没有什么钱。

李嘉诚第二次为父亲修墓的时候身份已经发生了翻天覆地的变化，那时候他已成了华人首富，就是在福布斯富豪榜上也排上了名次。那次李嘉诚在父亲墓前立了一块黑色大理石的石碑，他精心在石碑上刻上了"广东省潮州市先考李公云经太府君之墓"几个金色的大字。同时将他和家人的名字与立碑的时间一同署在了上面。

对于李嘉诚为父亲修墓一事还有很多说法，有人说李嘉诚是为了转运才对自己父亲的墓地进行了迁移和修整，因为据说早在2005年，李嘉诚就低调地将亡父李云经和亡弟李嘉宣的坟墓，从深圳移到了香港。李嘉诚一直希望整个迁移的过程可以在保障隐私下进行，所以行事十分低调。谁料，事情竟被《壹周刊》披露了出来。

《壹周刊》在文章中说："李嘉诚此次迁坟是因为听信风水师的言论，认为旧坟运势已尽，若想转运，必须另迁新坟。"为了证实自己的说法，《壹周刊》更是在文章中爆出了李嘉诚迁坟的时间，就在2005年3月一天的凌晨3点钟。并在文章中附上一张李云经和李嘉宣新坟的照片。

对于《壹周刊》的报道，李嘉诚并没有做出什么回应。这是李嘉诚一贯的做法，他很少对市面上的各项报道做出回应。但此次和之前的报道不同，并没有因为李嘉诚的沉默而慢慢平息。相反，各个媒体因为李嘉诚不予理会，而拿此事大做文章，将迁坟一事闹得沸沸扬扬。最后，李嘉诚身边的人终于忍不住站出来澄清了报道。原来李嘉诚这次搬迁亡父与亡弟之墓的原因跟风水一点儿关系都没有，只是因为2005年1月份的时候，李嘉诚亡妻庄月明的墓地曾发生过盗墓及意图勒索事件。幸运的是，庄月明的墓地并没有因那次偷盗而有太大的损坏。

虽说没有受到什么破坏，但还是让人惶恐。这件事后，李嘉诚想了很多，他开始担心父亲和弟弟位于沙岭的坟地，害怕他们也会遭受这样的骚扰。于是，决定尽快将其搬迁至保安情况比较好的柴湾坟场。

下决心后，李嘉诚亲自到柴湾坟场选地，确定之后立马开始了搬迁工作，从搬迁到安葬，整个过程用时只有一个多月。全部过程由李氏人员亲自监工，非常顺利。李嘉诚本人也非常高兴父亲和弟弟的遗骸可以迁到一个安全的地方。

澄清的人还说："李嘉诚自 1950 年创立长江塑胶厂以来，从没有亏损的迹象，2005 年的营业额非常好，公司的发展也非常不错，是有史以来最好的一年，集团业务版图遍及 56 个国家。李嘉诚本人的身体状况良好，家庭生活融洽，长子李泽钜的夫人，更是刚刚为李氏添了一个新成员。由此看来，李嘉诚完全没有转运的必要，更别说为了转运去迁坟了。"

对于李嘉诚第二次迁坟的事情，媒体各有各的说法，因为李嘉诚本人并未正面回答，所以没人清楚确切的原因。

可以确认的是，父亲李云经在李嘉诚心中有着至高无上的地位。据媒体报道，迁坟那年，距李云经病逝的时间已经过去好久了，可是李嘉诚站在父亲的墓前还是忍不住潸然泪下。如果说每一个人心目中都会有一个偶像，那李嘉诚心中的偶像就是父亲李云经。李嘉诚自己也多次谈起父亲，他说他的父亲是一个典型的中国人，有志气，讲义气，一生都奉行以诚待人。

李云经身前并没有什么丰功伟绩，但是他以身作则教会了长子李嘉诚如何做人，成就了李嘉诚传奇般的一生。

第三章 不忘初心，建立李嘉诚基金会

「

我的钱来自社会，也应该用于社会，我已不再需要更多的钱，我赚钱不是只为了自己。为了公司，为了股东，也为了替社会多做些公益事业，把多余的钱分给那些残疾及贫困的人。

」

第一节 富贵不忘初心，追寻内心的满足

李嘉诚 28 岁的时候，依靠自己的努力，成功跻身百万富豪之列。那时候的他也和一般富豪一样享受着物质所带来的乐趣。他开名车，玩新型莱卡相机，穿着数万元的西装，戴着百达翡丽高级腕表，闲暇的时候会开着游艇出海冲浪，并在可以看见维多利亚港的列提顿道的半山腰，买下了一座面积约为两百平方米的豪宅，将母亲庄碧琴接过来同住。然而，搬进新家的当天晚上李嘉诚却无缘无故地失眠了。

那天晚上，李嘉诚躺在宽大的床上。月光透过雕花的窗子朦胧地透进来，不着痕迹地给李嘉诚的心披上了一层清冷的纱，让他感觉到一丝冰凉萧索的寒意。李嘉诚静静地看着撒落在床前的月光。月光因为窗前树枝的摇摆而有了生命，摇摇晃晃，如真似梦。四周死一样的寂静，耳边偶尔传来维多利亚港轮船的汽笛声，映衬着他的孤单与寂寞。在这样寂静的深夜，李嘉诚淡如月光的回忆，一点儿一点儿地串联起来，一遍遍地在他的脑海中浮现。李嘉诚想起多年以前，自己也是在这样的月光下，和父母一起离开潮州，仓皇地逃到了香港；想起在赶往香港的路上，只有父亲的怀抱才能让他安心入睡；想起到香港后，一家人住在小小的民房中，每天都需要移开家具，才能供全家打地铺入眠的情景；想起父亲离开后，一家人的生活更加困难，只能依靠他在茶馆打工的微薄收入艰苦度日；想起创业后，只能在机器的运转声中安然入睡，以及那些因为机器声停止而突然惊醒的夜晚……这些曾经的快乐和痛苦一

遍遍地在李嘉诚的脑海中回放。他坐起来，看着自己宽敞、舒适的新家。在这样的环境中生活，曾是他长久以来的愿望。如今梦想成真，为何他丝毫不觉得高兴呢？投射在地上的月光还在摇晃，朦朦胧胧的好像在梦中。李嘉诚突然觉得眼前摇曳的月光和他如今的生活一样，虽然美好，却不安稳，好像每天都生活在迷茫之中，望不到未来，也看不见来路。李嘉诚沉默了，陷入了他富有之后的第一次深思。他不知道为什么自己一直追求的金钱，不但没有给他带来加倍的快乐，反而让他觉得更加寂寞和迷茫。他问自己，现在的一切是不是他想要的？如果不是，那他想要的到底是什么？这些思绪不停地翻涌，一遍一遍地折磨着李嘉诚，使他不能安然入睡。

耳边又听见轮船鸣笛的声音，李嘉诚走到窗前，让月光洒满全身。他透过窗户，看见了远方的维多利亚港和港湾上空的圆月。月光照亮了维多利亚港湾，也照亮了他的内心。他开始明白，金钱不能给人带来持久的快乐和满足。从那天开始，李嘉诚对金钱有了截然不同的看法。他告诉自己，金钱并不是万能的，它买不来内心的满足，也无法让你快乐。然而，在这样的社会里生活，没有钱又是万万不能的。他庆幸可以在 30 岁前拥有足够自己一生开销的金钱，因此应该尽自己最大的努力，为社会，为他人做点儿事情。之后，李嘉诚不再注重物质享受，开始在奉献社会方面做出行动。

李嘉诚在 28 岁的时候，突然领悟到人生的真谛，知道内心的富贵，才是真正的富贵。为了让自己的人生变得更有意义，李嘉诚决定将自己的精力一分为二，在发展公司事业的同时，分出一部分用来做慈善。自此，李嘉诚从一个金钱的追求者变成了掌控者，他要把手中的金钱，发挥出最大的意义与价值。他告诉自己，他的钱来自社会，也应该用于社会，自己个人的物质享受不需要那么奢侈。所以，他现在赚钱并不是只为自己，更多的是为了公司，为了股东，也为了替社会多做些公益事业，帮助那些需要帮助的人。

李嘉诚的父亲在他15岁的时候，因病离开了人世。他目睹了父亲因为没钱治病而无法挽回生命的悲惨情景，遭遇过因为没钱而不得不辍学打工的困境，经历了没钱就没有尊严的痛苦。所以，李嘉诚的慈善事业主要集中在教育和医疗上面。李嘉诚曾说过，教育和医疗是他捐献的核心。他在做这些事的时候，时间和金钱等因素都被他忽略，因为这是他喜欢做的事情。李嘉诚作为一位成功的商人，曾受邀参加过无数的活动，无数次地在重要场合致辞发言。大多数情况下，他都需要一个稿子，但发言内容若是和教育、医疗有关的话，不需要任何稿子就可以条理清晰、滔滔不绝地展开一番演讲。李嘉诚笑称那些都是"肺腑之言"。

香港《亚洲周刊》杂志在采访李嘉诚的时候，曾问过这样一个问题："您在慈善事业中，对教育和医疗方面的投入最大，这是否和您幼年时的经历有关？"

李嘉诚回答道："战争期间，我们一家人来到香港，当时香港已经被日本人占领。于是，我的妈妈带着我的弟弟和妹妹回到家乡去，只有我和爸爸两个人留在香港。那时爸爸每天晚上都会不停地咳嗽。看着爸爸被病痛折磨，我心里很难过。我的父亲为了省钱，并未看过医生。等到他觉得自己这个病可能很严重的时候，才去医院检查。确诊是肺病后，我的父亲因为想给家里省钱，常常偷偷断药。因为他知道，我们家根本拿不出钱给他看病。半年后，在医药不够、经济困难的情况下他去世了。这一段经历，给我的人生带来了深远的影响。我不断地告诉自己，如果有一天，我的事业可以达到某种程度，我就要为医疗事业做一点儿事情。我告诉自己，要牢牢记住教育、医疗的重要性。不管是在教育方面还是在医疗方面，我都觉得自己是幸运的。医疗上，我虽然得过病，却也健健康康地走到了今天。教育上，虽然我曾经经历过一段最困难的日子，并因为困难不得不辍学养家，但我始终在寻求进步，在尽自己所能多学习知识，这么多年来从没有一天停过。即使出去旅行，我也会带上书本。记忆中，我生命里有两个关键时刻：一个是我12岁的时候，当时我还是一个天真、充满幻想的小孩子。当时为了躲避战乱，我随父母一起来到香港，见到了一个超出我想象的世界，我立刻就变得成熟了，我开始努力地学习，不怕苦、不怕累，开始懂得承担责任。另一个应该是我二十七八岁的时候，那个时候我可以说是彻底告别了贫穷，当时我已经赚到足够自己一生开销的钱，完全可以不再工作，安心享乐。可那时候的我却突然发现，自己挣到的钱虽然一直在增加，但我却并没有什么特别快乐的地方。反思过后，我明白了，对一个人来说最真实的财富来自内心的充盈。一个人在衣食住行这些物质条件得到充分的满足之后，应该对社会多一点儿关怀，这是一种义务或者说责任。”李嘉诚认为，那些对社会有过很大贡献的人，即使生命终结了，他的生命，也会因更有价值而被人们铭记。

很多人说，李嘉诚是华人首富，钱多得几辈子都花不完，拿出来一点儿去回报社会根本不算什么。捐钱确实不是难事，但是像李嘉诚一样既捐钱，又付出时间和精力去投入慈善事业，却并不容易。

李嘉诚说，对那些需要你帮助的人有所贡献，就能收获内心的财富。这样的财富是由自己创造出来的，是真正的财富。金钱带来的财富是不稳定的。今天因为挣到一笔不菲的收入而身价暴涨，明天也可能因为变故而一穷二白。只有这种由你做出的让人受益的成果，才算是真正的财富，没有人可以拿走。

2005年11月23日，李嘉诚在接受中央电视台《东方时空》节目采访时说，“富”和“贵”两个字，并不是连在一起的。“富”是指个人的能力，而“贵”讲的则是一个人的品德。现在，很多人是“富”而不是“贵”。他们赚的钱很多，却吝啬为别人花钱。真正的“富贵”是你作为社会的一分子，愿意用你的金钱回报社会，通过自己的努力，让这个社会变得更加美好，让更多的人受到关怀。“所以，真正的富贵，是用你得来的金钱，尽一点儿义务还有责任。你也可以作为社会的公民，作为一个社会的一分子，你也有责任，希望这个社会更好、更进步，更多的人可以得到关怀，得到帮助，那么这个社会就进步，更加好。这个是做人的一个原则。等于是要每个人没有什么困难，也不希望人家帮忙，这一点也是做人的道理。所以我就是这样，如果一个人想得通的话，你的富贵是从你的行为而来。”

李嘉诚多次表示，他一生有两个事业，一个是不断地赚钱做生意；另一个便是不断地花钱做慈善。他希望通过自己的努力，改变当今社会对贫穷之人的冷漠，希望可以唤起更多的人，去主动地关心和帮助他们。对他来说金钱从来都不是衡量财富的标准，内心的充盈才是真正的财富。

第二节　“第三个儿子”李嘉诚基金会

众所周知，李嘉诚有两个儿子，李泽钜和李泽楷。很少有人知道，他其实还有“第三个儿子”，那就是李嘉诚基金会。

1980 年，李嘉诚为了可以更系统地资助香港和世界各地的慈善服务，创办了李嘉诚基金会。基金会主要捐款给教育、医疗、文化以及其他公益事业。基金会成立的当天，李嘉诚动情地对众人说明了基金会的目标。

李嘉诚说：

在华人的传统观念里，传宗接代是一种责任。我呼吁亚洲有能力的人士，尽管我们的政府在支持和鼓励捐献文化方面并未成熟，但只要在我们心中，把帮助社会的责任看得和延续后代一样重要，选择捐献资产如同分配给儿女一样，那我们今天的一念之悟，将会为明天带来很多新的希望。

各位朋友，有能力选择和做出贡献是一种福分，而这正是企业家最珍贵的力量。我们有幸活在一个充满机会的时代，我们拥有更多创意、更多科技、更多时间，甚至更长的寿命。各位都是各自专业领域的顶尖人物，有着非凡的智慧和自信，过着有意义的生活。同济心不是富裕人士专有的，并非单单属于某一阶层、国家或宗教。通过决心及努力，同情心可以创造出自己的新世界，一个能体现集体力量、具有感染性的大同社会，因为这工作是永恒的，而其影响力也是无穷无尽的。让我们大家一起同心协力，不要再犹豫，拿出我们企业家豪迈的精神和勇气，让我们积极地帮助有需要的人重塑命运，共同为社会进步赋予新的意义。

基金会成立之后，致力于建立“关怀的社会”，发挥了良好的社会效用。不过，基金会真正取得大的发展，是在 2005 年。

2005 年，李嘉诚 77 岁。这个年纪的人，不管身体如何健康，都不得不承认自己的人生已经进入结尾，李嘉诚自然也不例外。他意识到自己已经是一个年迈的老人，已经到了要面对生命终结的阶段。意识到这些以后，李嘉诚便失眠了。这倒不是因为他不敢面对死亡，他只是不放心自己在多年前建立起来的基金会。他希望基金会可以一直运作下去，但他同时知道，自己不可能永远关注着它，一旦自己离去，基金会将失去资金来源。当然，这个结局不是无法改变的，只是想要改变这个结局，就需要大量的资金。李嘉诚并不是舍不得投入资金，但这次他犹豫了。他担心自己往基金会里注入大量资金的做法，会损害到李家后代子孙的财富权利，因为那些财富本来应该属于他们。可是，若不这样做的话，李嘉诚基金会就不能长久地运作下去，这是李嘉诚非常不愿意看见的事情。为此，李嘉诚苦恼极了，他不知道自己应该怎么选择。左边是血浓于水的亲情，右边是多年的理想。李嘉诚陷入了两难之中。

为了解决这个问题，李嘉诚彻夜未眠。他心想，基金会是他自己建立的，他陪伴并见证了基金会点点滴滴的成长，多年来跟基金会有关的事情，他都会亲力亲为。在李嘉诚眼中，这份感情丝毫不亚于人类的父子之情。于是，李嘉诚决定了，加大对基金会的投入，把李嘉诚基金会这项事业，当作自己的“第三个儿子”。

让李嘉诚欣慰的是，当他提出将加大对基金会的投入时，并没有多少人反对他的建议。股东们纷纷表示愿意支持他的这项计划。李嘉诚的很多好友听说此事后，专门登门拜访，高兴地向李嘉诚表示，他们愿意和李嘉诚一起为公益努力。得到大家的支持后，李嘉诚更坚定了自己的选择。不久，李嘉诚出售了之前投资收购的加拿大帝国商业银行股份，将所得的 78 亿港元全部捐给李嘉诚基金会。2005 年是李嘉诚从事慈善公益事业的分水岭。如果说 2005 年之前，他在慈善事业上的付出，只是让公众感到钦佩的话。那 2005 年之后，李嘉诚在慈善事业上的巨大投入，则为他赢来了全球亿万人民的感动与支持。

2004 年 6 月 28 日，李嘉诚曾在汕头大学报告大厅和长江商学院的学员们进行了一场谈话，当时有一名学员问李嘉诚，如何平衡奉献社会与回报股东的关系。李嘉诚回答说：“作为一个公众公司，你一定为股东创造你应该创造的利益，这一点是无可厚非的。但是基金不同，基金是你个人拿出来的，我的基金的每一个铜板都是抽完税后才放进去的。我最大的经济来源是外国和香港的公司派给我的股息，然后我拿这笔钱放进我的基金。基金用在医疗、教育等于公众有益的服务中。这两个是不冲突的。在外国，一个成功的企业家是受到非常大的尊重的，但是在我们过去旧的社会里，商人是处于比较低的地位的，这两个分别是非常大的。在西方国家，尤其是在美国，他们很多成功的商人，在他们退休的时候都是拿出非常多的钱贡献给社会，这一点我希望在座的每个人将来都成功，成功之余都能拿出一笔钱贡献社会，做让自己一生都觉得永远高兴的事情。我认为这里是没有冲突的，不会有什么不平衡的东西。”

2006 年，李嘉诚在公司大会上公开表示，投入慈善事业的基金总数不会少于他资产的 1/3。当时身为华人首富的李嘉诚，总身价已高达 1500 亿港元，也就是说他将往慈善基金里投入至少 480 亿港元。到那时，李嘉诚基金会将成为全球华人基金会中资产最高的一个。

消息公布没多久，李嘉诚便兑现了承诺。他将自己私人持有的长江生命科技股份，全部捐给了李嘉诚基金会。香港交易所也证实了这个消息，资料显示：“李嘉诚当年确实将自己所拥有的 28.35 亿股全部捐出。”

2006 年，李嘉诚荣获“中华慈善奖终身荣誉奖”。这个奖，可以说是对于李嘉诚在慈善领域多年付出的高度评价。为了表示自己对这个奖项的重视，李嘉诚提前飞去新加坡，亲自从福布斯家族手中，接过了这个奖项。

拿到奖项后，李嘉诚按照颁奖流程发表了演讲。他以《我的第三个儿子》作为这次演讲的题目，详细地介绍了“李嘉诚基金会”的宗旨，和他从商多年的内心感悟：

对我来说，“终身”一词给人的感觉是巨大沉重的，令人不得不反思自己走过的道路。

我成长在战乱中，回想过往，与贫穷及命运进行角力的滋味是何等艰难，一路走来经历了多少风雨。从12岁开始，我已工作66载。我的一生充满了挑战，蒙上天的眷顾和我自己的努力，我得到很多，也体会到很多。在这全球竞争日益激烈的商业环境中，企业家时刻被要求要有智慧、要有远见、要懂创新，确实是令人身心劳累。尽管如此，我还是能很高兴地说，我始终是个快乐的人，这快乐并非来自成就和外界的赞赏。对我来说，最大的幸运是能认识到内心的富贵才是真的富贵，这一信念促使我作为一个人、一个企业家，尽一切所能用上天交付给我的经验、智慧和财富来服务社会。

李嘉诚将名下基金会称为自己的“第三个儿子”这件事，从表面上看，仅仅只是为自己的基金会换了个称呼，但若能仔细思考一下，就会发现这里面，包含了李嘉诚丰富的智慧。正所谓，得人心者得天下，李嘉诚是公司的大股东，他想要做什么事情，并不需要得到自己家人和公司股东的同意，大可直接按照自己的想法做事。可是，李嘉诚却时刻顾虑着大家的意见，他希望自己做的每件事情，都可以让大家满意，得到众人的支持，所以他才会如此认真地思考这个问题。

很多企业家认为，自己是公司的老板，拥有公司的绝对控制权，因此要做一项决定，根本不需要得到别人的同意。然而，这种仅仅利用手中权力，不顾及公司员工的做法，不但不能得到员工们发自内心的认同和拥护，还可能造成他们心理上的叛逆，这对公司的发展十分不利。李嘉诚对这种做法非常排斥，他始终认为，一个好的领导人，必须学会尊重和理解自己的员工，时刻顾及员工们的感受，为他们谋取真正的福利。所以，李嘉诚才会称基金会是他的“第三个儿子”，并且多次强调，基金会里所有的钱都是用来做慈善的，用来帮助有需要的人。任何人不得挪用，不管是家族成员还是董事会，都不允许从里面拿走一分一毫。李嘉诚知道，只有这样，才能让股东们感到公平满意，才能堵住天下的悠悠众口。

第三节　母亲的教诲：慈悲心

在李嘉诚基金会成立的发布会上，李嘉诚感慨万分。他说到自己的父亲，说起自己早年的生活，更谈了他的母亲。他表示每个人都该有慈悲心，慈悲心是人类最高尚的品格。

李嘉诚的慈悲心，与母亲庄碧琴对他的教育有很大关系。庄碧琴是一个虔诚的佛教信徒。李父去世后，留下庄碧琴和儿子、女儿相依为命。李母没有怨天尤人，默默地操持着这个家庭，艰难地把几个孩子抚养成人。因此，李嘉诚受母亲的影响很大。

在李嘉诚小的时候，庄碧琴便常常告诉他，佛家以慈悲为怀，不管在多么险恶的环境里，都要以一颗慈悲之心待人处事。李嘉诚的事业步入正轨之后，李母依然无法对自己的大儿子放心。她每天拜佛祈祷，求佛祖保佑儿子工作顺利、平安健康。

李嘉诚说，母亲对他的影响很多，教会他如何做人做事，帮他树立了正确的人生观，让他明白慈悲心的重要性。

李嘉诚认为，世上最有意义的事就是帮助需要帮助的人。他说：“贡献社会是一种福分，有能力的人要有责任感，要有付出的决心，这样才可在复杂的世界内建立相互依存关系。”

他对企业家们说：“大家都知道要给资本选择正确的投资方向，而社会资本像其他资产一样是可以量化的。社会资本包括同理心、同济心、信任与分享信念、社区参与、义务工作、社会网络及公民精神等，这些都是可量化和有效益的价值，是宏观与微观经济层面之间最重要的联系。同济心是人性最坦率最强而有力的内心表达，能建造、强化、增长及治疗和消除痛楚，大家都应乐于参与投资。”

李嘉诚一再表示，是母亲的慈悲和善良影响了他。他在为此感动的时候，也无数次发誓要坚守这一品格。因此，他选择成立基金会。他相信，基金会成立后，基金会的同人及他的家人，一定会把他和母亲的心愿延续下去，帮助更多正在深渊中痛苦无助的人，让更多的人感受到世间的慈悲与关怀。

在李嘉诚眼中，如何做人是母亲给他的最好的礼物。1986年5月1日，李嘉诚的母亲庄碧琴女士仙逝。李嘉诚为母亲举行了隆重的葬礼。为了纪念母亲，他以母亲李庄碧琴善女的名义捐款210万港元，用于修建潮州市开元镇国寺。除此之外，李嘉诚还捐资维修了该寺的附属建筑。在建寺大典上，李嘉诚动情地说：“我旅港数十年，每碌碌于商务，然无日不怀恋桑梓，缅怀国家，图报母恩。虽然家母已逝，但我相信，她的在天之灵知道我可以为大家做些事情，必然会感到欣慰。”

如今，李嘉诚已经是一位年过八旬的老人了。他人生的很大一部分时间是在帮助那些无助的人。他说，自己所经营的慈善事业和公益事业也是生意，虽然这些生意不能给他带来金钱上的回报，但却能为他带来丰富的精神财富，让他一辈子都受用无穷。

其实像李嘉诚这样热衷于造福社会的企业家并不少。世界首富比尔·盖茨早在2006年，就已经将自己上百亿美元的资产捐赠给慈善基金会，并承诺自己以后还会捐出95%的财产。之后的两年里，比尔·盖茨逐渐将自己在公司的管理权责移交给公司的其他高管。2008年，完成公司交接计划的比尔·盖茨，正式加入比尔和梅琳达·盖茨基金会，管理该基金会的日常运营。股神沃伦·巴菲特是世界第二富豪，他和比尔·盖茨一样拥有一颗仁爱的心。他没有组建自己的基金会，却将自己大部分的股票捐献给了5个慈善基金会。据报道，沃伦·巴菲特所捐股票的总价值应该在3000亿人民币左右。

慈善事业的背后，是一颗慈悲之心。李嘉诚的慈悲之心有目共睹，2006年，美国《商业周刊》将李嘉诚的名字纳入“慈善名人堂”。在此之前，从未有华人进入过“慈善名人堂”，李嘉诚是第一个上榜的华人慈善家。

李嘉诚非常喜欢一段格言：“栽种思想，成就行为；栽种行为，成就习惯；栽种习惯，成就性格；栽种性格，成就命运。”他说他自己所拥有的一切都是社会给的，所以用它们来造福社会是一件很合理、很正常的事情。事实上，对一个成功的商人来说，突破思维的局限性，把奉献的目光投放到整个社会，就能在更广泛的范围内最大限度地实现自己的人生价值，让自己和社会共同成长进步。这种乐于贡献的行为，是一个人品质高贵的最好表现，也唯有如此做人，人生才会更有意义。

第四节　心系家国，回到内地

据有关数据显示，李嘉诚基金会从成立至今，超过60%的捐款，用在了中国内地的助教兴学、医疗扶贫以及文化体育事业上面。这个消息一经报道，便引发了很多人的猜疑。李嘉诚是香港商人，按照常理他应该会更重视香港的发展才对。可是，他却将自己基金会的捐助重心放在内地，这实在让人费解。对于这些议论，李嘉诚在第一时间向公众解释了自己的立场。他说："就像大家知道的那样，我是一个香港商人。可是，在是一个商人之前，我首先是一个中国人，并且还是一个热爱自己国家的中国人。每个爱国者都希望为自己的祖国尽一份力，我自然也不例外。在我眼中，香港和内地没有区别，都是祖国。1978 年，我以港澳观礼团成员的身份来到首都北京，参加了新中国成立 29 周年庆典。看见家乡的父老乡亲们生活得如此困难，那时候我便决定，要为内地的发展尽自己的一份力。"

李嘉诚从改革开放后，就开始在内地发展自己的事业。他在内地大力发展教育，投资兴办医院。随着时间的流逝，李嘉诚在内地的投资规模不断壮大，投资金额不断增加，投资的项目越来越多，项目的涉及面也越来越广。究竟是什么原因，让李嘉诚如此坚决地将自己公司的投资重心转向内地呢？

1978 年初秋，李嘉诚在香港收到中共中央政府邀请他参加香港国庆观礼团的请柬时，便决定不理会英国驻香港政府，毅然返回阔别多年的内地，参加新中国成立 29 周年活动庆典。1978 年 9 月月底，李嘉诚推掉所有的工作动身前往内地。到达北京后，他受到了国家领导人的接见。一见面，李嘉诚马上表示了他对祖国建设的关心和支持。他说："今天可以见到各位领导，我感到十分荣幸。1940 年，日本侵略者打到广州。为了躲避战乱，我的父母不得不带着我和弟妹们离开故乡前往香港。今天是我从 1940 年离开家乡后的第一次返乡。我的内心激动极了。这么多年，我始终记得自己是一个中国人，我不停地告诉自己，总有一天要回到这片生我养我的土地上，为家乡、为祖国做些事情。如今我回来了，就一定要为家乡的建设奉献一分力量。”

作为港澳观礼团中的一员，李嘉诚激动又兴奋，他时刻告诉自己，一定要趁这次机会好好看看祖国的山川大地，看看祖国首都的繁华和壮丽。在国家领导人的带领下，李嘉诚和一众港澳企业家一同观光游览了长城、故宫、天安门、颐和园等地方。当时，正值十一届三中全会结束不久，北京城中人人面带喜色，精神焕发。那个时候的李嘉诚已经是一位颇有名气的企业家了。不过，他只是在香港有名气而已。内地并没有多少人知道谁是李嘉诚。这让李嘉诚十分高兴。他不必小心翼翼地上街，不再害怕被记者发现。他可以大摇大摆地走在北京的每一条街道上，仔细地游览观光整个北京城。但兴奋的同时，他又觉得十分难过。因为他从街景、车流以及人民的衣着上可以看出，内地人民的生活水平是贫穷且落后的。李嘉诚为此十分忧心，他想：如果连首都都这样的话，那偏远地区就更不用说了。自那天开始，这份淡淡的忧愁，便像一块烙铁般，印在了李嘉诚的心中，一度压得他无法呼吸。这份沉重，严重影响到了他的心情，一连数天，李嘉诚都无法高兴起来。他不停地问自己，口口声声说着爱国的自己，到底能为自己的祖国做些什么？

10 月 1 日，举国狂欢的日子。那天，李嘉诚很早便起床准备了。整理好自己后，他便跟随港澳观礼团一起来到了天安门前。站在天安门前，看着雄伟壮丽的城楼，李嘉诚激动极了。他一直盼望着自己可以再次回到家乡，好好看看祖国的大好河山；可以去到如今的首都，瞻仰一下雄伟壮丽的天安门。现在，所有的一切都成为现实，就像是将自己多年的梦境，搬到了现实中一样让人激动，让人不敢相信。当天晚上回到住处后，李嘉诚便仔细思考了公司的发展问题，他决定，大力扩展公司规模，将公司的重心从香港慢慢转向内地。因此，可以说是改革开放政策，让李嘉诚看到了祖国突飞猛进的大好形势，让他决定将长江集团的投资重心和李嘉诚基金会的捐助目标，从香港慢慢转移到内地来。

2001 年，李嘉诚在中国西部贫困地区考察。他当时的计划是去贵州省镇宁布依族苗族自治县石头寨中心小学参加一个教育工程的开幕式。为了主持好这场开幕式，李嘉诚连续数天都在翻看与西部地区和石头寨中心小学有关的资料。就在他去贵州的前一天晚上，李嘉诚做了一个梦。在他的梦中，祖国土地上的辽阔沙漠都有了良好的道路，干旱的地区有了充足的水源和肥沃的土地，全国各地的自然资源也得到了很好的开发，人口密集的城市也慢慢地从以前的快节奏中解放出来，来自不同民族的人们快乐地生活在一起，大家唱着跳着，相处得十分愉快和谐。梦醒后，李嘉诚久久不愿意睁开双眼，他静静地回忆梦中的每一个场景，他多么希望那些画面都是真实的。梦中美好的生活是李嘉诚所向往的。从 1957 年建立公司挣到第一桶金开始，李嘉诚便希望可以做一些有意义的事情。这么多年来，他一直在为自己的这个梦而努力。他热心公益慈善事业，竭尽所能地帮助那些需要帮助的人，就是希望自己的这个梦想，有一日可以成为现实。

第二天，李嘉诚站在西部广阔的土地上，动情地对大家讲述了自己的这个梦。他说："我相信，那些美好的画面绝不会永远只存在于梦中，它总有一天会成为现实，真真实实地出现在我们的生活中。"李嘉诚希望可以通过这个梦，来鼓励大家，带给大家希望，让他们知道，祖国没有放弃这里，他们的同胞没有忘记他们，他们能够安居乐业依然是中国政府和广大人民的心愿。李嘉诚还在那次演讲中宣布，他将以名下基金会的名义往西部捐款 3 亿元，支持中国西部地区的教育和医疗事业的发展。

第五节　发达不忘家国，必以报效桑梓

李嘉诚始终怀有“发达不忘家国，必以报效桑梓”的情怀，在发展自己事业的同时，不忘为国家做贡献。从1992年开始，李嘉诚便把旗下的公司从香港迁址内地，为中国内地的发展贡献自己的一分力量。到1997年年初，他在内地的投资总额已达500亿港元，捐款逾23亿港元。

熟悉李嘉诚的人都知道，李嘉诚在发展教育事业方面投入不菲。他曾自豪地表示：“可以帮助国家培养人才，让更多的孩子接受教育，是我一辈子最幸福的事情。”

“致天下之治者在人才，成天下之才者在教化，教化之所本在学校。”李嘉诚对教育的重要性有着充分的认识，因此，他大举捐助教育事业，并创办汕头大学。汕头大学从创办开始，就成了李嘉诚生命中最重要的事业之一。1992年，他在汕头大学的开幕式上动情地说：“我愿意为国家、为家乡的教育事业竭尽绵力，并引以为荣。”1993年，他又在汕头大学师生员工大会上说：“我尊重知识分子，心底下我有一句衷心的话，就是‘我一直希望能够永远和你们一起携手建立一番对乡梓、对我们的国家、对中华民族都有贡献的事业’。自从1949年中华人民共和国成立后，我从未有如今这样的欣喜和充满信心，今日整个国家充满繁荣兴旺的景象，实在令人鼓舞。虽然目前有些制度还有不如人意的地方，但整体而言国家已步上了康庄大道。我们生于这个有重大责任感的时代，这是一个机会，使我们共同肩负一个崇高的使命，为我们的大学，为发挥对潮汕地

区和整个国家的影响而做出贡献。如果我们能够朝着目标好好地干下去，所得到的快乐是任何物质不能替代的。”

李嘉诚一直说，慈善基金会是他最富有的“第三个儿子”，因为它没有负债，并且随时可以从李嘉诚手里拿钱。基金会从成立至今，滚存的基金数额至少有李嘉诚1/3的资产。有相关人士报道，李嘉诚基金会从成立以来，便一直大力发展慈善事业，但是因为李嘉诚为人低调，所以基金会的很多捐赠项目并不为大众所熟知。这一点很多业内人士都清楚，他们常说：“李嘉诚先生做慈善的目的很纯粹，就是想帮助那些无助的人，不是为了在公众面前树立形象才那样做的。而且李先生不喜欢出名，他投资建设过很多大学和医院，却很少冠名。”

李嘉诚基金会的网站上清楚地记载了李嘉诚历年来捐助的所有项目。其中，没有命名的捐款项目占了总数的80%。这80%的项目里，教育投资占了47%，医疗投资占42%，剩下的11%，则用于发展文化和其他的公益。基金会的重点捐款地区在内地，在内地的捐款占全部捐款的65%，远远高于香港的23%，和海外12%。

李嘉诚将基金会的捐赠重心放在国内的这一做法，赢得了很多人的赞赏。他们呼吁，中国的多数富豪，都应该向李嘉诚先生学习。取得巨大的财富后，不要忘记你的祖国，和支持你的人民，应该为祖国为人民，多做一些公益事业。

第六节　公私分明，一丝不苟

李嘉诚在成立基金会之前，已经在力所能及的范围内做了许多零散的资助活动。而基金会的建立，则使他的慈善捐助事业更加系统化。

李嘉诚基金会董事周凯旋女士在2006年12月8日下午接受访问时，就李嘉诚基金会的运作和李嘉诚的慈善理念发表了一些感想：“李先生是一个要常常深入思考的人，是一个常常提升自己、不怕转变的人，这是他令人赞叹的地方，也驱使他从慈济家转变为一个慈善家。慈济跟慈善工作、跟基金会的工作是不同层次的。基金会在李先生看来，是个人信念的延伸。每个基金会不是讲求你有多少钱、多少能力，最重要的反而是你自己相信什么，世上的哪一点是你所不满并且想改变的。”周凯旋董事似乎在无意间在说出，李嘉诚基金会的成立，多少标志着李嘉诚在慈善理念上的质变与升华。照她所说，慈济与慈善都包含救济，但慈济是行为，比较零散，慈善是工作，比较讲方法、有系统。再者，慈济与慈善背后的感情，一个是慈悲，是一种冷静的爱，一个是浓厚的爱，对无助者和社会的关爱。总之，慈善比慈济复杂而伟大。

综合起来，慈善让人把自己的成就回报于社会，并在社会贡献中成就自己。单独的个人可以行慈善，一个团体也可以行慈善，但团体相当于一个小型社会，其行为在整个大社会中所引起的反响，显然比单独的个人更大。李嘉诚明白，就算个人的力量再怎么大，也不如一个团体有力量；在办事效率与效果上，个人也不如团体。除了李嘉诚本人的慈善之心，这恐怕是成立李嘉诚基金会的另一个重要原因。由此可见，李嘉诚基金会是李嘉诚对社会以及社会上无助者施加爱心的代理处，也是他爱心的结晶。用他自己的话说，这是他的“第三个儿子”。

至于李嘉诚对基金会的运作，可以用“公私分明，一丝不苟”来形容。

首先，是方向明确而单一。李嘉诚在成立基金会的当天，向众人保证说，李嘉诚基金会只做一件事，就是慈善，就是帮助那些无助的人。任何李氏家族成员以及公司董事都不可以从基金会里拿走一分一毫，基金会掌握的所有资金都要用在慈善和公益事业上。

其次，李嘉诚严格把好金钱关的目的是，不让李嘉诚基金会成为他的附庸，而是让它独立运作，就像他当初教育两个儿子一样。数年来，李嘉诚始终遵守着自己的承诺，不曾从基金会中拿过一分钱。为了保证基金会的持续发展，他为基金会量身定制了一套特殊的管理方法。他不允许任何人私自动用基金会内的现有资产。如今，基金会的总资产规模已经超过了百亿美元，但李嘉诚仍然在用这种特殊的方法管理基金会。他曾高兴地对自己的家人说，基金会终于有了自己的“生命”，终于摆脱了依附于他才能发展的命运。

人们似乎更关心这个已经有了自己“生命”的基金会，其生命到底有多强大，亦即关心它捐献了多少资金。至今没有人知道李嘉诚私人捐给基金会的金额究竟多大，李嘉诚不曾向任何媒体或个人透漏过。可以肯定的是，那一定是一个十分庞大的数字。这跟香港的法令有一定关系，因为香港法令允许基金会进行投资，投资的回报可以在基金会账户上滚存，这就意味着李嘉诚之前投进去的金钱和股票能通过良好的投资发展转变为更多的资金。正是因为这一点，人们才会推测李嘉诚基金会的资产一定是十分惊人的。李嘉诚自己也承认，基金会现在的规模，早已超越了他个人定下的目标，于公益事务服务投入的金额更加是高到“不可估计”。在跟家人的交谈中，李嘉诚还笑称：哪怕他今天就离开这个世界，基金会也能继续发展下去。现在，基金会每年只要拿出 30% 的收入来，就比他现在捐助的金额要多得多。

李嘉诚把教育和医疗看作国家富强、社会进步的根本，而李嘉诚基金会的主要服务方向就是教育事业和医疗事业，除此之外还有文化事业、公益事业等。在教育事业上，2005 年 5 月 7 日向香港大学医学院捐款 10 亿港元，北京大学 1997 年百年校庆时捐赠 1000 万美元以支持新图书馆的建设等；在医疗事业上，捐建汕头大学医学院、“人间有情——全国宁养医疗服务计划”等；在文化领域，重建文物古迹、创立广东省潮剧发展与改革基金会等；公益事业上，香港公益金和 JIT 基金（Just In Time Fund）。此外还有一些纯粹的救难捐助，比如 2005 年 10 月 10 日，基金会与和记黄埔合计向巴基斯坦地震灾民捐出 50 万美元；2008 年汶川地震，李嘉诚个人、李嘉诚基金会、长江集团、和记黄埔等，共计捐款 1.3 亿元人民币。当然，李嘉诚基金会所参与的慈善项目和公益活动是不胜枚举的。凝结李嘉诚爱心的李嘉诚基金会，已然成为一个单向中转站，他借此只向社会馈赠爱心，不图回报。

第四章 兼济天下，扶贫赈灾及医疗救助

「

商业的存在除了创造繁荣和就业，最大作用是服务人类的需要。企业是为股东谋取利润的，但应该坚持固定文化，这里经营的其中一项成就，是企业长远发展最好的途径。

」

第一节　故乡之行，感慨万分

1978 年 10 月，李嘉诚参加完北京国庆观礼之后，马不停蹄地赶往故乡潮州。潮州的情况和李嘉诚料想的一样，无论是经济建设，还是人民生活水平，都和北京相差甚远。看着衣衫褴褛的同乡，李嘉诚心痛极了。他告诉自己，必须尽快为家乡做些事情。当天晚上，在潮州市政府举行的茶话会上，李嘉诚向在场的市领导和父老乡亲们诉说了他的感受，表示会全力支持家乡的建设，促进家乡的经济发展，提高家乡人民的生活水平。

李嘉诚说："今天，我再次踏上故土，心中感慨万千。在回来前，我便不停地告诉自己，内地的发展和建设比不上香港，再加上家乡僻远，经济水平一定是比较低下的，因此要做好心理准备。但是，当我看见家乡，看见潮州的父老乡亲们后，我仍然忍不住潸然泪下。我是如何也想不到，潮州和香港的生活水平会相差这么大啊！我心里难受极了，真心希望可以为家乡、为祖国做些什么……"李嘉诚在哽咽中完成了整个演讲，他说：自从看见潮州衣衫褴褛的父老乡亲们后，他便开始心痛，他告诉自己，必须要尽快为家乡做些什么。

1978 年年底，李嘉诚在香港收到潮州的来信，信中重点诉说了潮州当时的"黑户"问题。这件事引起了李嘉诚的高度重视，他马上派人调查具体的情况。原来，很多之前离开家乡的潮州人，这次集体返乡之后，却因为各种原因而无家可归。他们有的住在政府临时搭建的矮棚里，有的则露宿街头。李嘉诚了解到这些情况后，心痛万分。他马上回信给潮州市政府。他在信中表示，愿意出钱为这些无家可归的同胞们建造房屋，以解潮州住房之急。信函发出后，李嘉诚仍然无法入眠。潮州的乡亲们露宿街头、无家可归的画面，一遍遍地在他的脑海中闪过。他不停地在脑海中回忆白天从报纸上看到的关于"潮州黑户"的内容，这些内容就像是一把锋利的刀，一下下地戳着李嘉诚的心窝，痛得他泪水潸然。

那一夜对李嘉诚来说太过难熬。他在黑暗和绝望中苦苦地等待黎明的到来。他希望寄出的信可以早点儿到潮州市政府的手中，希望可以早点儿为那些无家可归的同胞们提供必要的住房。李嘉诚心里十分清楚，他捐建的群众住房，并不能从根本上解决"潮州黑户"的问题，可他只是一个商人，除了可以为同胞建些房子，还能做什么呢？！

李嘉诚一共捐款 590 万港元，建造了两处公寓，总共 9 幢大楼。楼层多为 4 至 5 层不等，每层大概可以住 6 户，一共可供 250 户居民住宿。为了让流离失所的居民尽快入住，李嘉诚和政府商议决定，将公寓的建设任务分成几批，一批建完，再建下一批，分期完成每一批的建设。每批建好通过验收后，马上开放给居民。这样一来，许多居民便可以提前住进公寓里。在李嘉诚的大力配合下，潮州群众公寓很快就建好了，之前所有排上号的居民，全部欢天喜地地住进了新房子。

群众公寓建设期间，李嘉诚每天都会翻看跟潮州有关的报纸，时时刻刻地关心着家乡的情况。1980 年，李嘉诚听说潮州有很多患病同乡，因为无处求医而导致病症严重，有的甚至危及生命。这一消息让李嘉诚不安极了。他的父亲李云经，当初就是因为无钱治病而去世的。李嘉诚深知医疗的重要性，他不想让其他人和他一样因为贫穷而遭受失去亲人的痛苦。于是，李嘉诚决定自己出钱，在潮州兴建医院。

李嘉诚马上与潮州市政府取得了联系，当月便捐出了 2200 万港元，并明确表示，他所捐助的全部资金，都将用在潮州市医院和潮安县医院的建设上面。他的这一壮举，大大改善了潮州的医疗条件。在这件事上，尤其令人称道的是李嘉诚对名利的淡泊。医院建成后，很多人提议用李嘉诚的名字为医院命名，但李嘉诚不同意这样做。他认为像医院这样的机构，用地区的名字会更好一点儿，而且他不习惯自己的名字被人时常挂在嘴边。李嘉诚说："此次资助家乡建设医院，并不是为了增加自己的名气，因此，大家还是不要用我的名字为医院命名了！"

医院建成后，潮州政府邀请李嘉诚来参加医院开业的剪彩仪式。然而李嘉诚是个不慕虚名的人，他在给潮州政府的回信中写道：

我觉得不举行剪彩仪式是上上之策，如果非要举行，希望由家乡政府出面解决，我认为这只是白白浪费钱财，对医疗卫生事业没有一点儿好处。

我认为，我最大的快乐是希望能够做些对人民大众有益的力所能及的事，对此，我将不遗余力，而且即使不宣传，也能无比欣慰。

我希望，在将来的一天，我能够去医院参观，不透露自己的身份，见到病人康复出院，远胜过参加任何仪式。这就是我最大的快乐。

不过，由于当地政府和领导人一再诚挚邀请，李嘉诚不好拒绝，最终还是参加了剪彩仪式。从这件事也可以看出李嘉诚对名利的淡泊。

李嘉诚的慷慨之举受到了潮州市政府和各界人士的赞扬，香港的新闻媒体自然跟风而至，很多记者在长江实业楼下排起长队，争着抢着要采访李嘉诚。在媒体的推波助澜下，李嘉诚的善举很快传到了邓小平的耳朵里。和这件事情一起传来的，还有李嘉诚在潮州茶会上的发言。李嘉诚那段肺腑之言，一度被众人传颂。这段发言的威力确实不容小觑，它曾经感动了茶话会上的一干领导，感动了潮州的数万百姓，还感动了远在千里之外的邓小平。邓小平为李嘉诚慷慨解囊的善举感动，称赞李嘉诚有一颗慈善的心。

其实，早在“文化大革命”前邓小平主持中央书记处工作的时候，便重点了解过几位香港华人实业家的情况。李嘉诚就在这些人当中，并且还被邓小平认为是有代表性影响的人物。“文化大革命”中期，邓小平被打压后的第一次复出，周恩来总理重病，他代替总理主管国务院工作的时候，再次从荣毅仁口中听到了李嘉诚的名字。荣毅仁当时是中国和平统一促进会的会长，比较了解港澳工商界的状况。从荣毅仁口中，邓小平更全面地认识了李嘉诚。在了解了李嘉诚从无到有的经商经历后，邓小平对李嘉诚的长江实业有限公司产生了好感。从那之后，邓小平便有意关注李嘉诚的情况，知道他的长江实业发展得越来越好，也知道他在香港创办了李嘉诚基金会，并公开表示基金会的一切资金将直接用于公益或福利事业。所以，当李嘉诚在潮州茶话会上感人肺腑的发言传到邓小平耳朵里的时候，邓小平并未对李嘉诚的这个举动感到吃惊。他只是在公开场合表示了自己对李嘉诚的爱国精神的赞赏，并呼吁广大华人企业家向李嘉诚学习。

第二节　关心家乡建设，投资潮州韩江大桥

李嘉诚曾说过，他热爱自己的家乡，热爱自己的祖国。能够为家乡、为国家奉献自己的一分力量，是他此生最高兴的事情。只要是有助于家乡建设、有助于国家发展的事情，他都愿意尽力去做。

1980年，潮州市政府决定修建韩江大桥。为了筹集资金，潮州市政府发起了为修建潮州韩江大桥募捐经费的活动。当时，李嘉诚正坐在距离潮州四百多公里远的长江实业公司的办公室里。潮州市政府发起募捐的消息刚刚发出不久，便传到了李嘉诚的耳朵里。李嘉诚立马放下了手中的工作。他第一时间和潮州市政府取得了联系，询问修建韩江大桥的具体情况。在了解情况后，李嘉诚立即表示自己愿意为韩江大桥的建设出一份力。

接到李嘉诚的电话，潮州市政府的领导们惊呆了。那时候，修建韩江大桥的募捐活动刚刚开始，他们完全不知道身在香港的李嘉诚是怎样在这么短的时间里收到消息的。吃惊的同时，他们也为李嘉诚对家乡发展的高度关注而感动。为了表示对李嘉诚的感谢与敬重，韩江大桥当时的负责人亲自致电李嘉诚，将这次为韩江大桥募捐的全部过程详细地告诉了李嘉诚。二人隔着电话分析了修建韩江大桥对潮州发展的必要性。李嘉诚非常赞成修建这座大桥，他说："我也觉得非常有必要在韩江上建起一座大桥。并且我相信，这座大桥一定会成为潮州经济发展的纽带，成为我们与外界交流的重要通道。我曾经说过，只要对家乡建设有好处的项目我都会参与，这次也不例外。不同的是这次我不仅要参与，还要发动身边的朋友、合作商一起参与。"

之后，李嘉诚马上在香港发起关于兴建韩江大桥的募捐活动。在他的积极带领下，香港很多企业家都加入了此次募捐活动。为了更好地起到带头作用，李嘉诚首先捐出450万港元。他的舅父（也是岳父）庄静庵，紧跟其后，同样捐出巨额资金。在李嘉诚和庄静庵的带领下，香港企业家们表现出了空前的热情，纷纷为祖国献上了自己的一分力量。兴建韩江大桥的筹资募捐活动，在众多企业家的积极响应中结束了，总共筹得善款5950万人民币。李嘉诚以450万港元的捐款数额，名列兴建韩江大桥募捐榜榜首。

1985年，潮州市政府在韩江边举行了韩江大桥的奠基仪式。四年后，在同样的地方，举行了韩江大桥竣工仪式。1989 年 4 月 30 日，韩江大桥正式通车。桥长 1153 米，宽 18 米，远远望去，像是一条横卧在江面上的钢铁巨龙，显得十分雄伟壮观。桥面分为机动车道和非机动车道。每天，机动车道上来往的车辆川流不息。机动车道十分宽阔，为双向四车道。桥两旁的石板上雕刻着各种各样精美的图案，有“双龙戏珠”“丹凤朝阳”“单龙飞舞”等等，雕刻精美，栩栩如生。桥面下 34 个巨大的桥墩稳稳地托住整座大桥，稳定牢固。雄伟壮观的韩江大桥，成为潮州最美的风景之一。

为了答谢李嘉诚等人的积极捐助，潮州市政府在建好韩江大桥后，在大桥东侧笔架山附近修建了一座韩江大桥纪念馆。纪念馆正中央的捐资芳名榜上，第一位便是捐款最多的李嘉诚的名字。

从 1978 年开始，李嘉诚便以名下基金会的名义，在内地大力发展慈善事业。韩江大桥建好后，李嘉诚还陆续捐赠了数笔资金，帮助家乡建设医院、体育馆、学校、科研奖励基金会等，每笔捐款数额为 10 万～ 150 万港元不等。

为了让家乡更快、更好地发展，李嘉诚费尽了心思。他多次走访潮州，调查分析当地的经济发展基础，研究潮州经济的发展动向。他将自己辛苦分析来的消息，毫无保留地分享给潮州市政府：“潮州是广东最东边的城市，就地理位置而言，是属于‘省尾国角’的地方，是一个容易让人忽视的地方。这样没有优势的地理位置，注定了潮州在工业、贸易上的发展，是不可能超过珠江三角洲的。所以，我们不能总在工业、贸易上找出路，应该多想想如何往其他的方向发展。通过这段时间的调查，我觉得可以在潮州大力发展陶瓷业。陶瓷工业在潮州已经发展了数千年了，历史悠久，基础设施完善。我们只需要在继承传统制作工艺的基础上，做一下提升，将潮州的特色融入其中，做出自己的花样，很容易就能得到消费者的喜欢，从而赢得市场。”最后，李嘉诚信心十足地对潮州的领导们说：“我相信，这样制作出来的潮州陶瓷，在不久的将来一定会成为潮州市的一大产业，也坚信它必定会在改革开放的大潮中脱颖而出，成为潮州未来经济发展的重要支柱。”潮州市政府十分重视李嘉诚的建议，马上着手调查在潮州发展陶瓷行业的可行性。

正如李嘉诚所预测的那样，潮州陶瓷在漫长的发展过程中，不断借鉴和吸收其他具有潮州文化特色的民间艺术精华，将生活中的山水、人物、花鸟、动物改良后，加入到陶瓷的工艺制作中，制作出一批又一批独具潮州特色的陶瓷制品。凭借着文化特色，潮州的陶瓷产业得到了迅猛的发展，潮州经济也因此有了较大的突破。

李嘉诚为家乡发展慷慨解囊、出谋划策的善举，受到了民众的赞扬。潮州人更是将李嘉诚当成了救苦救难的菩萨。对于乡亲们的肯定，李嘉诚非常感动，他说自己不是什么菩萨，只是做了一个中国人应该做的事情。

韩江大桥建好后，李嘉诚在出席一个记者招待会的时候，被问到这样一个问题：“潮州人以你为荣，你是否以身为潮州人而感到光荣？”当时，招待会已经接近尾声了，李嘉诚在众人的拥簇下正准备离场。记者的这个问题，让李嘉诚停下了脚步，他郑重地看着镜头，不假思索地说：“我以身为中国人而感到光荣！”话音一落，会场响起了热烈的掌声。在李嘉诚的心中，祖国和家乡是一样的，他从来就没有以家乡为主的概念。他还告诫潮州的商界同行，千万不要排外，不要有过于浓重的乡土观念，更不能唯亲是用、唯同乡是用。

李嘉诚说：“事业有成的人，不只应该为家乡做些贡献，还要为国家做贡献。以我为例，在我是一个潮州人之前，我先是一个中国人。所以，我们应该将我们的眼光放远，尽力帮助更多的人。”他不止一次地说过，能够为祖国做点儿力所能及的事情，是他人生最大的满足。所以他的善举不会只局限在潮州。

1984 年，李嘉诚向中国残疾人基金会捐赠了 100 万港元。李嘉诚用最实际的行动，表达了他对残疾朋友的关心和爱护，他希望通过自己的努力，让那些身体有缺陷的同胞们，能够平等而全面地融入社会之中。

1991 年 8 月 9 日，李嘉诚在香港和中国残疾人联合会主席邓朴方会面。二人见面后相谈甚欢。邓朴方告诉李嘉诚说，他们将捐款作为"种子钱"，每拿出 1 元钱，就会带动各方面拿出 7 倍以上的配套基金，一并投入残疾人最急需的项目。李嘉诚听后非常感动，对内地基金会使用捐款的效益非常感兴趣。他拉住邓朴方的手说："您和基金会各位领导所做的一切都让我感动，我也希望可以和你们一样，为我的同胞们出一份力。"当天晚上，李嘉诚便把这件事情告诉了两个儿子，并提议给该基金会捐款。李泽钜和李泽楷自然同意父亲的决定。和孩子们商量好后，李嘉诚马上致电邓朴方，他对邓朴方说："我希望可以看一看中国残疾人艺术团的演出。"16 日，李嘉诚再次与邓朴方会面。一见面，李嘉诚便对邓朴方说："我和两个孩子商量过了，我们决定在原来的捐款上，再追捐 1 亿港元。"他希望自己捐出的这 1 亿港元也可以作为一个种子，通过各个方面的努力，将它无限地放大，争取 5 年内把内地 490 多万白内障患者全部治好。李嘉诚笑着对邓朴方说："我挣钱，你为残疾人办事，咱们分工合作，争取让他们尽快看见身边的美好。"

新华社为此专门发表了一篇报道，声称："中国残疾人重塑生命计划，在包含了党和政府以及社会各界的关怀、支持之外，还包含了李嘉诚先生的一片爱心。"对于来自四面八方的高度赞扬，李嘉诚的回答显得低调多了，他说："中国是我的祖国，为祖国服务是每个有志之士的使命。"

同年 7 月 19 日，广东省潮汕地区遭遇了强台风的袭击，损失惨重。李嘉诚知道后，马上与当时的汕头市委书记林兴胜取得了联系，并表示将以个人的名义捐出 500 万港元，供汕头大学和潮汕灾区其他大、中、小学校维修校舍。

捐款后，李嘉诚仍然在心里挂念着家乡。他频频与林兴胜书记联系，询问家乡的状况。他托林兴胜书记替他向潮汕人民转达自己对他们的关心和慰问，希望大家可以勇敢地对抗灾难。

第三节 充满温情的“宁养服务”

癌症又称恶性肿瘤，是一种极难痊愈的疾病。全世界每年都有相当多的人因癌症而死亡，并在去世前长时间忍受病痛的折磨。

李嘉诚的父亲是因病去世的，所以李嘉诚在发展慈善事业方面，始终十分重视医疗事业。在看见朋友被癌症折磨得死去活来之后，他便决定要通过自己的努力，帮助更多的人远离这种痛苦。

1998 年，李嘉诚以名下基金会的名义捐出 2000 万元人民币，在全国开展“宁养服务计划”。“宁养”，英文是 hospice，最早出现在 20 世纪 60 年代的英国，主要是为晚期癌症病人和病人家属服务。服务的内容主要是为病人提供镇痛治疗、心理辅导和生命伦理教育等。李嘉诚希望“宁养服务计划”可以让病人在生命的最后一段旅程中，得到适当的照顾，获得应有的尊重和安宁。爱心关怀每个晚期癌症患者，为他们和他们的家人提供包括身体、意志以及精神方面在内的全面的护理，是李嘉诚创立“宁养服务计划”的宗旨。

2000 年，香港《亚洲周刊》的记者在采访李嘉诚时，大力赞扬“宁养服务”是一个可以带给人们感动的项目，并追问李嘉诚是如何想到“宁养”计划的。

李嘉诚回答记者说：“世界上有很多不幸的人。我想多数人在看见无助、不幸的人时，都会和我有相同的感受，就是想要尽力地帮助他们，让他们幸福。总之，当时我只有这一个想法，就是竭尽所能地帮助他们。我告诉自己，这是一件可以让人生变得有意义的事情，而我当时有充足的钱，没有道理不去做这件事。”

李嘉诚还说，他在香港有不少朋友，都是因为癌症才离开这个世界的。那些人在过世之前都受了不少罪，被病痛折磨得很惨。他回忆自己去医院探望患病朋友的情景，想起朋友当时憔悴的样子，即使过去这么多年仍然记忆犹新。他表示自己是从那个时候开始关注癌症这种病的。李嘉诚说：“我的朋友还是有一定的经济实力的，可以及时地就医用药。我在庆幸朋友可以得到好的治疗的同时，也担心内地会不会也有这样的病症，那些患病的人中，会不会有人根本没钱治病？想到这里我就特别难受，我想用自己的力量给他们送去关怀。于是，我去跟大学的医学院说，我希望可以在汕头建试点，先看看试点的发展情况，如果好的话，两三年之内，就在全国推广‘宁养服务’。当时，癌症的死亡率非常高，因此，当我们在给这个计划起名字的时候，就有同事建议用‘临终关怀’当作我们这个计划的名字。不过，这个提议被我否决了，我觉得用这个名字不好，你不能在病人接受治疗的时候向病人介绍说这是临终关怀，这样不合适。既然是关怀活动，自然要考虑患者的感受。这项计划的名字常常会被提起，所以起名字很重要，一定要想一个能让患者接受的名字。最后，经过大家的讨论，决定用‘宁养服务’来为这项计划命名。”

“宁养服务”是李嘉诚一手促成的。为了让它更好地发展下去，李嘉诚投入了大量的精力。只要是和“宁养服务”有关的事情，他都尽量亲力亲为，希望可以给患者最好的服务。李嘉诚不止一次地对基金会的同事说，一定要给患者用最好的医药，最好能够送到病者的手里。在医治病人这件事情上，李嘉诚向来舍得花钱。他曾说过：“如果有两种药：一种药可以减轻病人 90% 的病痛，价格是 50 元钱；而另一种药可以减轻病人 99% 的病痛，但要 100 元钱。那我一定会选择买 100 元钱的药。不管什么时候，我都希望给病人最好的治疗，希望可以尽可能地减少他们的痛苦，这是我心底的想法。”

那时李嘉诚便认识到，健康科学和医疗领域的全球性重组，便是现在生物科技的发展。若想掌握这个领域发展的节拍并参与其中，学术、投资和政策三方面，都必须在整个科研和发展过程中紧密合作。只有如此，才可掌握和善用生命科技研究范畴中的广泛知识。李嘉诚坚持资助医疗机构，就是为了给更多有能力的人提供更好的研究环境，有助于人们更好地了解疾病，找到有效治疗各种疾病的办法。

2001 年，李嘉诚决定进一步拓展“宁养服务计划”，在内地 19 个城市建立 20 家宁养院，每年为每家宁养院提供一百万元的资金支持，也就是每年都投入两千万元资金。这些宁养院中全都设有镇痛治疗和心理辅导项目，并提供免费上门服务，减少贫困癌症患者的痛苦和负担。

广东揭阳的翁先生患有膀胱癌，三年时间里做了三次肿瘤切除手术。然而疾病和疼痛却无法根除，翁先生每天都在承受极大的痛苦，有时甚至会疼得用头撞墙。家人看到他这个样子，心里也在饱受煎熬。一个人得了病，却让全家人都承受着莫大的痛苦。翁先生不想拖累家人，于是决定离家出走，找个没有人的地方，了却残生。家里人发现翁先生不见了，发了疯似的寻找，在这个过程中，他们听说了李嘉诚资助的“宁养服务计划”，可以帮助病人缓解痛苦，帮病人家庭减轻负担。后来，翁先生打来了电话，和家人告别，让家人不必再找他。家人连忙告诉他关于“宁养服务计划”的一切，包括如何为病人减轻病痛，如何提供护理和心理辅导。翁先生听完后，终于看到了一线曙光，觉得自己可以在家人的陪伴下，安详地离开这个世界，可以说已经是最大的幸福了。于是翁先生回到家中，在家人的陪伴下，来到宁养院申请了“宁养服务”。

宁养院在受到患者的“宁养服务”申请后，一般会根据患者病情和家庭状况进行一个综合评定。在接受申请后，宁养院会定期向患者发放镇痛药物，同时定期安排上门探访，观察患者的病情发展，提供合理的护理和心理指导。在这一系列的服务过程中，患者的病痛会得到极大程度缓解，很多患者在临终时，都感谢“宁养服务”让他们在最小的痛苦中度过人生最后的时光。21 岁的安姑娘原本是一名即将进入大学的学生，但是却在上大学前不幸患上了骨肉瘤，医治无果。在临终前，她接受了“宁养服务”，没有经历太多的痛苦。她去世时说：“感谢李嘉诚爷爷和宁养院的叔叔阿姨。如果有来世，我一定要上大学，用成绩来回报大家的关爱。”

如今，在李嘉诚不断的努力下，“宁养服务”这一医疗服务机构在全国已经有几十家了。这个数字并不能让李嘉诚满意，他认为即便是在这个基础上再增加 100 家，也是不够的。然而，李嘉诚不可能将自己所有的精力都放在这项事业上面，所以他希望能有越来越多的人可以和他一起努力。

第四节　天灾无情人有情

过去的几十年中，李嘉诚一直积极参与社会公益。他曾经说过，只要对社会和人民有好处的事情，他都会做，他的慈善不会局限在某一方面。

1991 年 5 月开始，中国共有 18 个省、自治区、直辖市遭受百年难遇的特大洪水侵袭，5 个省、自治区发生严重旱灾。其中，受灾最严重的是发生洪灾的安徽和江苏两省。据报道，短短两个月时间，安徽全省受灾人口总数便达到了4800多万人，江苏全省受灾人口达到4200多万人，两省受灾人口都占到全部人口的60%以上。在大水的冲击下，上百万灾民无家可归，只能居住在淮河大堤上的帐篷里。

当时的民政部副部长陈虹介绍华东水灾灾情时说，此次灾害造成的损失极大，将近200万灾民无家可归，大量的公路、桥梁等设施被摧毁……要想完成以上的救灾任务，至少需要两亿多美元和多种物资器材。

7月12日早上6点钟，正在吃早餐的李嘉诚从收音机中知道了内地遭遇洪灾的事情后，马上用电话联系了长实系四家公司的领导。李嘉诚通过电话，向他们表达了自己的意见，他反复强调，一定要与祖国共渡难关。得到各股东的同意后，李嘉诚马上给长江实业董事局主席办公室经理鲍绮云小姐打电话。因为时间尚早，鲍绮云小姐还未起床。可当她看见电话上显示的号码时，马上就清醒了。她认出那是李嘉诚的号码，她了解李嘉诚的习惯，知道若不是发生大事，李嘉诚是不会在这个时间给她打电话的。她赶忙接起电话，李嘉诚急切的声音从话筒中传了过来。他说："你赶快到新华社香港分社去找他们的社长，随便一位都可以。你告诉他，我只要求他给我5分钟的时间。一定要告诉他，我只要5分钟，哪怕是站着同他说5分钟话也可以。"挂断电话后，鲍绮云来不及细细整理自己，马上驱车前往新华社香港分社，找到了当时的社长，向他转达了李嘉诚的约见请求。在见到新华社香港分社的社长后，李嘉诚马上向他表示了自己对华东灾区的关心，并表示他将以长实集团、和记黄埔、港灯、嘉宏四家公司的名义，捐赠5000万港元，帮助华东灾区赈灾重建。

下午3点前，李嘉诚便让秘书将总共5000万港元的四张支票送到了新华社香港分社。和支票一同送去的还有一封李嘉诚的亲笔信。他在信中写道："作为一个中国人，本人认为应率先做出实际支援，希望可以起到引导作用。本人谨代表集团四间上市公司附上赈灾支票四张，共港币 5000 万港元，请两位社长与有关部门联系，以最高效率及最佳方法，达成最好之结果。”

为了筹到更多的救灾资金，李嘉诚一改往日低调的作风，在华人行的办公室里接受了香港多家媒体的采访。李嘉诚之前所做的公益事业，基本都是以个人名义。这次之所以要用公司的名义完成捐款，是因为他希望通过这种方式，让全公司的股东都参与进来。同样，他还希望自己的这个做法可以起到引领的作用，让更多的人参与进来。李嘉诚还在采访中呼吁社会各界人士捐款。他说：“国家有难，匹夫有责。如今，我们的同胞们正遭受着灾难的折磨。特别是那些无家可归、失去亲人的灾民们。他们脆弱的心灵正承受着巨大的伤痛，他们迫切需要得到我们的救助和关爱。作为一个中国人，我们怎能眼睁睁地看着自己的同胞在痛苦中挣扎而不予理会？看着我们的祖国被灾难摧残而袖手旁观呢？我希望，大家可以踊跃地参与到救灾的行列中来，用我们的‘爱’，为我们伟大的祖国和可爱的同胞们，撑起一片蓝天。”李嘉诚站在募捐台上，大声地呼吁社会各界人士，在经济能力许可的情况下，用最实际的方式，为祖国献出自己的一份爱。

香港各界发起了“血浓于水”的筹款大行动。全港市民纷纷慷慨解囊，踊跃地加入了捐款救灾的队伍中。在大家空前的热情下，这次募捐活动持续进行了两个月，堪称“史无前例”。香港《文汇报》前后多次报道了这次救灾捐款的全部过程。据报道，李嘉诚带头捐款的行为激发了全港人民的赈灾热情，使得赈灾筹款可以在短短十天的时间就突破了 4.7 亿港元。

2008 年 5 月 12 日，四川汶川发生了里氏 8.0 级特大地震。李嘉诚得知消息后，马上在公司召开紧急会议，和公司的各位股东商量赈灾事宜。通过协商，李嘉诚决定以李嘉诚基金会、长江集团、和记黄埔集团的名义，向汶川捐款1亿元人民币，用于为灾区学生设立特别教育基金。其中，李嘉诚基金会捐款数额为4000万元人民币，长江实业集团与和记黄埔集团的捐款数目均为3000万元人民币。会议结束后，李嘉诚马上让秘书联系中央政府驻港联络办公室的主任高祀仁，将这个消息告诉了高主任。

除此之外，李嘉诚还以李嘉诚教育基金会的名义，为汶川捐出了3000万元人民币。这3000万元人民币按照李嘉诚的要求没有计入集团名下。

李嘉诚在商海沉浮了数十年，始终坚持一条人生信念，那就是："富贵如浮云。"如今，做公益对李嘉诚来说，已经不再只是一项事业，而是一种社会责任。

第五节 "长江新里程计划"

李嘉诚对残障人士的关注，从很早就开始了。20世纪90年代初，国务院发布了《中国残疾人事业"八五"计划纲要》，对十六项残疾人业务做出了规划。李嘉诚听到消息后，第一时间向中国残疾人福利基金会捐款1亿港元，用于支持其中对资金需求最急切的八个项目。

这里面非常重要的一项是对白内障患者的资助。在这笔资金的帮助下，接受白内障复明手术的患者人数比之前增加了一倍多。在1991～1995年的第一个五年里，这项计划帮助一百多万名患者恢复了视力。

当时《计划纲要》的主导者是中国残联主席邓朴方，在双方的合作中，邓朴方和李嘉诚都深切感受到了对方对残疾人的关爱和对残疾人帮扶事业的真诚期待。于是在1999年12月邓朴方赴香港参加会议的时候，李嘉诚再次邀请邓朴方会面。李嘉诚表示，希望双方能再次合作，开展"长江新里程计划”，为更多的残疾人提供帮助。邓朴方对李嘉诚的提议非常赞同，提出要用李嘉诚提供的资金，为中国的残疾人事业做一些开拓性的工作。三个月后，中国残联和李嘉诚携手开展“长江新里程计划”，由李嘉诚提供 1 亿港元的资金支持，由中国残联负责项目的具体运作。

2000 年，李嘉诚基金会联合中国残疾人联合会举办了“长江新里程”公益项目的第一期，如今已经有上千万的残疾人士受益。其中有数以万计的白内障患者重见光明，低视力者配用了助视器，失聪儿童参加了语言训练，肢体残疾者装上了假肢。李嘉诚还在全国各个省市和自治区建设了残疾人士的综合服务设施，并开展智障和小儿麻痹症的预防治疗与康复服务。

曾有记者问李嘉诚，为什么会推行“长江新里程计划”？它的意义是什么？李嘉诚是这样回答的：“推行‘长江新里程计划’的意义在于，它不仅可以帮助到那些残疾人，还可以建立以政府为主导、多部门合作的工作模式，集中力量建设残疾人康复、培训、就业的保证机制，推动政府和全社会更加关注残疾人事业的发展，加大投入，落实各项优惠政策，促进残疾人在更广泛的领域平等地参与社会生活。”李嘉诚希望通过严格要求、严格管理、精心组织和实际落实，将“长江新里程计划”塑造成国际知名的公益项目品牌。

2001 年 2 月，李嘉诚来到西部地区考察教育和医疗情况，行程中很重要的一项是看望那些受到“长江新里程计划”帮助的人。

在甘肃康复中心，李嘉诚见到了一个名叫田楠的女孩，她从小就有听力缺陷，听不清别人说话，也学不会说话，没办法像其他孩子那样上学。后来她接受了“新里程计划”资助的聋哑儿童培训项目，学会了怎样说话以及如何交流，此时已经是一名普通高中的学生。

在兰州市永登县，有一个名叫蒙向延的农民，原本是个勤劳健康的小伙子，但是在 1995 年农历正月初三，他在给舅舅拜年的路上，由于下雪路滑，不小心跌下了悬崖。被送到医院时，他的四肢已经严重冻伤，为了保住性命，只好将四肢全部截肢。就这样，他失去赖以生存的双手和双脚。蒙向延本是家里主要的劳动力，他残疾后，整个家庭的生活便陷入困境。直到 1999 年，在李嘉诚的资助下，蒙向延装上了假肢，能够重新下地行走了。虽然是在“长江新里程计划”实施之前受到的帮助，不过他同样作为受益者参加了康复中心与李嘉诚的见面会。交谈时，他激动地感谢李嘉诚对自己的帮助，让自己从残疾的困境中走出来。

在甘肃康复中心同残疾人代表交谈完后，李嘉诚拿出自己的名片，分发给在场的残疾人，说道：“有事情就来找我。”自从来到甘肃，李嘉诚见了那么多政客富商，一张名片都没发，此时却给在场的残疾人每人发了一张名片，足见李嘉诚对这些残疾人的情意。

李嘉诚对残疾人的帮助始终在进行着。对于那些已经失明的人来说，角膜移植是件非常重要的事情。2002 年，汕头国际中心眼库落成，而后，香港中文大学与该眼库联合呼吁并推动市民无偿捐赠角膜，并在 2003 年接受了第一例捐献。李嘉诚决定与该眼库合作，通过基金会捐助 7000 万港元用于眼库的后续发展。2003 年 3 月 9 日，李嘉诚出席签约大会，在会上深有感触地说：“世界的光明、变化和人生的希望，只有睁开眼睛才能看到啊！”他认为，用自己的爱心帮助失明人士复明是义不容辞的社会责任，捐赠眼角膜是“超越生命的、最有意义的事”。

对残疾人的帮扶，仅仅把注意力集中在“弥补”方面是不够的，对残疾现象的出现进行“防范”同样重要。根据世界卫生组织 2011 年发布的《世界残疾报告》统计，全球约有 10 亿人口存在某种形式的残疾。中国由于人口基数大，所以长期以来一直是世界上残疾人口最多的国家。从致残原因看，我国残疾人口中约 10% 为先天残疾，75% 左右为获得性残疾，还有 15% 原因不明。这个数字表明，约有 75% 的残疾是可以防范的。而防范的关键，是发展医疗卫生事业，尤其是在缺医少药并且缺乏医疗意识的贫困地区。

2010年9月24日，由李嘉诚基金会捐助的海南农村卫生扶贫项目正式启动。根据当时的报道，该项目是当时的海南省委书记卫留成和李嘉诚商谈促成的。李嘉诚基金会和海南省政府分别出资2000万元人民币，总计4000万元。这些钱将全部用在海南省农村卫生扶贫项目上。该项目的资助范围涵盖了海南全省，可以帮助到将近300万农村基层百姓。项目包括“七个一工程”，即建设一百所乡镇卫生院与一千所村卫生室，并且还要培训出一百名乡镇卫生院院长、乡镇卫生院业务骨干，以及一千名农村基层医务人员。同时，还要免费为一万名农村居民健康体检，奖励一百名农村优秀基层医务人员。在该计划所建设的一百所乡镇卫生院中，属于贫困市县的大概有60%；而即将建设的一千所卫生室中，则有70%属于贫困市县。众所周知，医疗问题和教育问题从来都是贫困地区的重要问题，所以，这个项目为当地居民带去的价值是不可估计的。

多年来，李嘉诚从各个方面对残疾人施以帮助，让无数残疾人重新过上了正常的生活。给他们带来幸福的同时，李嘉诚自己的心里也感觉非常幸福，不光是助人的快乐，还有达成自己为国为民的情怀的满足。

第六节　与医疗科研机构的合作

医疗与科研，经常是交叉重合的。李嘉诚基金会自1980年成立至今，在医学研究领域的资助金额，已经超过23亿港元，占基金会捐款总数的35%。在这方面，李嘉诚基金会与香港中文大学的合作次数较多。

2003年9月，李嘉诚捐款800万港元给香港中文大学，资助建设眼科及视觉科学系研究及训练基金。中大眼科及视觉科学系主任林顺潮教授感激地说，李先生的慷慨捐赠，将使中大能够在眼科研究与培训方面取得更深入的进展。

2005年4月7日，李嘉诚决定向香港中文大学捐款6000万元，资助该校成立一所健康科学研究所，并进一步支持中大原有医学院的临床科研。中文大学当时的校长是刘遵义，他由衷地感谢李嘉诚说："长期以来，李嘉诚博士及李嘉诚基金会十分慷慨地赞助本港及内地之教育、医疗及公益事业，出钱出力，贡献杰出，我校同人深表敬佩。"而李嘉诚基金会则代表李嘉诚回应道："基金会将寻求与中大及中大医学院进一步合作的机会，希望能够为香港的教育及医疗事业做出更长远的贡献。"2005年9月，为加快健康科学研究所的成立，基金会决定，7月曾承诺捐给中大医学院的6000万港元，将增至1亿港元。

中文大学新成立的研究所，命名为"李嘉诚健康科学研究所"，并将在威尔士亲王医院内设立一所科研大楼，命名为"李嘉诚医学大楼"。该研究所主要在预防医学、临床医学和再生医学方面展开研究。在癌症、基因遗传疾病、常见都市病、传染病等危重疾病领域，它致力于早期论断、找到最新治疗方法和破解患者基因密码。

李嘉诚在谈及对中文大学的这次捐助时曾说："现代生命科学为人类社会带来了极大的裨益，我们应该为科研人员提供机会，让伟大的构想得以实现。"李嘉诚认为，生命科学技术正在快速发展，要紧跟并利用好它的发展步伐，需要学术、投资和政策的密切合作。

李嘉诚健康科学研究所于2007年年初建成，在揭幕典礼上，他引用了巴斯德向拿破仑募捐时所说的话："物理学家和化学家如果没有实验室，便等同于战场上的士兵没有武器。"他还说："我们要用心感受并理解病人，在他们无助及脆弱的时候给予鼓励，令他们奋力振作。”

尖端医学科技的研究，是李嘉诚非常重视的。他希望全世界的尖端医学研究机构能够互相合作，而不是各自闭门造车。

2005 年 6 月，李嘉诚通过李嘉诚基金会慷慨捐出 3.12 亿港元（约 4000 万美元）给美国加州大学伯克利分校，资助其成立一个集合世界各地顶尖学者的生物医学及健康研究中心，该中心的科研工作有四大领域：癌症生物学、传染病学、基因调控和干细胞学、神经病症学。李嘉诚的这笔捐款，目的是希望更多的人类疾病难题能够早日攻克。它也直接提升了该院校在生物医学研究领域的世界主导地位。

关于李嘉诚的这次捐款，其代言人透露道，李嘉诚先生希望接受李嘉诚或李嘉诚基金会捐款的各所大学，能够与该中心形成一条医学研究链，加强相互之间的学术交流及合作。当然，香港的大学也在这个链条当中，这对提升香港的医疗科技水平十分有利。

发言人还说，加州大学伯克利分校是一所公立大学，学费比较低，会有更多经济困难的学生选择这里，而全球前十大名校大部分是私立的。这是李嘉诚选择加州大学伯克利分校作为捐赠对象的原因。

为表感谢，伯克利分校校方宣布，整个研究项目及大楼都将以李嘉诚先生的名字命名。2007 年 5 月 18 日，美国加州大学伯克利分校校董事会通过决议，计划于 2008 年兴建李嘉诚生物医学和健康科学中心。

大致同一时期，禽流感病毒在世界各地肆虐。流行病专家发出警告：随着 H5N1 病毒的不断变种，人感染禽流感病毒的危险已经大大增加；医学界已经发现了几个禽流感病毒新品种，它们具备在人与人之间传播的能力，一旦蔓延开来，将有数百万人死亡；虽然世界各国的医疗卫生官员们已经做好准备，但这场与病毒的斗争，仍然是任重道远。

为协助科研机构对禽流感病毒进行研究，2005 年 2 月 25 日，李嘉诚基金会宣布，向法国巴斯德研究所捐资 300 万欧元（约 3000 万港元），并与汕大一港大医学院联合流感研究中心合作，在国际范围内共同出谋划策对抗禽流感。法国巴斯德研究所是全球顶尖的研究机构，而汕头大学和香港大学 2001 年合作成立的流感研究中心，则在近几年里在禽流感和新型传染病领域取得了辉煌成绩，有论文发表于 2003 年及 2004 年的国际顶级科研杂志《Nature》上。

令李嘉诚感到高兴的是，法国巴斯德研究所已经在上海成立了分所。该分所就是此次合作的产物，而且，这次合作也有中法双方政府的意愿。据巴斯德研究所所长 Philippe Kourilsky 教授说，中国国家主席胡锦涛和法国总统希拉克，也高度评价了这一合作。教授还说，合作所要达到的目标是，在出现新的呼吸系统疾病时，能够迅速做出实质有效的回应。

第五章 终生的事业：教育

「

知识不仅是指课本的内容，还包括社会经验、文明文化、时代精神等整体要素，才有竞争力。知识是新时代的资本，20世纪五六十年代人靠勤劳可以成事；今天的香港要抢知识，要以知识取胜。

」

第一节　大力扶持教育的缘起

为了支援家乡及中国内地的教育事业，李嘉诚本人和他名下的基金会、集团公司，经常慷慨地出钱出力，比如：

1994 年，捐资 1100 万元港币，帮助潮州贫困地区建立了 50 所基础教育学校。

1996 年，先后捐出 700 万元和 800 万元人民币创建了福建安嘉惠中学。福建省人民政府决定为李嘉诚设立碑刻，碑文"香港同胞李嘉诚先生，祖籍广东潮州，情系教育，慷慨捐资，兴学育才，为颂扬功德，激励学子奋发进取，特立此碑"，以表彰其善举。

2000 年捐资 2400 万美元，参与国家互联网发展计划，在清华大学建设国家未来互联网技术研究中心。

2001 年 2 月，李嘉诚在教育部的安排下，历经九天的艰辛路程走访了中国西部的新疆、青海、四川、重庆、贵州、广西 6 个省份的 8 个落后地区，并与地方领导及大学负责人商讨了如何增进西部的教育资源，加速西部开发。

以上所列，只是李嘉诚在教育事业上所做贡献的很小一部分，他捐助教育事业主要是通过李嘉诚基金会，但他捐献的资金如果累计起来，再成立 20 个基金会也绰绰有余。

李嘉诚有一颗纯粹又善良的心，分析他为何大力援助教育事业，将看出这纯粹和善良。他如此无私慷慨地帮助中国教育的发展，缘于他对教育事业的重视。他曾说过：

一个国家要强盛，一个民族要强盛，教育很重要。教育与民族的前途相连。当我上了年纪时，商业上的事务可以退休，但教育是我终生的事业。

此外，李嘉诚在《我对汕大之希望》的信中说：

教育的重要，实关系国家的强弱、社会的兴衰以及时代的进退。因此，国民教育的成功，实为国家富强的决定因素，基于这一信念，我深感人才的重要性。善于甄才、养才和用才，始可臻于国家长治久安而稳步前进。甄才、养才之功，有赖于教育。

李嘉诚对教育重要性的认识与理解没有只停留在口头上，而是进行了很好的落实。2003 年 12 月，李嘉诚在北京出席了三个活动。第一个活动，是北京工业大学综合科学楼的启用仪式，李嘉诚以“知识——核心价值”为题呼吁国家和社会创造有利于创新的开放环境。当说到知识是核心价值时，李嘉诚引述了美国哈佛大学 Michael Porter 教授的文章，指出创新是未来的决胜因素，创新能力是灵活地组合知识与信息的能力。同时，他呼吁政府，为了培养出有创意、有创见的人才，政府应订立政策，以缔造出有利于大众创新的互动、流畅、开放的软环境，这个环境不能局限于学校教育，还要健康、精神成长、艺术和科学等领域。可见，李嘉诚不但意识到了知识教育的重要性，还把握了教育的关键——创新，更考虑到了教育的重要影响因素——环境。

第二个活动，是李嘉诚基金会“西部中小学现代远程教育项目”发布会。会上，李嘉诚以“社会资本——终极目标”为题鼓励社会各界投资以增加社会资本。关于社会资本，他说，社会资本包含的社会和谐关系、信任与分享信念、社区参与、义务工作、社会联络及公民精神等，全属于可量化和有效益的价值，大家都应乐于投资。只有通过全力增加社会资本，才可以驾驭知识与创新的动力，造就一个宏观与微观经济层面之间的合理关系。

李嘉诚的“社会资本”概念，值得重视：

如何将科学与人文结合起来，这是我们知识的终极关怀。命运掌握在自己手里，也在我们的梦想之中。今日科技经济新典范的崛起，正处于矛盾之中。我们一方面追求变迁，但又同时希望更安定，数码鸿沟、学习鸿沟构造着权力再集中及分配不公平的现象，全球化令我们知道和拥抱世界的多元化，我们更不能忽视建立社群的重要性。

有论者认为，在知识时代，社会资本是经济持续增长的重要组成部分，社会资本像其他资产一样是可以量化的，有可量度的可转变性、耐用性、弹性、可代替性、创造其他形式资本的能力。若真如此，那社会资本包括的社区关系、信任与分享信念、社区参与、义务工作、社会网络及公民精神等，这些都是可量化和有效益的价值，我们都应乐于参与投资。建立社会资本就是社会希望的泉源；公民精神与公民权利相比，有时甚至来得更重要。因为只有通过全力增进社会资本，才可以驾驭知识与创新的动力，或者这就是一个宏观与微观经济层面之间的合理关系。

李嘉诚对于“社会资本”的论述，是相当有高度的。他把慈善事业放在社会层面上进行理解和操作，使慈善资金对社会的作用发挥到最大。

李嘉诚的教育投资，也遵从加强“社会资本”的原则。一方面，他投资正规学校教育；另一方面，也关照社会教育、远程教育等，平衡教育资源在社会各领域的投入。他冷静审视中国教育环境的不足，呼吁整个国家和社会为教育事业开绿灯。

第三个活动，是清华大学“未来互联网技术研究中心”的开幕典礼。李嘉诚以“科技——未来价值”为题呼吁人们善用科技进步节省出来的时间：

今天多功能、多频道，什么都可以多元同步运行。地球变得越来越小，人们的空间距离变得越来越接近，科学技术使我们每个人都强烈地感受到，我们的生活与其息息相关，密不可分。虽然未来由很多元素和机遇组成，然而未来最终还是取决于人类的心灵和智慧。我们要用知识和智慧，赋予科技与时间新的意义，为自己、国家与全人类建造共同的尊严和福祉。

科技的本质是创新，科技发展会从根本上改变社会，作用于我们生活的方方面面。1992 年 4 月 28 日，李嘉诚被授予北京大学荣誉博士。在颁授仪式上，他发表了主题为“世界在蜕变中，既向我们展示前景，又显现出挑战性”的演讲，从创新与科技的关系出发，呼吁人们自主创新，跟上科技时代的步伐：

高科技的发展加快了我们生活的节奏。历史命运使中国迟于起步，因而我们急需推动中国的经济和科技现代化。

在今天，停滞的思维模式已变得不合时宜，这不是要破旧立新，不是要采取二元对立、非黑即白的思维，而是要鼓励传统文化传统思维跟上发展的潮流，使中国文化更适用于层次多元的世界。在全球化的今天，我们要懂得比较历史，观察现在和梦想未来。

从商的人，应更积极、更努力、更自律，建立公平公正、有道德感、自重和守法的社会，才可为更稳定、更自由的原则赋予真正的意义，尽管没有外在要求，我们要愿意利用我们的智慧和勇气，为自己、企业和社会创造财富和机会。

通观以上所述，可以看出，关于知识和科技、创新和人才、政策和环境的关系，李嘉诚在心里早就有了清晰的条理。不过，他如此重视并资助教育，不完全是出于理性，也有感性因素在起作用：

我很爱读书，小时候很穷，无法完成学业实现我心中的理想，我很想帮助那些心有大志而力所不及的穷人孩子。有了更多的钱，才能在教育上有更好的发展。

李嘉诚小时候的理想是当医生，也曾想过当大学教授。那时的李嘉诚，最渴望的便是与那些幸运的同龄人一样，可以坐在教室里读书学习。他曾想过无数次，如果能像别人一样有机会上大学，他的一生会不会是另一种样子呢？

李嘉诚资助教育事业的动机，一方面是作为企业家"胸怀天下"的责任感；另一方面也是为了弥补自己早年失学的遗憾。爱心，慈悲之心，源于同理心。无数资助教育和失学者的举动所展现出来的，不仅是作为商人的理性的李嘉诚，更是一个作为学子的心怀遗憾的李嘉诚。

第二节　对教育事业的期许

2002 年，在一次媒体采访中李嘉诚曾被问道："有些时候别人会忽略你在香港及国内所做的慈善工作，我知道你不想夸耀你所做的一切，但可否介绍一些你资助的慈善项目，以及背后的理由？”

当时李嘉诚是这样回答的，他说：“年轻一代，尤其生长在富裕社会的那些人，例如香港或欧美的年轻一代，他们享有优越的生活条件，并且认为这一切都是必然的，故此他们较难体会贫苦和病痛无助者的感受。但我和他们不同，即便今天的我已经拥有了巨大的财富，成为公众眼中的成功者，可我仍然无法忘记年轻时的贫苦。我曾对我的儿子说，‘你吃一个水果的味道，永远和我不一样，因为我经历过苦难，尝过饥渴时咬一口水果的那种滋味，你对它的珍惜程度一定不及我。’我在1980年成立了李嘉诚基金会，我们很重视教育和医疗，我深信知识可以改变命运。我父亲在我少年的时候，身患肺病却没钱医治，最终遗憾离世。这是我至今最大的遗憾。因此我非常重视发展医疗服务，并对各个范畴皆予以支持，包括研究工作、医疗人才的教育及培训、‘宁养服务’，以及为内地偏远山区建立流动医疗车等。”

李嘉诚希望通过自己的努力，让无助者获得救助，让富裕者更加珍惜眼前的生活，让全社会知道，人与人之间除了血肉亲情之外，还有无私的大爱。

2003年，李嘉诚以嘉宾身份再次来到汕头大学，在那里做了一次重要演讲——找回迷失的人性。

我们生活在一个充满矛盾的时代，全球化到底代表些什么？它是多元一体的世界，我们生活中的每一个范畴——经济、社会、文化、科技等，都在不断地加速改变，这列高速快车却像没有终点，车上的人谁也不知道往哪里去。全球化如此大规模的商贸及金融活动，在一个董事会议室内，就可以为地球另一端的地方创造价值或为投资撇账，一张资产负债表是否就能反映商贸的真正价值呢？今天，全球化的资讯有爆炸性的力量，我们能传递信息，我们又能否传递意义呢？变化已经成为人类生命的本体，再没有人能凝固于往昔的日子里，在这场追求效率及效益最大化的混战中，生命可以变得很无情，人性可以很迷失，我们每一天要快人一步，根本没有时间停下来，好好思考到底需要一个什么样的新典范，来面对经济失衡、环境破坏、人性尊严及和平所受到的挑战？

我们常说人为万物之灵，人是一切发展的核心能源，我们既能为善，也能为恶，既能创造，又能破坏。我们为了追求进步，不断提升自己的竞争力，这本来是对的，教育的本质是令我们积极向前。今天，通信、医疗、生命科学等都不断有新突破，我们拥有更多知识，但未必更有智能；我们能掌握事物的起因，但还不能预知未来。今天社会的一切困境不也就是人类创造出来的吗？所以我们必须反思人性的迷失能否复归？我个人深信通过教育是做得到的。

教育的目标是传播知识、启迪思维、追求智能、完善人格。我们生活在社会中，要与社会互动，懂得如何与自己相处，以及如何与别人相处。大家要有同理心，要能换位思考，敞开心胸去体会来自世界各地不同文化、不同种族的人们的所思所想，才可以超越种族、性别、年龄、文化及其他隔膜。不单要努力提升自己，更要致力于建立社会共同的尊严，否则我们在全球化的过程中和谐共处，只是遥不可及的希望。

学生是祖国的花朵，是国家的未来。李嘉诚希望他们从小就树立起正确的价值观，爱自己，爱朋友，爱世界上所有的人。因为只有心中有爱，只有明白人与人之间的关系，他们才会更好地去帮助他人，祖国的未来才能更加美好。

李嘉诚认为，宗教不仅是心灵的桃花源，更是一门活泼的哲学，能够让人的生命变得更加精彩。他深信，探讨宗教的哲学意义，是人文精神研究的重要课题。2005年2月22日，李嘉诚基金会宣布捐款500万美元，设立“李庄月明佛学研究基金”，资助香港大学佛学研究中心。香港大学将拨出数目相等的款项，作为基金的配套资金。

庄月明是李嘉诚的发妻，从1963年与李嘉诚结婚到1990年病逝，这位虔诚的佛教徒陪李嘉诚走过了几十年的风风雨雨。庄月明在遗嘱中要求家人按佛制办理自己的后事，家人严格遵从。李嘉诚以“庄月明”为名设立佛学研究基金会，自然有悼念的意味，但可以肯定的是，基金会的建立并不局限于悼念。几十年的共同生活，庄月明的佛教信念肯定也感染了李嘉诚。中国禅宗佛教的思想精髓，在于明心见性。鼓励佛学研究，本质上是希望更多的人能够深入挖掘内心，发现自己的天性。佛家说，佛性就在人心中，只看有没有觉悟。修佛，可使人涤除心灵杂物，变得更纯洁、更真诚。

以“庄月明”为名的项目，除了“李庄月明佛学研究基金”之外，还有其他几个：香港大学庄月明文娱中心、香港大学庄月明化学楼、香港大学庄月明物理楼、香海正觉莲社李庄月明护养院。

第三节 成大事者，勤且善于学

李嘉诚常说：“成大事者，勤且善于学。”不会学习的人，是不可能获得成功的。可以说，李嘉诚能从一个打工仔发展到成为世界华人首富，正是因为他彻底地贯彻了这句话。

受父亲李云经的影响，李嘉诚从小就十分喜欢读书。他3岁就能吟咏《三字经》《千家诗》，5岁在父亲的授意下，祭拜孔夫子，进入观海寺小学读书。李嘉诚对诗文很感兴趣，虽然年幼，在学业上却不曾有过任何马虎。先生在课堂上教的诗文，他在家里就背会了。

小时候，李嘉诚最喜欢诗句便是："书山有路勤为径，学海无涯苦作舟。"那时候，李家有一个小小的藏书阁。李嘉诚每天一放学，便会钻进放满古籍的藏书阁中，孜孜不倦地阅读诗文。

据李嘉诚的堂兄回忆说："嘉诚自小就是一个书虫，一看书就会着迷。那时候我们都觉得，他以后一定会像他父亲一样，成为一个优秀的教师。所以直到今天，我依然对他成为富豪感到吃惊。当然，我吃惊不是因为他成功了，而是因为他竟然会选择从商。"

李家周围的邻居也说："这孩子从小就懂事，读书非常刻苦。我们当时就觉得他长大后，必定会和他父亲一样，成为一个文化人。"

李嘉诚自己也觉得，如果没有那场战乱，如果他不用赚钱养家，他一定会沿着求学的道路走下去，继承父业，成为一名教师。当然，任何职业都和读书没有冲突，不管什么时候，想学习就总会有机会。

李嘉诚深知，不读书、不学习知识，只要有些计谋就能成功的时代已经一去不复返。如今要是不学习新知识的话，很快就会被市场淘汰。现如今，要想管理好一家企业，就必须掌握相当丰富的知识，熟悉国内外的市场状况，当然，还有会计、统计、风俗、地理、礼仪等诸多知识。

知识是发展未来的基础，只有拥有它，才能更好地发现商机，才能更好地抓住机会。现在，知识才是企业家的资本，决定新世纪企业成败的已经不再是金钱，而是他们所具有的知识和所掌握的科技。

他常常告诉员工说："作为企业家的我，可能有很多的弱点，可也一直保持着一个优点，那就是数十年如一日地学习、创新，以及努力工作。很多人问我，打造李氏王国的秘诀是什么。我想，应该就是这个了。"

一个优秀的企业家，应该将大部分精力用在学习、研究等对自己的培养和提高上，而非单单用在交流与享乐上面。唯有如此，才能在竞争中脱颖而出。当今世界，瞬息万变，全球逐步一体化，科技一直在创新。所有人都要跟上世界的脚步，努力进取，居安思危，只有善于学习的人，才能在稳健的基础上更好地发展自己。

李嘉诚认为："知识最大的作用是磨砺人的眼光，增强他的判断力。有人喜欢凭直觉行事，但直觉并不一定可靠。时代不断进步，我们不但要紧跟时代的脚步，最好还要能做出预判。还要有国际视野，掌握和判断最快、最准的资讯。不愿改变的人只能等待运气，懂得掌握时机的人便能创造机会；幸运只会降临到有世界观、胆大心细、敢于接受挑战的人身上。"因此，对一个商人来说，知识是必不可少的。

对李嘉诚来说，人生就是一个学习成长的过程。即使到今天，他依然坚持阅读中英文报纸、书刊，吸收方方面面的知识。

有一次，长江实业的一位高级职员看到一篇与李氏家族有关的文章，他觉得这篇文章写得很不错，于是拿给李嘉诚看。谁知道李嘉诚只看了一眼，便说出了文章的出处。该职员立刻明白李嘉诚之前就看过这篇文章了，心中大为感叹，没想到事务纷繁的李嘉诚居然有如此广泛的阅读范围。

就像这位职员看到的一样，李嘉诚在有了一定成就之后，并没有沉迷于享乐之中。他依然坚持每天看书读报，坚持学习提高。

有人问李嘉诚平时都看什么书，李嘉诚回答："昨天晚上，我看的是与资讯科技有关的书籍，我觉得这个行业在未来会迅速发展起来，我非常看好这个行业，相信不出三年，我们就可以在小小的手机中看电影、看电视了。我平时看的书籍多是和历史、哲学、科技有关的。我觉得只有先增长自己的知识，才能获得赚取更多财富的机会。"

当然李嘉诚也不是什么书都看，那些娱乐八卦他是从来不看的。他将自己所有的精力都放在了对事业和人生有意义的知识上。

2003年12月15日，李嘉诚在北京工业大学综合科学楼启用仪式上致辞：

今天，每一个国家、每一个商业机构、每一个人都清楚明白，创新动力可带来爆炸性的效益。我认为，所有新的理论、方法及分析架构，正在塑造一种新的心态和社会方式。在激烈竞争的环境中，个人能力比任何其他资产更为重要。社会已容不下滥竽充数的人，这对每一个人来说都是沉重的压力。我们已经到了一个范式转移的关键时刻，知识就是我们最核心的价值。

一个国家若想进步，就要学会创新。美国哈佛大学迈克尔·波特（Michael Porter）教授在《国家创新能力》一文中指出："创新是未来的决胜因素，创新能力是知识及资讯组合的百变动力。"中国的创新能力在迈克尔·波特教授的报告中处于世界中等水平。这是鞭策众人前进的力量，若想改变这个状况，就必须要努力学习，不停地充实自己。

第四节　从自身做起，鼓励阅读

李嘉诚曾在学富五车的港大学者面前表示，自己最大的遗憾就是没有受过完整的正规教育。但他从没有放弃学习，时至今日，他仍坚持每晚睡觉之前阅读。他说，阅读让他掌握了许多新领域的知识。

有一次记者采访，李嘉诚简单谈了下自己的阅读。记者问："听说你喜欢睡前看书，重视自学。你昨天晚上看的是什么书？"李嘉诚回答道：

“我昨天晚上看的书是有关IT（资讯科技）的前景，这个行业发展会很快，我相信未来两三年内，电影、电视都可以在小小的手提电话中显示出来。我比较喜欢科技、经济、历史和哲学类的书籍，最近对网络资讯比较有兴趣。”记者问：“你不看小说？”李嘉诚说：“对，我不看小说，娱乐新闻也不看。这是因为从小要争分夺秒‘抢’学问。我年轻时没有钱和时间读书，几个月才理一次发，要‘抢’学问，只能买旧书，买老师教学生用过的书，教科书里有教师划出的重点、答案，什么都有。总而言之，言情小说、武侠小说不看，因为没有时间。其实我很喜欢历史，小时候读书历史都拿高分。”

深信知识改变命运的李嘉诚，不但自己坚持读书，也鼓励社会公众养成读书的习惯。

李嘉诚曾多次向香港的大中小学校的图书馆以及传媒机构赠送书籍，并要求他们将赠书转送读者，以此鼓励阅读。

李嘉诚本人最推崇的书籍，似乎是历史类。2005年，他为《写给年轻人的简明世界史》一书作序，文章标题是《上一堂不一样的历史课》。他在里面指出：

你千万不要认为历史是陈旧的，与生活脱节的。阅读历史也不仅仅是“以史为镜”而已，要知道我们就活在这“镜”内，往事和未来同样是一条走不完的路。身处在这诡谲多变的全球化世界中，我们要懂得如何比较历史，观察现在与梦想未来，才可清醒地回应物质丰盛但灵魂分裂的挑战。

不得不说，李嘉诚关于历史的见解是独到而深刻的。同年，李嘉诚将此书转赠出去。

在中国历史方面，李嘉诚首推三国史，他说：

《三国演义》是中国文化遗留给我们的一个知识宝库，我大概在小学四五年级时第一次看这部历史小说，那时有几位同样爱看书的同学，我们组成读书会，专门研究《三国演义》。我猜想，香港很多人都同我一样，是通过阅读《三国演义》而接触中国历史的。

2005年，李嘉诚在阅读了图解版历史书《世纪三国——曹操之霸者胜出》之后，认为该书既有十分厚重的历史感又便于人们理解，因为它以正史为脚本，以图解的方式介绍三国。于是，他亲自为该书撰写序言，序言题目是《愚昧是世上最大的敌人》。他在序言中将三国期间的战役、决策评定为最佳的管理学教材，将三国人物史评定为出色的人力资源课，还有，"三国"也能教人学会计算成本。总之，李嘉诚作为成功的商人，可以说他的不凡智慧和高超手段有相当一部分来自阅读，不然他何以在序言里有如此精到的见解。除了强调知识的重要作用，李嘉诚还在序言中强调了人的胸襟：能力再强的人，尽管能征服世界，若没有容人的胸襟，也装载不了成就。

李嘉诚在同年9月向圣保罗男女中学捐款8000万港元之后，通过李嘉诚基金会将该书捐赠给全香港所有的中学，以及全港的公共图书馆。香港的中学共有500多所，每一所获得两本。这一赠书活动引起的效果非常热烈，部分中学当场要求多赠几十本，甚至有的学校要求人手一本。于是，基金会再购买1万册，按需求情况分配出去。

除了书籍赠送，李嘉诚还通过资助媒体来鼓励大家阅读。

2003年9月9日，李嘉诚基金会特别捐助了香港的电视媒体，帮助其制作10集"愈读愈快乐"节目，以鼓励全社会形成阅读风气。这是一档全新的电视节目。9月14起，在每周日下午3点55分，该节目在亚洲电视本港台和无线翡翠台播出，如果恰巧赶上当天是赛马日，则改为上午7点50分。每集“愈读愈快乐”都有一个主题，依据当期推荐的两本书的题材而定，并将这两本书推荐给民众。

在内地，1997年北京大学百年校庆时李嘉诚出资8000万人民币，援助北京大学图书馆新馆的建设。显然，捐建图书馆也是在鼓励读书。李嘉诚在图书馆落成庆典上说：“国家提出科教兴国，北大的任务将更为重要，科技和教育是国家前途的命脉。世界产业已趋向高科技发展，国际亦存在着科技竞争，要为国家创造独特而持久的成就和优势，唯有依靠先进的科技和优质的管理。而科技和管理人才的培养，教育是不二之途……今天图书馆终于竣工，希望有助北大收藏更多我国珍贵文献，促进北大与国内外的学术信息交流，同学们能发挥其中文化、学术知识，作为你们成就的实践。”

读书的好处有许多方面，最显著的就是积累知识，其次是增长智慧，即李嘉诚所强调的读历史类书籍的作用。不过，丰厚的知识储备，不等于智慧和才干。知识是静态的结论，智慧是动态的方法。知识是智慧的结果，只有学会灵活地应用知识，才能增长智慧。

第五节　亚洲最大的一笔教育捐款

李嘉诚曾捐款给香港、内地及海外的多所大学及教育机构。仅就香港而言，香港大学、香港中文大学、浸会大学、理工大学和公开大学等，都曾接受过李嘉诚的捐助。在过去的二十多年里，香港大学多次接受李嘉诚捐赠，总额已经超过了5000万元。而在2005年5月5日，李嘉诚以其名下的基金会为代表，宣布捐款10亿港元以资助香港大学。

这笔捐款，是亚洲有史以来最大的一笔教育捐款，对于香港大学的迅速发展起到了极大的推动作用。

据了解，李嘉诚决定此次捐款对象之前，收到了不止一所大学的募捐请求，他本人也曾考虑，或许应该同时捐助多所院校，但最终决定将这笔钱集中捐赠给港大。公布决定之后，李嘉诚基金会的工作人员代李嘉诚公开宣称，这次没有捐款给其他大学，但以后会继续捐赠。香港大学的校长徐立之表达了对李嘉诚及其基金会的感激，称这笔捐款是一个“空前庞大的礼物”，不但是对港大卓越表现的认可，也是香港慈善活动的里程碑。10亿港元的捐款，等于港大一年总营运经费的1/3。

徐立之透露，李嘉诚与徐立之本人，还有港大的两位副校长，都已相识多年。李嘉诚经常与李焯芬教授（副校长）讨论佛学，跟王于渐（首席副校长）探讨经济和社会问题。李嘉诚一直期望港大有更好的发展，早在徐立之辞去加拿大的教席职位回香港任港大校长时，李嘉诚就很支持他。李嘉诚还经常向徐立之了解大学的发展动向，在了解之后，对港大充满信心。

这就要说到李嘉诚这次捐款的原因。如此大手笔地捐助港大，主要源于他的两个信念，一个是内心深处的“以香港为家”，一个是他经常挂在嘴边的“知识改变命运”。

李嘉诚个人对香港有一种归属感，这归属感又带给他一份责任和担当。尽管李嘉诚本人经常强调自己是一个中国人，在香港或老家潮州做贡献，也就是为中国做贡献，但不可忽略的一个事实是，他大半生的时间都住在香港，多数商业决定也都是在香港做出的，个人的产业也集中在香港。由此可见，他在内心深处早就把香港当作落叶归根的地方了。

除了这份“以港为家”的情感和奉献香港的精神，李嘉诚还从自己的商业眼光分析了香港的未来形势，他说：

今天，香港要迎接不同国家、不同地区的挑战。与其他地方相比，香港的优势在于一百多年来，香港的工商贸易带来的经验储备，若能适当运用，当能够争取多一点儿的时间及资源，创造更多的选择机会；内地经济的蓬勃发展为香港提供了无限的投资商机，香港要在出口、生产和商贸等方面重新部署竞争优势；香港对国际情况、法律及信息的掌握得比较好，有较完善的金融制度，集资条件为亚洲之冠；香港的传统文化富有包容性，对商业发展有利。这一切都有助于推动香港社会维持稳定和继续迈向繁荣。

可见，他对香港未来的经济形势是乐观的，因此，这笔捐款里面虽然是捐给港大的，但也饱含着对香港发展的期望。当然，这次捐款更有李嘉诚对香港大学及其科研工作的认可。邓小平曾提出“科学技术是第一生产力”，而李嘉诚也有类似的看法：香港的科研工作能够推动香港的核心竞争力。

香港大学冠以“香港”之名，再加上对香港大学科研实力的信心，于是李嘉诚果断决定捐助香港大学。因此，这次慈善行为有一举两得的功效：一是向香港社会表达自己的信心；一是鼓励教育。

至于这笔款项的用处，李嘉诚在捐款当天只表示希望用在教育发展和科研上面，但没有具体说明。随后，长和举行股东大会，李嘉诚在大会上也说了类似的话：他希望这笔捐款能给香港人直面激烈竞争环境的勇气，帮香港人博得更多光彩；同时，希望这笔捐款能够号召更多的人支持教育事业。同年，香港大学宣布将自己的附属院校香港大学医学院更名为香港大学李嘉诚医学院。这多少有“投桃报李”的意思，而且很对李嘉诚的口味，因为李嘉诚对医疗的重视不亚于教育。说起来，此次捐款还引起了很大的风波，不过这是后话。

加上这笔巨款，港大的发展基金总额超过了 30 亿港元。

第六节　“李嘉诚医学院”命名风波

香港大学李嘉诚医学院原名香港大学医学院，是香港仅有的两所医学院之一。

2005 年 5 月 18 日，在获得了校务委员会的一致通过后，香港大学本部提出一个决定：将医学院命名为李嘉诚医学院，以表彰李嘉诚及其基金会的慷慨捐赠。于是，原本风平浪静的港大医学院，陷入了一场命名风波。当时，医学院的许多校友反对改名，其中以郭家麒为代表。

2006 年 1 月 1 日，香港大学正式将原香港大学医学院命名为“香港大学李嘉诚医学院”。也就是说，反对改名者失败了。然而，这中间的过程可谓一波三折，简直是一场闹剧。

在最初宣布更名决定之时，港大校务委员会明确声明：医学院改名后，学院管理、法定地位及日常运作，都跟以往没有任何区别。这也就是说，更改学院的名称，纯粹是为了表达对李嘉诚的感谢而已。

改名决定宣布后，郭家麒很快就公开表示：这样改名是有问题的，令他们感到“震惊和心痛”，而且“沦为充满商业气息的买卖”。香港大学可以表达对李嘉诚及其基金会的感谢，但应该以其他方式表现出来，比如冠名新校园、建筑物、奖学金或授予教授名衔等。郭家麟声称，他将与其他联署人面见校长，反映他们的不满。

这些言辞还算温和，而且提议也不失妥当，以捐赠者的姓名命名新建机构或建筑，在港大已有先例。在接受李嘉诚基金会的这次捐款之前，港大募捐到的最大一笔捐款大约是5亿港元，来自嘉道理家族，其款项用在了名为“嘉道理中心”的农业研究机构的兴建与营运上。

但是，医学院的儿科医生谢鸿兴的言辞，却非常具有攻击性：“港大校务委员会的做法，简直是‘家门不幸’，如果要改名，也应该征求校友及师生的意见。”更有甚者，一位名叫黄国的医生表示，如果不收回决定，校友们将对校长予以谴责，并要求他引咎辞职。这是威胁，如果放在军队里，无异于兵变。

首先出面支持港大决定的，是香港教育统筹局局长李国章。港大方面的支持者，有副校长李焯芬。他表示，如此改名是“礼尚往来、投桃报李”，为不伤校方诚信，校方将维持原决定。还有医学院副院长梁宪孙，他在接受采访时表示可以这样做，外国就有捐款超过1亿美元则以捐款者命名的实例。他还强调，无论冠以谁的名字，都不会影响校政和学术自由。

然而，“维持原判”的回复似乎激怒了郭家麒，他痛心疾首地指责校方没有咨询校友意见，缺乏透明度，不能把捐赠和回谢当成交易。为抗议校方如此改名，郭家麒鼓动近百名港大医学院校友与家属拉横幅静坐，并递交请愿信。他还扬言，如果校方不悔改，他将抬棺示威抗议。这样的抗议方式显然是不理智的。

对此，港大医学院院长林兆鑫做出承诺，教研会绝不会让科研自主受到捐献者的干预。事实上，从李嘉诚过去捐助大学的历史来看，他从未干预过受捐学校的学术自主。

5月28日，徐立之再次申明，将香港大学医学院改名为香港大学李嘉诚医学院的决定，是一个符合港大未来发展方向和国际惯例的决定，既得体恰当，也没有任何违反程序之处，因此是一个正确决定，不会改变。

与此同时，有许多市民写信表示对徐立之的支持。来信者当中，一个名叫黄伯的 94 岁老人说，这是好事之徒在挑起事端。而市民张芝魁一家则指出，“贵校校友郭先生等人的脑袋充满铜臭”，反对以李嘉诚先生命名的人，其实已经在对港大医学院估价了，他们是觉得李嘉诚的捐款还不足以买下港大医学院。

闹出这么大的动静，李嘉诚不可能不知道。先是李嘉诚基金会的发言人代表李嘉诚申明，李先生原本就对命名之事看得很轻，之所以接受，不过是因为香港大学的盛情难以回绝。在得知这起风波后，李嘉诚写信给徐立之，打破长久以来的沉默，表示支持命名决定：

我认为不需再为冠名之事磋磨。我非常钦佩徐校长您的宽容，对一些人加诸您的责难，我是感逾身受，然而，人之择善坚持，在轻率顽误的社会中却更显罕贵。不用担心某些带侮辱性的嘲弄会给我带来困扰。最重要的是今天我还是能很高兴地告诉您，我是一个快乐的人。作为一个人、一个市民及一个企业家，我尽了一切所能服务社会。

李嘉诚还在信中代替别人问了自己一个问题：“既然在过去三十年间，80% 以上的捐赠项目我都没有选择冠名，为何唯独在这对我并无特别益处、现在又令我不是滋味的一事中，我仍不改变初衷？”他的回答是：第一，香港是他的家，此举符合香港的利益；第二，李嘉诚关于教育和科技的理念，与港大医学院的使命和追求相符。

李嘉诚还指出，对港大校务委员会的委员来说，受高压逼迫而屈服，会折损委员会和校长的尊严，还会降低港大的国际声誉。李嘉诚面对这么多人的反对，仍坚持自己认为合理的做法，绝不妥协，其刚毅的性格可见一斑。

最后，李嘉诚还阐述了自己对香港乃至中国社会的殷切期望。他说：

今天的我，依然固执地对未来充满期盼，期盼一个有智慧、公平、自由及关怀的社会。我深信，教育、医疗等社会资本的增长，是实现这些核心价值的关键元素。近年我分别在英、美、加三国顶尖大学之医疗科技研究领域捐资8亿港元。在科研发展之外，我是希望通过这些项目，令香港今天和未来的学生可踏上国际交流平台，他们的成就也将增强香港的核心竞争力，这亦是我乐于接受冠名的另一个原因。

这起纷争没有影响李嘉诚为教育事业做贡献的决心。在这起风波发生的同时，他向美国加州大学伯克利分校捐出3亿港元。伯克利分校的校长向媒体透露道：给伯克利分校的这笔款项，李嘉诚先生一年前就决定捐出了，但他希望在完成港大和香港中文大学的捐助后，再宣布这次捐款。伯克利分校校方后来决定将李嘉诚捐助的项目以他的名字命名，但在洽谈期间，校方完全没有感觉到李氏对命名事宜的热衷。其实，这位校长跟徐立之是好友，但他表示不会帮徐立之解决港大医学院的命名问题，他自己不会妄加评论，只是强调，以捐款者命名的事情，在世界上普遍存在。

李焯芬再次表示，校方经过深思熟虑，学校应以诚信为先，维持原先的决定。事实上，校方每天都收到数以百计的海外校友来信，表示支持冠名。

港大公布的正式冠名日的前一天，反对者再次高呼，如果校方执意冠名，将在明天的典礼上披麻戴孝表示不满。同时，郭家麒表示，已经向全球募捐，希望能得到5亿港元“买回”医学院之名。他还扬言，将把这次事件记录在港大历史中，让徐立之、林兆鑫和李嘉诚等人遗臭万年。

对以上威胁，校方的回应是：“对于损害大学声誉的言论，大学将保有追究责任的权利。李嘉诚先生是大学的挚友，李先生的声誉如果因支持大学而遭到损害，大学也会采取必要行动。"

至此，争执升级的趋势愈演愈烈。其实，孰是孰非昭然若揭。且不说如此命名是否合理，仅从利益角度看，医学院有了这10亿港元，科研教学都将有质的飞跃。如果校方出尔反尔，拒绝冠名、拒绝捐款，不仅要承受经济损失，还会蒙受名誉损失。

不过，这次风波幸而没有酿成街头闹剧，似乎双方都有所让步。

郭家麒一众"买回"医学院名称的募捐活动，需要校长首肯才能启动。对此港大资深校长顾问程介明表示，欢迎郭家麒为学校筹款，但暂时没有类似"买回医学院"的项目。校方针对郭家麒募捐活动的回应是："近期不会举行命名仪式，希望所有校友一起向前，不再纠缠于命名的争论，争取时间与资源，为香港的医学发展出力。"

于是，风波暂时平息了。2006年1月1日，原香港大学医学院，在没有举行任何仪式的情况下，正式更名为香港大学李嘉诚医学院。

其实，风波虽然暂时平息，但后续的波澜依旧不断。反对改名的校友蔡淑梅就曾出版《尔名何价》一书来讲述此事，港大递送了律师信，郭家麒又出面支持蔡淑梅。不过，后期争论就离李嘉诚比较远了，想来只是令他十分痛心吧。

第七节　倡导终生学习和不断深造

1999年7月，香港公开大学开启了港岛区教学中心的筹建工作。1993年以来自负盈亏的公开大学，一直存在设施不足的困难，以致需要向外租借课室。而这次筹建中的教学中心，一方面，减少了这方面的困难，另一方面，它还将改善公开大学的教学环境，更方便成人学生在工作之余前来上课。因此，该项目对公开大学来说意义重大。

然而，这项计划耗资巨大。包括购置物业及装修设备在内，共需耗资1.2亿港元。其中有5000万港元是政府拨款，有1500万港元由香港赛马会慈善信托基金捐出，有3700万港元出自公开大学的储备金。而剩下的4000多万港元，则是由李嘉诚捐助的。

李嘉诚捐出了4400万港元，用以资助公开大学购置上环信德中心四楼的一个单位。该单位面积超过3100平方米，在这处教学中心落成后，公开大学的全部课室需求，有44%将由此得到满足。导修课室的70%，将由公开大学自行提供。

在记者招待会上，公开大学校董事会主席李业广欢迎李嘉诚加入，成为公开大学的荣誉赞助人。他表示，这笔捐款是公开大学历史上收到的最大一笔个人捐款，使他们能够扩大分区教学中心的规模。他说："李嘉诚博士一向关心和重视教育，虽然与公开大学接触短暂，但在去年12月的毕业典礼上，目睹众多成人学生不畏艰辛，追求知识学问，学有所成又能贡献社会，感受深刻。这与他一生重视新知、自强不息的宗旨不谋而合，遂主动与我联络，并在很短的时间内决定支持公开大学的分区教学中心建设。"

而李嘉诚则深有感触地说：

新世纪为人类带来革命性及戏剧性的彻底转变，全球迈向一体化，科技不断创新，先进的信息系统制造新的财富、新的经济周期、新的生活方式。我们必须掌握这些转变，不只是在金融市场的运作，更重要的是如何做好自我准备，在这新的年代，财富源自知识。知识才是个人最宝贵的资产，我们应积极争取。知识不单是发展专业的工具，知识已渗入了我们生活的每一层次。

校长谭尚渭表示，公开大学向来以“有教无类”的精神，致力于广设门路，以供有志人士进修深造。在过去将近十年的时间里，公开大学为将近十万名成年人提供了工余进修、提升自我的机会，其中已经修成课业并取得更高学历者，已经超过一万人。“崇尚知识，尊重人才，鼓励终生学习”，这也是李嘉诚一以贯之的原则。他在演讲中强调：

香港这么多年来的成功，是我们一代代人在不同的层次上努力的成果，今天面对全球在经济和知识领域的竞争，我们必须紧跟潮流，面对不同国家、不同地区，大家共同与时间竞争。当今已不能局限于资本密集、资源丰富，更要加上高新科技才能取得突破性的发展。唯一可令我们与时俱进的便是一颗恒久好学的心。

可见，公开大学所秉持的办学精神与李嘉诚的教育理念不谋而合。

2001 年 12 月，公开大学港岛区教学中心正式命名为“李嘉诚专业进修学院”。该学院的职训短期课程、专业课程、海外学位课程，是专门为有进修之志的人开设的；它也为个别机构设计并安排了雇员在职培训课程；此外，为方便学生续接各种本科学位，该学院也开办了学分和通职课程。

李嘉诚在 2000 年对另外一所大学的捐款，也创造了该大学有史以来的最高纪录。这所大学就是香港理工大学。

当时，李嘉诚了解到理工大学正在筹集资源，以提高学生的创新竞争力。这意味着，理工大学要提供优质的、更全面的专门人才教育，促进工商界尤其是中小型企业的发展。于是，李嘉诚向香港理工大学捐款1亿港元，以支持它的这一发展计划。

2001年9月，为表达对李嘉诚捐款的感谢，香港理工大学宣布，将矗立在校园中央、高达18层、总面积1.56万平方米的新大楼命名为“李嘉诚楼”。李嘉诚楼是香港理工大学第六期校舍发展计划的核心部分，也是面向成人的专业进修学院，旨在为社会人士提供更多学习新技能及拓宽知识领域的机会。李嘉诚的这笔捐款主要用在理工大学发展持续教育相配套的培训上，包括添置先进设备、更新教材、开办更多课程。

校长潘宗光教授表示：“随着经济全球化的急速发展，世界各地对人才的需求十分旺盛，尤其香港正面临经济结构性转型，更需要大量高素质人才的投入。李嘉诚博士慨捐巨款，资助高等教育发展，帮助学生在知识经济中加强竞争优势，不仅令学校受惠，对香港整体来说也有莫大裨益。”潘宗光教授强调了李嘉诚捐款对整个香港经济的促进作用，确实，在香港公开大学的演讲中，李嘉诚就显露出了他对香港知识经济的整体审视和更高期望：

过往的成功为香港累积了很大的优势，我们要智慧客观地认清各种困境，要鼓起勇气，面对世界上各种新的挑战，要有毅力克服重重障碍，互相鼓励，追求知识及反思，营造和谐、健康及有价值的社会，共同缔造香港新的传奇。

李嘉诚2003年7月23日会见“志奋领奖学金”的香港研究生时，也表达了相同的观点。他鼓励学生们说：“不要放过更紧密的经贸关系安排（CEPA）带来的每个机会，利用自己的知识及专业技能，协助香港走出目前的经济困局。”

说起这个奖项，就不得不提及英国首相布莱尔与李嘉诚的私下会面。英国外交部"志奋领奖学金"，是英国政府最具代表性的旗舰奖学金项目。无论是奖学金的金额还是其声望，都令它在世界享有很高的知名度。

2002 年 4 月 10 日，李嘉诚及和黄集团捐款 2300 万港元，资助内地、香港两地研究生赴英深造。和黄在英国的投资涉及行业比较广泛，聘用员工数目达 2.3 万人，并且双方的合作经历十分愉快。和黄集团是全英国最大的外籍投资机构。有鉴于此，2003 年 7 月 23 日，布莱尔趁着对香港的一个短期访问，会见了李嘉诚。谈话间，布莱尔表示他十分支持"志奋领奖学金"。

11 月 18 日，李嘉诚通过和黄集团捐款 202 万英镑，再设"和黄博士生奖学金"，用以资助内地与香港的研究生赴英修读博士。"和黄博士生奖学金"在英国的名字是"霍金奇研究生奖学金"。李嘉诚的这笔捐款，也是英国这项奖学金的主要部分。同日，布莱尔在伦敦宣布成立这项优秀海外博士生到顶级英国大学进修的奖学金。

事后，布莱尔表示，他非常赞扬和黄集团的高瞻远瞩，同样认为高级人才是重要的。还说："我到访中国时，曾与和黄集团主席李嘉诚先生会面，我非常高兴他们能捐出 200 万英镑支持这项奖学金计划，这笔巨额捐款将有助加深我们与中国的关系。"而通过李嘉诚的公开发言，可以看出他除了为能够资助香港和内地毕业生而感到高兴，还流露出了对留英深造者将来回馈社会的期望。他说："希望这些学者可借着'和黄志奋领奖学金'增广见闻，我更盼望他们在英完成学业后，把他们的力量与专业知识反馈社会。"

2005 年 2 月 3 日，李嘉诚通过和黄再度捐资 200 万英镑，赞助香港与内地博士生赴英深造。

2006 年 10 月 31 日，和黄继续支持"和黄志奋领奖学金"。至此，和黄集团资助英国奖学金的金额，已经达到达650万英镑。

李嘉诚向来是大力提倡持续教育和终生学习的，以上这些捐助善举，也只是他的这一主张的部分体现。

第八节　长江学者奖励计划

教育是一项伟大、艰巨而又复杂的事业，这一事业的重要因素，有校园设施、政策、书籍等，但最重要的，无疑就是师资人才。而培养人才最重要的，无疑是孜孜求学的愿望。显然，如果一个人不想学习、不想深造，别人是无法强求的。因此，助力教育事业，需要激起人们对学习的兴趣和愿望，并加以鼓励。在所有的鼓励手段中，最常见也最有成效的一种，显然是奖励。李嘉诚在奖励学者方面有多次捐助，比如“和黄志奋领奖学金”，不过那是与英国的一次合作，他与内地的一次最有名的合作，是长江学者奖励计划。

长江学者奖励计划虽然名为“奖励”，却不像“奖学金”一样鼓励所有学子。因为是与中国政府的合作，所以其定位是比较高的。它侧重于吸引世界上的高端人才留居中国。然而，这项计划的发起者并不是中国教育部，而是有着一腔报国热忱的李嘉诚。其实，李嘉诚的初衷也许只是纯粹地想为内地教育做一份贡献，结果，当他与教育部部长会面时，产生了一种“正欠东风东风来”的契合效果。于是，李嘉诚的热忱被纳入了一个更大的教育兴国计划。

1998年，李嘉诚来到北京，并给教育部去电，请求面见部长。5月3日，当时的教育部部长陈至立决定在钓鱼台与李嘉诚会面。李嘉诚见到部长陈至立，激动地说：“朱（镕基）总理如此重视科教兴国，我本人希望能为国家教育事业的发展做点儿事。今天拜访部长，想与部长协商，比如捐资设立奖学金，希望这个愿望能够尽快落实。”

陈部长表示赞成与感谢，同时希望能够做一个吸引和鼓励优秀中青年大学教师的项目，这样效果应该会更好一些。

副部长韦钰当时也在场，她补充说，国家已经花了几十亿来实施“211工程”、建设重点实验室等，不过大部分资金是用来买先进的设备、建设图书馆及公共教学科研设施，但是教师和研究人员的待遇却因为工资制度等问题，没有太大提高。所以目前最大的问题就是吸引优秀人才，有先进的设备也要有人来使用才行。如果李嘉诚能把准备投入的资金用来奖励做出成就的人，那将产生非常明显的作用。

于是，在钓鱼台，李嘉诚与两位部长制订了一个学者奖励计划。直至今天，该计划在国内外都有极大影响。

1998 年，陈至立部长开始谋划这个计划，后来公布了名为“面向 21 世纪教育振兴行动计划”，而长江学者奖励计划就属于这一计划的第三项工程。长江学者计划的宗旨是培养一批具有世界先进水平的中青年学术攻坚人才，使高等学校知识和技术创新基地尽快取得创新成果。

经商定，长江学者奖励计划的第一阶段，由李嘉诚捐资 6000 万港币，配以教育部的相应资金，在全国符合条件的高校中，设立 300 ~ 500 个特聘教授岗位。除了原有的工资与福利，每位特聘教授还有 10 万元的岗位津贴，即该奖励计划的奖励部分。至于申报人员的评审，先由同行专家评审，再由国内外的知名学者组成评审团最终审定。按照计划，这些特聘岗位将逐步增加到 1000 个。除此之外，李嘉诚个人还出资 1000 万港币设立了“长江学者成就奖”，分为一等奖和二等奖，一等奖奖金为 100 万元人民币，二等奖奖金为 50 万元人民币。

对于长江学者奖励计划实施后的进展，李嘉诚非常关心，与教育部保持着密切联系和友好合作。出于对评审专家的极大尊重，李嘉诚还嘱咐相关负责人为他们提供良好的工作条件和生活条件。

第一次长江学者奖励计划特聘教授上岗和成就颁奖典礼，是在人民大会堂举行的。李嘉诚专程赶来赴会，国务院副总理李岚清也出席了典礼，与李嘉诚会面，并发表热情讲话。李岚清还出席了第二次上岗和成就典礼，足见他对这一计划的重视。

在典礼致辞中，李嘉诚说："国家领导提倡科教兴国，这是我们现在最重要的工程，关系到我们民族的未来，是中华民族的未来希望所在。"他对成功通过评审的特聘教授说："大家同心合力，意志不移，为我们的国家，为我们的民族，在我们深爱的大地上，共同建设我们祖国美好的未来。长江学者奖励计划的实施，为中国高等教育和科技发展，又觅到一支有生力量，吸引了一大批高水平的优秀人才。"

由于上升到了国家层面，因此计划实行得更有组织、更有保障。李嘉诚的这次捐助对中国教育发展的贡献，无疑是巨大的和历史性的。

从 1998 ~ 2004 年，长江学者奖励计划共在 88 所高校聘用了 605 位特聘教授、122 位讲座教授，在这些教授中，714 位具有博士学位。这一计划显然达到了吸引优秀人才的目的，在这些博士中有 94 位曾在海外留学或工作，297 位直接从海外应聘回国。2005 年 6 月 27 日，中国教育部副部长赵沁平在教育部的新闻发布会上表示："长江学者奖励计划有效地吸引、稳定了一批高层次人才到高校从事科研、教学工作，特别是吸引了一批学术上卓有建树的海外学者回国工作。这项计划虽然时间不长，但影响很大，意义也很深远，现在已成为一个国内外知名的教育品牌，充分体现了我们国家对知识和人才的尊重。"

除了肯定长江学者奖励计划的重大贡献与历史作用，赵部长还高度评价了李嘉诚本人："李嘉诚先生是一位知名的爱国企业家，这个计划就是由他主动提出来的。"

对李嘉诚个人来说，资助长江学者奖励计划是非常符合他的价值观的。在2008年长江学者奖励计划十周年颁奖典礼上，李嘉诚讲出了自己内心的观念和初衷：

很多人常常问我，你一生努力建立一个成功的企业，为股东和公司属员创造价值，现在你又为何如此专注贡献于公益事业？处身现今流行的社会资本和社会企业的滔滔理论中，我的答案却很简单，在我脑海中有一连串问题，如果把人类历史中兴衰递变的一切得失，细列在资产负债表上，最真实和公平的观点会是什么？在一个变幻莫测的社会中，老定律已非必然，那么我们历久常新的价值观在哪里？在一个丰裕和竞争激烈的社会，当争取个人成就的欲望是如此强烈，谁又会领会为社会和谐付出心思与诚意的呼吁？在一个官僚和公式化令想象力流于匮乏的世界，多元的科学和哲理经验与情操如何能成为一个人生命的重要元素？

在现实社会中，观念和价值制度充斥着互不融合和相互矛盾，我不认为能有单一的良方，可达至真正的社会和谐，但我深信其中的关键，是我们每一个人的"至诚"，当我们在建立自我成功的同时，永远不要忘记追求无我，常常抱着为民族和人类做出贡献的良好意愿，当有能力及有意愿对社会竭尽一己之责，我们必能创出希望和有效的变革，打造一个真正公平、公正，充满自由动力和快乐和谐的社会。

第六章 造福桑梓，创办汕头大学

「

人的一生，不过是一个匆匆过客。生命对于人只有一次，我认为在我有生之年，如果能在人世间留下一些可称之为痕迹的东西，能为人类做出点贡献，那么，不论将来的结局如何，我便死而无憾。

」

第一节 潮汕需要一所大学

李嘉诚基金会创立的时候，李嘉诚就曾说过，名下基金会将集中力量朝两个方向发展：一是通过教育推动社会进步；二是通过医疗及相关项目，建立一个充满关怀的社会。当时，李嘉诚的家乡潮州所在的整个潮汕地区，都没有一所高校，当地的学生要接受高等教育，都要离开家乡去外地上学。这个情况李嘉诚很早就知道了，他一直想为家乡办一所大学，帮助本地培养人才。之前没有做，是因为实力还不够，如今有能力了，自然要完成这个心愿。于是，他立即将此事放到了李嘉诚基金会的计划中。

李嘉诚说："一个国家要富强，最要紧的是人才，人才从哪里来呢？一定要靠教育。如果没有好的教育，一个国家不会强大起来。要实现国家富强，人民安居乐业，就离不开教育。所以，我准备出资在潮汕地区创办一所大学。"

潮汕地区自古以来就是中国与东南亚乃至世界经济贸易的往来要地，那里山清水秀、人杰地灵，曾孕育出很多才华横溢的人士。然而，这样的灵秀之地却连一所大学都没有，确实让人觉得非常可惜。因此，才会有很多有志之士，想要在这里建造一所大学，为国家培养出更多优秀的人才。

早在 1925 年，潮州人林子肩就曾发起号召，要筹建一所潮州大学。但最终因为经济上的原因，潮州大学没有建成。到了 1949 年，潮阳人刘候武再次发起兴建潮州大学的号召。他当时在国民政府担任两广监察使，是很有号召力的，于是身在香港和东南亚的潮州人纷纷响应，愿意出资出力。很快，他们在香港成立了筹款委员会。但后来因为内战原因，兴建潮州大学的计划再次失败。

“文化大革命”结束以后，人民的生活开始恢复正常，教育的重要性被再次关注。潮汕地区的父老乡亲们对教育的渴望再次被点燃，他们非常希望政府可以在潮汕地区建一所大学。随着经济的复苏，公众想在潮汕地区创办大学的心愿一天比一天强烈。李嘉诚便是在这样的背景下，向政府提出了出资兴办汕头大学的申请。

李嘉诚的父亲李云经先生，生前是一名优秀的教师。而他的祖父李晓帆更是晚清有名的秀才。他们皆以读书育人为自己生命的追求，将自己的一生奉献给了伟大的教育事业。除了他们，李家的后代子孙中，还有很多人从事教育行业，曾为国家培养出了一批批优秀的人才。李嘉诚从小受他们的影响，对教育事业始终怀有很高的热情。李嘉诚小的时候，因为经济问题，无缘入学接受完整的教育。虽然他也曾经自学中学课程，但是仍旧无法弥补早年辍学的遗憾。他深知不能上学的痛苦，不想让别人和他一样，也经历这样的遗憾和痛苦。所以在他知道潮汕地区的民众请求兴办大学的时候，立刻义无反顾地挑起了这副重担。

几十年来，李嘉诚无数次地奔走海内外之间，目睹了欧美各国对发展教育事业的重视。他认为，如果想让中国从发展国家中脱颖而出，成为世界的新星，就要向欧美国家学习，努力发展文教事业，大量培养人才。潮汕地区自古以来文风鼎盛，人才辈出。在这里创办大学，必定可以培养出大量优秀人才。

李嘉诚说：“从很早以前，我就想要在这里建一所大学，无奈当时自身实力有限，心有余而力不足。所以，只好将这个想法压在心底。经过数年的磨炼和成长，今天，我终于有了实现这个愿望的能力，所以我一定要为祖国、为人民做出些贡献。”正所谓，国富则民强。要想人民过得好，首先要提高国家的综合实力。而人才是国之根本，要想振兴国家，就要大力发展教育事业。

曾经有一位科学家约瑟·亨利这样说过：“伟大发明的种子不断在我们周遭浮现，但却只会在那些已准备好迎接它们的人心中萌芽。”教育就是为我们做准备，教育的精神，不能局限于传播技术。当下教育工作者面临的最大挑战，是怎样令我们的青年人怀着满腔热忱去争取知识，并乐于参与这个奋斗的过程。人生的成功有许多因素，最关键的是当机会来临时，我们是否累积有足够的知识去作为开启这个机会的钥匙。

1979年的春天，李嘉诚多次前往香港南洋商业银行，拜访了董事长庄世平先生。庄世平先生德高望重、待人诚恳，在潮汕地区的口碑极好。李嘉诚将自己想要在潮汕地区创办大学的想法告诉了他。李嘉诚说：“我国政府实施以民为先，才使得我等有机会大展身手，拥有今天的成就。国家为人民，人民自然也要为国家，好在如今国家推行的是开放政策，让我们这些在香港澳门和海外各国的同胞们可以有机会回内地参与建设。庄先生，我是一个中国人，我自然要为我的国家做点儿事情。”

庄世平看着眼前的年轻人，忍不住地点头赞许。身为银行董事长的他，岂能不知教育对一个国家的重要性？庄世平激动地看着李嘉诚说道：“李嘉诚先生，你的想法我已经清楚了，只是创立大学并不是一件简单的事情，费心费力不说，还需要投入大量的资金。据我所知，李先生的公司似乎不具有这样的实力。而且现在正是香港经济紧张的时候，实在不宜投入大量的资金去兴办大学。”

李嘉诚诚恳地回答：“庄先生，你的好意我知道。只是，在潮汕地区创办大学，是我一直以来的梦想。先生应该明白，潮汕地区的几千万民众，应该拥有一座自己的大学。这样才能更好地为祖国培养四化建设人才，用人才推动发展，改变潮汕地区落后的面貌。”

庄世平对李嘉诚想要独资创办大学的想法很是佩服，并且他也认为，潮汕地区确实需要一所自己的大学。于是，他马上将李嘉诚的想法和决心，汇报给广东省和中央的相关领导，希望可以得到他们的同意和支持。在庄世平和李嘉诚的共同努力下，事情进展得非常顺利，没过多久就收到了中央领导人的回信，他们对在潮汕地区建设学校的事情非常支持。

得到许可后，李嘉诚依然频繁地前往香港南洋商业银行。那时候，他和南洋银行董事长庄世平先生已经是极好的朋友了。他们一起研究讨论创办大学的各项事宜。庄世平身为银行的董事长，在筹建学校方面自然比李嘉诚了解得多。李嘉诚遇到不懂的问题，便向他讨教。庄世平非常配合，不管李嘉诚问什么，他都不厌其烦地为李嘉诚解答。李嘉诚曾问庄世平：“庄兄，你觉得创办一所大学需要多少钱呢？”庄世平笑道：“这个还真说不好，创办学校和建造楼房不一样，不是几期工程下来就可以结束的。这是一个漫长的工程，花费的资金数不胜数，而且钱越多办得越好，没准儿会是个无底洞。”听庄世平说完后，李嘉诚马上说道：“那我就先出 5000 万港元吧！”

庄世平曾说过：“在学校的建设上，李嘉诚先生向来舍得花钱，有时候我看不过去了，让他省省，他总会严肃地告诉我，‘省什么都不能省教育’。从那刻起，我就被李嘉诚先生的为人感动了，决心要交这个朋友。”

1980 年，李嘉诚独资创办大学的申请通过了，学校定名为汕头大学。紧接着，汕头大学的筹委会在广州成立。筹委会当时的主任，是广东省委书记吴南生。三年后，一切准备工作就绪，筹委会决定在汕头大学的建设工地上举行奠基仪式，李嘉诚受邀前往。在建设过程中，李嘉诚始终关注着汕头大学的建设进展，数次往返于香港和汕头两地，并陆续投入数笔资金，一直到汕头大学建成为止，总投入资金高达6.8亿元。

汕头大学竣工后，庄世平曾公开表示：“李嘉诚先生一心要为国家培育出优秀的人才。他对祖国的这份真情，让我感动也让我佩服，我希望以后会有越来越多的人，可以和李嘉诚先生一样，愿意为家乡、为祖国尽自己的一份力。”

第二节　披荆斩棘，建校之初的艰辛

创办汕头大学的申请获得批准后，李嘉诚连同香港南洋银行董事长庄世平、广东省委书记吴南生等人，前往汕头开展汕头大学的筹建工作。他们到汕头后做的第一项工作，就是为汕头大学选址。为了找到最佳位置，他们专门拜访了汕头市委、市政府的有关领导，一起对学校的选址和修建进行了仔细的研究，列出了选址的多种规划，然后不断讨论分析，最终确定在了汕头市郊桑浦山南麓。

第二年4月，汕头大学筹委会办公室成立了。筹委会的所有工作，都是由当年的广东省高教局局长林川，和汕头大学筹委会委员兼办公室主任罗列共同负责的。同年11月，汕头大学的第一任校长人选确定，由许涤新担任。一个月以后，汕头大学的第一批创业者出现了，一共四十多人。这些人由党委副书记、副校长方八鹏，以及筹委会办公室主任罗列带领，一同来到已经确定的校址：原汕头市教育系统的学农基地。这个地方距离市中心极远，没有高楼大厦，到处都是荒山。

那时候，处于创立阶段的汕头大学一穷二白，条件十分艰苦，连一间像样的屋子都没有。他们只能住在一些荒废失修的老房子里。房间因为长时间没有人住，里面十分潮湿，又因为长期不通风，潮气散发不出去，时间久了，墙皮便出现了膨胀，一块块地凸了出来，落得满地都是。筹委会的工作人员收拾了整整一天，才整理出一个可以供汕大建筑团队住宿的地方。然而，这里不只环境不好，还缺水、缺电。每天10点不到就会断电，工作人员们只能提高效率，争取可以在10点之前完成一天的工作。若是没有在10点前完成工作，就要点着煤油灯工作了。煤油灯灯光微弱，但是没有人抱怨。大家自觉地瞪大眼睛，全神贯注地工作。也许是因为灯光昏暗，也许是因为用眼过度，很多工作人员都近视了。因为没有自来水，大家在完成每天的工作后，会结伴去井边进行一下简单的梳洗，然后就回到各自的房间休息。

汕头大学位于汕头市郊，距离市中心极远，而且道路崎岖不平，车辆难以通行，所以当时并未开设公交专线。工作人员每天只能靠骑车和步行赶来工作。因为距离市区太远，所以这里根本没有商店，这就意味着，无论大家想买什么东西，都必须要到市区才行。了解到这个情况后，李嘉诚主动找到了汕大筹委会的主任，提出要为筹委会办公室提供一辆面包车，以及一辆中型公共汽车。有了这两辆车后，汕头大学的创业者们终于不必再忍受日晒雨淋、来回奔波之苦了。

汕头大学的校区里到处都是荒草，为了不耽误建筑施工，工作人员没事的时候，就会蹲下来拔草，在原本的杂草上重新栽种花草树木，他们希望日后汕头大学的学生们，可以在一个美丽的环境中学习、成长。大家都为了筹建大学尽心尽力，不怕苦不怕累，一心一意地想要给潮汕地区的万千学子建出一所好大学。

第三节　冲破阻碍与压力，绝不延误汕大的建设

李嘉诚创办汕头大学的事情广为流传，一度登上了海外的杂志封面。越来越多的人知道李嘉诚的名字，他名下的长江集团也获得了更多的关注，越来越多的企业家主动寻求与长江集团的合作机会。所有人都夸赞李嘉诚这笔钱花得值，说李嘉诚不愧为精明的商人。但事情并不像这些人想得那么轻松，李嘉诚创办汕头大学的过程中遭遇了很大的阻碍，承受了很大的压力。

20 世纪 80 年代初，中英两国关于香港问题的首轮谈判破裂，香港局势也因此变得动荡不安。同年，香港的经济出现衰退，因无法适应局势而面临倒闭的公司数不胜数。李嘉诚的公司自然也受到了一定影响。在这种情况下，李嘉诚若想继续按照原计划出资创办汕头大学，自己的企业就会面临更大的经营压力。

当时，很多人劝李嘉诚暂且将汕头大学的建设推后几年，等香港的经济恢复了，企业形势好转了，再去考虑。创办大学虽然是重要的事业，但若是因为出资兴办大学而导致自己的企业破产倒闭，那就得不偿失了。香港的经济并不稳定，很难预料以后会是什么样的状况。面对如此不稳定的香港经济，很多人都建议李嘉诚规避风险。

可谁想，李嘉诚根本没有将别人的劝告听进去，依然继续推进手中兴建汕头大学的计划。这可急坏了长江集团的一众股东，大家轮番劝说李嘉诚，希望他可以认真考虑一下现在的局势，以免铸成大错。可是，

不管他们怎么劝，李嘉诚就是不妥协，坚持先建汕头大学。他说：“我的事业可以破产，我的一切可以失败，但汕头大学一定要办，一定要办成。”为了让股东们明白他的决心，李嘉诚还表示，宁愿卖掉自己的办公大楼，也要把汕头大学办起来。李嘉诚清楚股东们担心什么，也理解他们的忧虑。只是和他个人的事业比起来，他认为家乡的教育事业更为重要。

无奈之下，股东们只好寻求李嘉诚夫人庄月明的帮助，希望庄月明能劝说李嘉诚暂时放弃兴建汕头大学。于是，他们决定瞒着李嘉诚，悄悄拜访庄月明。当天下午，众人趁李嘉诚外出的时候敲响了李宅的大门。当时，庄月明正在整理衣服和首饰，她准备在长江资金运转不足的时候，将这些东西拿出来典当，为建造汕大增加筹款。这让股东们震惊极了，他们没有想到李夫人会如此支持董事长创办汕头大学。股东们被感动了，再也不好意思出面阻止了。

事后，有人向李嘉诚问起李夫人典当首饰、资助建设学校的事情，问李嘉诚和夫人当时怎么会有那么大的决心，即使公司破产也要兴建学校。对此，李嘉诚回答道：“我当时并没有考虑那么多，只是想着必须马上在家乡建起一座大学，不能耽误了家乡的广大学子。”

这段感人的故事，被陈衍俊先生写进了自己的著作中：

香港，因受世界经济危机的影响，在1983年也出现了经济不景气的现象。这样的形势严重影响着李嘉诚先生的长江实业有限公司的经营。有数字表明，李嘉诚先生的长江实业有限公司在1981年的净增盈利达到13.854亿港元，处于事业发展的巅峰期。可是，在1982年该公司净利下跌到5.256亿港元，比1981年净利下跌62%。1983年，该公司净利继续下降至4亿多港元。香港经济处于一个衰退期。这给李嘉诚的事业发展带来了严重困难和巨大压力。

这段时间，不少社会流言纷至沓来。“汕大要收摊了！”“李嘉诚不准备办汕大了！”“汕大的建校蓝图要泡汤了！”甚至有些好事者还专门跑到建校工地，看一看工地有什么动静，看一看汕大筹委会办公室的牌子收起来没有。沸沸扬扬的流言令人不免产生疑虑。

1983年5月23日，李嘉诚在给汕头大学筹委会主任吴南生的信中说："鉴于汕大创办的成功与否，较之生意上以及其他一切得失，更为重要。为国家为社会为后代，千方百计以破釜沉舟之精神，使建校计划如期完成并臻于完善，早日发挥其长远而有价值之作用。瞻望前景，本人谨以欣切心情，追随诸位，以期乐观厥成。”

第四节　求助邓小平，选拔优秀师资

在李嘉诚基金会的大力配合下，汕头大学的一期工程很快就完成了。多年的辛苦努力终于看到成果，汕大建校团队中的每个人都无比欣喜。只有李嘉诚仍然眉头紧锁。李嘉诚自然为汕头大学一期工程的竣工高兴，但是，他更担心汕大的师资问题。而且，汕头大学远离市中心的地理位置，因为选址过偏，教师们都不愿意到这里教书，招聘信息发出后迟迟不见有人前来应聘。这使汕头大学很难在短时间内组建起一支与现代化教学设施相匹配的师资队伍，同时也将面临生源不足的困难。

面对这个难以解决的问题，李嘉诚只能给邓小平同志写信，希望邓小平可以帮助汕头大学组建起一支优秀的师资团队。李嘉诚将自己对汕头大学未来发展的担忧，和组建汕头大学师资队伍的困难，全部写在了这封给邓小平的信中。汕头大学是李嘉诚的心血，李嘉诚一直希望把它建设成为国内最好的大学之一。因此，他才会不遗余力地寻求邓小平的帮助，希望可以借助邓小平的力量，为汕头大学引进一批高水平的教师队伍。

在信中，李嘉诚提出了五点请求：一是给予汕头大学更加开放的环境，允许引进优秀的外国教师资源；二是给予汕头大学更大的行政权限，允许在汕大设立研究员，派遣研究生出国；三是让汕头大学在管理上更自由，使内外人才可以自由流动；四是给予汕头大学更多学术自由，提高汕大与其他优秀大学的交流能力；五是给予汕头大学更宽广的发展空间，使汕大能够自由调整学科设置，以适应国际发展形势。

那一年，邓小平已经是一位 82 岁的老人了。但他依然关心国家和人民，他对李嘉诚多次捐助内地公益事业，以及在潮州创办汕头大学的事情都有所关注。几番思索之后，邓小平终于决定，亲自在北京会见李嘉诚。其实早在多年以前，第一次从荣毅仁口中听说李嘉诚的时候，邓小平就想见一见李嘉诚了，只是苦于公务繁忙，才一直没有约其见面。这次，在知道李嘉诚要在广东出资兴办学校的事情之后，邓小平终于下决心要见见这个爱国为民的商人。邓小平通过新华社香港分社，向李嘉诚传达了约见的消息。李嘉诚做梦都没有想到，日理万机的邓小平居然愿意抽出时间和他见面，这让李嘉诚惊喜不已。

1986 年 6 月 20 日下午，邓小平在北京人民大会堂会见了李嘉诚，他对李嘉诚兴办汕头大学的爱国精神表示称赞："你资助教育事业这件事，很值得赞赏，因为教育是一个薄弱环节，很需要支持。你对国家提供的帮助是扎扎实实的，感谢你对国家的贡献。"邓小平还指出，汕头大学是潮汕地区的第一所大学，凝聚了无数人的心血，让李嘉诚可以办得更加开放一些，可以聘请外国教授来任教。邓小平说："大学的质量高不高，取决于教师的质量高不高，教师如果质量低了，就教不出好学生。"同时叮嘱在场的国家教委相关负责人说："在全国，要调一批好的教员到那里去，把汕大办好。”能得到邓小平对汕头大学的鼎力支持，李嘉诚自然是放心了。李嘉诚告诉邓小平，汕头大学的发展一直是他最关心的问题。李嘉诚还向邓小平表示，只要跟祖国的发展有关，只要是促进祖国科学技术水平提高的事情，他都非常乐意去做，并且会竭尽全力地去做。

对李嘉诚来说，邓小平能和他见面，能跟他面对面地说上一番话，已经让他十分喜悦了。李嘉诚说，对于领导的支持和信任，他无以为报，只能努力为祖国多做点儿事情，将自己对祖国的一腔真情全部倾注到慈善和公益事业里面。

邓小平和李嘉诚的这次会面有着十分深刻的意义，它反映了国家领导人对华人企业家的爱国主义精神的充分支持，对他们振兴教育的义举的肯定。

李嘉诚在同北京新闻界的谈话中，非常高兴地表示，有了国家的支持，他对办好汕头大学充满了信心。他会竭尽所能，在有生之年投身于祖国的文教卫生事业当中。

同年 6 月 26 ~ 27 日，国家教委在广州主持召开了全国八院校支援汕头大学师资工作会议。国家教委在大会上确定了此次支援活动的总部署，宣布将由中国人民大学、复旦大学、南京大学、东南大学、厦门大学、中山医科大学、中山大学、华南理工学院八所大学，对汕头大学进行师资支援。初步商定先从这些学校中选拔出 30 ~ 40 名教授、副教授，以及各学科的优秀教师，由他们组成一支强大的师资队伍，并入汕头大学的教师团队中。除此之外，汕头大学还向全国公开招聘优秀教师。在各方的努力下，汕头大学进入了新的发展时期。

从李嘉诚宣布创办汕头大学开始，汕头大学的建设就成了媒体眼中的焦点。只要和汕头大学的有关的事情，他们都密切关注。邓小平在北京接见李嘉诚的消息，受到了各大媒体的重视，他们纷纷致电长江实业集团，预约采访李嘉诚。李嘉诚创办学校而受到国家领导人的接见，不管是在香港还是在内地，都是一件不可忽视的大事。香港《大公报》还对此事进行了独家报道，报道中明确指出，李嘉诚出资创办大学的事迹，将因为受到邓小平的接见而载入史册。这是全香港企业界人士的光荣，也是国家领导人对香港企业家多年捐助慈善公益事业的一种肯定。创办汕头大学，是李嘉诚基金会成立后捐助的最大的一个项目，它能得到国家和公众的肯定，让李嘉诚倍感欣慰，同时，也更坚定了李嘉诚要将名下基金会办大办好的决心。

李嘉诚与邓小平会面的消息传开后，汕头大学的师资规模也开始展现在公众面前，大家都知道李嘉诚为学校捐助了很多先进的教学设备，尤其是汕头大学的医学系。现在的汕头大学不仅师资力量雄厚，教学设备也非常齐全。学子们都翘首以盼，希望自己可以成为汕头大学第一届的学生。

第五节　汕大的事情比生意更重要

汕头大学在李嘉诚等人的努力下终于建成了。李嘉诚赞助创办汕头大学的事迹广为流传，媒体蜂拥而至，等在长江集团的门口，希望可以跟李嘉诚说上一言半语，得到关于李嘉诚的独家消息。

李嘉诚创办大学的事迹流传到海外，华侨们听到这个消息后，纷纷感动不已，赞叹李嘉诚是人中豪杰，他们也想效仿李嘉诚为自己的祖国做点儿事情。离乡数载的邢平先生知道这件事情后，急忙从美国赶回来。他亲自赶赴香港，到长江集团拜访了李嘉诚。邢平先生说："我在国外就听说了李先生的光荣事迹，一直想要见一见李先生。现在有幸回国，自然要来长江看看。希望没有打扰到先生！"李嘉诚笑着说："先生名扬海外，愿意来见嘉诚，实属嘉诚荣幸，怎么会是打扰呢！”“我知道李先生公事繁忙，今天我便长话短说，我这次来的主要目的，是希望可以通过先生，向汕头大学的领导们传达一下我的心意。”李嘉诚疑问道：“那先生的心意是？”邢平立马从座位上站起来郑重其事地说：“我想要学习李先生，为国家培养更多的人才。但我不像李先生一样有雄厚的资产，不能为祖国捐助巨额资金，所以只能出力了。”和李嘉诚一样，邢平先生也是潮州人。他在国外生活了三十多年，专心研究学术，如今已经成为美国著名的经济学家。不只如此，他还是美国纽约大学的经济学博士，同时仍是美国乔治敦大学教授。他能来汕头大学教书，李嘉诚求之不得。

著名企业家王文彦老先生，私下常常和夫人一起到汕头大学散步。他们也是潮汕人，当年听说家乡有了大学后，就想让自己的儿子到这里来教书。为了了解汕大的真实情况，王文彦便决定先由他和夫人一起来汕大考察一下。通过考察，他们对汕头大学的教学环境非常满意。择日，便亲自陪儿子一起拜访了汕头大学当时的校长，希望校长可以同意他们的儿子在汕头大学教书。并且声明不用校长给儿子付工资，他会为儿子准备汽车、住房和生活费，不用学校掏一分钱。王文彦还说，他要教孩子学会感恩，让他永远记得自己是一个中国人。

同年，王文彦先生因公司项目问题去香港出差。去香港前，他亲自致电李嘉诚，约定了见面时间。王文彦去香港的主要目的是处理工作上的事务，因此时间安排得非常紧。可是他还是抽出时间，登门拜访了李嘉诚。见面后二人相谈甚欢，王文彦敬佩李嘉诚愿意出资千万创办汕头大学。李嘉诚赞叹王文彦是爱国志士，让自己儿子放弃管理公司去汕头大学教书。两人都是最优秀的企业家，却句句不谈商业上的事情，他们一起探讨汕头大学的发展，像一对多年未见的老友。李嘉诚说：“听说，令公子天生聪慧，是难得的人才。若是跟着王总做生意的话，日后必定成就不凡，如此优秀的儿子，王总居然舍得奉献给汕大，李某实在佩服。”“老弟说的哪里话，你捐款在先，我出力在后。要佩服也是我佩服你。况且我也想让孩子向你学习，等他日后发达了，绝对不能忘记自己的家乡和祖国。好在小儿学识渊博，能担得起这个为国家培养人才的责任。”李嘉诚忙道：“王总言重了，令公子不仅学历高，还精通多国语言，如果连这样的人才都不能胜任教师职位的话，那旁人岂不要羞愧死了。”

为了提升汕头大学的师资力量，李嘉诚亲自去加拿大、美国等地，邀请当地名师来汕头大学教书。为了找到合适的人选，他不止一次地动用自己多年营建起来的人脉，邀请各行各业的名人前来授课。在他的努力下，汕头大学的教师团队越来越完善，教学水平渐趋一流。

很多人说，李嘉诚为汕头大学付出了大量心血，汕头大学在他心中的地位，已经远远超过了长江实业的每一单生意。据说，有一次汕头大学医学院的院长来到香港，说想和李嘉诚讨论一下有关筹建汕头大学医学院眼科中心的事情，问李嘉诚有没有时间。当时李嘉诚正在跟儿子商讨一个生意上问题，因为意见不同，父子俩争执不休，一直没有拿定主意。接到院长的电话后，李嘉诚马上终止了和儿子的讨论，让秘书将中午时间空出来，准备利用午饭时间和院长商讨医学院的问题。放下电话后，他严肃地对儿子说：“我现在只能给你5分钟的时间，5分钟后，我要出去见汕头大学医学院的院长。”5分钟之后，李嘉诚果然离开了公司。当时有很多股东参加讨论，因此知道这件事情的人并不少，他们看李嘉诚走得那么匆忙，纷纷猜测到底是什么事情让董事长那么重视，连公司的生意都不管不顾了。后来，大家打听到当时和李嘉诚见面的是汕大医学院院长，而李嘉诚急匆匆地离去，只是为了一项关于汕大医学院的公益捐款。让众股东愤愤不平的是，李嘉诚只肯给他们5分钟的时间，却和那个院长讨论了整整好几个小时。这件事情后来被传得很广，长江集团的员工们都知道李嘉诚非常重视汕头大学。李嘉诚自己也说过，他在汕头大学上所花费的时间和精力，要远远超过他所做的任何一桩生意。这番话，也在汕大师生那里等到了证实，他们说李嘉诚先生在汕头大学的工作非常繁忙，每次过来都要工作到凌晨两三点以后才会休息。

2003 年 11 月 23 日，汕头大学专门为“爱心光明行动义诊周”举办了活动仪式。在这之前，汕头大学早早就向李嘉诚发出了这次活动的邀请函。收到邀请后，李嘉诚马上让秘书将那天的时间留出来，无奈的是长江实业那段时间的业务非常繁忙，李嘉诚根本抽不出时间去汕大参加活动。万般无奈之下，李嘉诚只能通过电话和大家一起讨论“爱心光明行动”的过程和注意事项。

李嘉诚是怀着虔诚、热忱的心去做每一件慈善事业的。他拥有的不光是身外财富，还有极其丰厚的内心财富，是一个真正富裕的人。

第六节　杰出贡献收获“彩带丰碑”

李嘉诚认为，教育是兴国的根本，医疗是保证人生活的前提。所以，在成立汕头大学的时候，他就希望可以在这所大学中办一个医学系。

李嘉诚此前并未办过学校，缺乏这方面的经验。为了更了解学校的发展规律，他亲自前往香港大学，向香港大学校长请教办学方法。谁知港大校长并不赞成李嘉诚开办医学院，他说：“开办医学院的花费极高，比一般的大学要高出 10 倍多。学校建成后，还要不停地购买设备和仪器，在生物标本上面的消费积攒下来也是一笔不菲的费用。并且，医学院往往不是只建一所就可以的，常规情况下创办医学院后，还需要配备它的附属医院才行。再加上其他方面的投资，简直可以说是一个'无底洞'了。"校长叹口气后，继续说道："现在香港经济不景气，李先生若是执意要在这个时候投资建设学校的话，不如就别建医学院了，考虑一下其他费用比较低的大学，同样可以造福人民，为国家出力。"

李嘉诚并没有被校长说服，坚持要建一个医学院。无奈之下，校长只能放弃说服，耐心地跟李嘉诚讨论创办大学的条件和注意事项。他希望自己可以帮到这个热心教育的企业家。

当时的广东省委书记林若，将李嘉诚这种大无畏的奉献精神比作"彩带丰碑"，赞扬李嘉诚是将全世界华人联系起来的彩带。

汕头大学建好后，有关领导多次会见李嘉诚，询问他是否想以自己或者家人的名字，为大学中的某幢建筑命名。这个想法马上就被李嘉诚否决了。汕头大学大礼堂建成后，有人提议将其命名为未名堂，等李嘉诚百年之后再定名，李嘉诚再次拒绝。后来李嘉诚表达了自己对命名的看法："这个名呢，真的是……如果你建起一所大学，太多的股东的名字，这边一个，那边一个，我自己好像是感到有不好的地方。有的人希望最好自己的名字更大一点儿、更醒目一点儿。但是，一个人有一个人的人生观，我的人生观就是我做的都是自己认为对这个国家民族有利的，只要能这样做下去的话，那么没有我的名字是不要紧的。只要做好这个事业……"

李嘉诚为建设汕头大学倾尽心血、不图名利的做法，感动了学校的所有领导。他们纷纷称赞李嘉诚是中国教育史上的传奇，是后人景仰的丰碑。

1990 年 2 月 8 日，汕头大学全面落成。当地政府和校领导一起出席了隆重的落成仪式。李嘉诚在落成仪式上发表致辞，他首先感谢了为创办汕头大学出力的每一个人，然后提到了教育对国家民族的重要性。

教育对国家民族的重要性，从世界和历史上许多事例，都可以得到证明。学生就像种子，而学校像土壤，教学的方法和环境，就如同阳光雨露，教学人员，便是栽培灌溉的园丁。种子是否能健全地发芽茁壮成长，而至成为可用的栋梁之材，各方面因素的配合，都起着一定的作用。如果通过教育的途径，能使年青的一代培养爱国的情操、健全的心智、充实的学识和正确的人生观念，从而提高民族的质素，使国家的元气充沛、潜力深厚，则必然可使国家日渐富强。而教育的失败，也意味国家前途的暗淡。当国家了无可用之才的时候，则任何建国兴国的事业也谈不上了。所以，能促使教育的成功，便可对国家社会做出实际的贡献，这是我参与筹办汕头大学的主要动机之一。同时，也觉很得有意义和价值。

教育是百年大计，我认为这句话可解释为教育事业应长期发展的意思。一些老生常谈，往往以历史悠久的著名大学为例，认为办大学，必须要有一百几十年始见成效，这是不切实际的。在今天的工业时代，科技日新月异，社会突飞猛进，这种旧常规是应该打破的。尤其是在国家经建工作迫切需求人才的时候，每一个大学毕业生都必须投身社会，在适当的岗位上发挥积极的作用，高等教育若不能迅速配合，则失去了其重大的意义。汕头大学在未来的岁月中，不但应以培养优质人才为己任，更应尽一切的努力，分秒必争，配合时代的巨轮，加速步伐向前迈进！尽量以最短的时间，发挥出最大的成效。

从历史的事实看，积极进取的精神，才是成功的决定性因素。美国立国的时间只有两百多年，比欧洲许多国家的历史短促，但整个国家的发展，却是后来居上。日本自明治维新以后，曾几何时，便超越了许多比它历史更悠久的国家，第二次世界大战失败后，不久又在经济的成就上大放异彩。而德国经历了两次大战的失败，都能迅速复原。可见在人为的努力下，可以加速达至目标。汕头大学自创校以来，已有四届的毕业生，毕业同学在工作上许多都有令人满意的表现，值得欣慰。我深切盼望汕头大学在各位领导、师生员工的同心协力下，自立自爱、发愤图强，使汕头大学在不久的将来，成为国家有名的重点大学之一。

对于李嘉诚为建设汕头大学所做出的种种付出，当时一同参与建校的陈衍俊先生，也在自己的著作中写道：

尽管当时李嘉诚面对的是香港日渐恶劣的经济环境，但是为了汕大的事业，他除了自己要付出许多时间关心汕大的工作外，还在长江集团内部组织了一个专门负责汕大事务的工作班子。经常派出工作人员来校了解情况、解决问题。他还派出专家和建筑师，到建校工地进行具体的现场指导，严格要求工程质量，多方收集世界名牌学府的有关教学、科研、行政、管理的先进经验及资料，送给汕大图书馆供教职员工学习、参考、借鉴。在繁忙的商务活动中，总要安排时间会晤到港的世界知名学者、专家、教授，听取他们关于如何办好汕头大学的意见。每次到外国进行商务活动，也总要安排出一定时间，去访问一些有影响有名气的大学，去获取经验。还积极为汕大聘请外籍教师，为汕大教师出国深造、访问、讲学、参加国际性学术会议等创造了许多有利条件，提供了许多的方便。

李嘉诚对办好汕大有一套科学合理的构想。他提出："汕大要办成一流大学。教授要有真才实学，行政人员也要精明能干。学校结构要少而精，工作要讲究效率。"

当时，汕头大学根据李嘉诚的办学思想，根据国家规定的社会主义教育方针，选择从实际出发，提出了"立足粤东，面向全省，对外开放"的办学方向。

为了表示对李嘉诚的感激之情，汕头大学赠给李嘉诚一块汉白玉座雕，上面写着：“嘉名扬寰宇，展猷拓鸿基，击水鹏程逾万里。诚志振中华，兴学福桑梓，育才功业传千秋。”

1986年2月24日，全国政协副主席、中国佛教协会会长赵朴初等人，一同到汕头大学参观访问。当他们看见汕头大学雄伟壮观的大门、如花园一般的校园，以及气势磅礴的礼堂时，纷纷赞叹不已，不禁感慨道：“李嘉诚先生是用心在建设汕头大学啊！”事实正是如此，汕头大学是李嘉诚精心筹建了十年的杰作，校园中的一草一木都凝铸了李嘉诚的心血。

看着坐落在群山中的汕头大学，赵朴初有感而发：“黉舍连云起，新新气象殊。楼台承百柱，科系广无隅。学究天人际，光腾日月湖。群贤看毕至，鹏翼展南图。”他给这首诗起名为《鹏翼展南图》，并将其赠予汕大，祝其越办越好。

第七节　收获成功的汕头大学

汕头大学建好后，李嘉诚并没有放手不管。他一直关注着汕头大学的发展动态，继续为汕头大学的发展出谋划策。李嘉诚和汕头大学的历任校长的关系都非常好。如果说李嘉诚基金会是李嘉诚的“第三个儿子”的话，那汕头大学就是李嘉诚的心头宝了。不管是汕头大学还是李嘉诚基金会，从它们创办开始，李嘉诚便投入了大量的心血。

2001年5月17日，李嘉诚受邀出席汕头大学师生会。赶往汕头的路上，李嘉诚感慨万千，他回想汕头大学从成立至今的所有事情，深感时光匆匆，二十年的时光仿佛一眨眼的时间就过去了。抵达汕头大学后，李嘉诚没有立即进入校门。他隔着马路站在校门的对面，静静地看着眼前的一切。回想二十多年前，这里还是一片荒芜，如今已经是一座美丽而现代化的校园。汕头大学成立后，很多人慕名而来，希望可以通过汕头大学，为家乡、为祖国献出自己的一份力。原先建校的团队几乎全都留了下来，他们将自己的青春和热血，全部投入到汕头大学的发展上，尽心尽力、数十年如一日地努力着。是他们兢兢业业的工作态度，努力拼搏的斗志，赋予了汕头大学今天的成就。看着校门口来来往往的学生，李嘉诚的双眼微微有些泛红。他真心的感谢那些曾为汕头大学付出过的人们。

李嘉诚如约出席了汕头大学的师生大会，并在会议完成了自己事先准备好的演讲。站在容纳了数千人的礼堂里，李嘉诚刚刚平复的心情再次激动起来。

在这次演讲中，李嘉诚感谢了很多人，感谢了那些为汕大的发展默默付出的人，也感谢了那些为汕大提供了支持和帮助的人。同时，他也表达了自己对大学的看法：

大学是人类智能荟萃、知识创造和积累的摇篮，通过教学研究，启发广阔的思维，推动社会文明进步。知识不单改变个人，同时亦改变国家的命运。21 世纪以信息、创新科技和知识经济为主导，带动全球经济一体化。大学改革的要求和意义有着本质上的蜕变，汕头大学和其他高等学府一样，固有的发展模式受到挑战，今天的教育，已不局限于技术的应用，有着更深、更广的意义，是要能帮助发展学生的智能及传播知识。

李嘉诚如此努力地建设和发展汕头大学，一方面是出于自己的家乡情，一方面是因为潮汕地区发展趋势所需。他认为，建立汕头大学并不是因为自己想要建一所大学，而是因为这里需要建一所大学。汕头大学的建立，将对整个潮汕地区产生巨大影响，也将为国家的教育事业贡献一分力量。在李嘉诚眼里，办一所成功的大学比经营一家成功的企业要重要得多。同时，在教育上的奉献，对他自己的人生也具有很大的意义。

我在社会工作了六十年，目睹及参与了世界经济发展的多个阶段，曾经历过不少事，见证了许多人的成功与失败，自己也体验过挫折和开心的日子，在社会上亦得到不少赞许和认同。在过去和今天，为汕大付出精神、时间、资源及深厚感情，但对个人而言实是一无所求。近年来许多世人梦寐以求的世界级荣誉或头衔，几乎全部为我所婉谢，已接受的亦极力低调。如果时光可以倒流，要我选择做一些人生中最有意义的事，我还是以教育及医疗为终生的事业。在人生旅途中，我深深体会到王安石所说“丹青难写是精神”这一句话，作为中华民族的一分子，我会竭尽所能贡献个人力量实现这个理想，不为名利，更亦不介怀别人的想法。

对李嘉诚而言，汕头大学寄托着他对家乡未来发展的希望。他希望汕头大学的成立，可以为家乡培养出一批开拓进取的有为之士，以教育推动经济发展，让潮汕地区尽快发展起来。所以，当初他才会毅然决然地坚持在家乡建立自己的大学。诚然，创办汕头大学的整个过程都是艰难的。但就是因为这份艰苦，让汕头大学的成功显得更加可贵。

当初，因为汕头大学选址过偏，李嘉诚和建校人员曾为这所大学的发展前景而忧虑不已。他们害怕自己辛辛苦苦建起来的大学，会因为偏远的位置而被师生嫌弃，害怕没有人愿意到这里来授课、学习。他们也害怕这所拥有现代化设备的大学，无法跟上社会前进的步伐，会被社会抛弃。然而，几十年过去了，时间见证了汕头大学一次又一次的成功。

如今，汕头大学已经成为国内先进、国际知名的高水平大学，它为整个潮汕地区创造了无法估量的社会价值，也为国家教育事业的发展贡献出了一份重要的力量。

这里我们引用一封来自北京大学 2001 年暑期侨乡考察团全体同学的感谢信，来感受一下人们对李嘉诚奉献精神的崇敬之情。

尊敬的李嘉诚先生：

您好！

首先请允许我们向您致以诚挚的敬意和深切的问候！

我们是北京大学明德奖学金获奖同学。为使我们能有机会在学业之余参与社会实践活动，拓展视野，开阔思维，今年暑期，我校教育基金会特组织部分明德奖学金获奖同学组成北京大学 2001 暑期侨乡考察团赴我国著名侨乡广东、福建进行社会考察。

在这次活动中，我们着重考察了汕头、厦门、泉州的经济和文化，虽然时间有限，但侨乡浓郁的文化和侨办企业在当地经济发展中不可估量的作用都给我们留下了极为深刻的印象。在汕头期间，我们专程拜访了由您捐资创办的汕头大学，并与贵校师生进行了深入的交流。在这一过程中，我们了解了汕大，更了解了您的事迹。汕大是您怀着“发达不忘家国，必以报效桑梓”的深情所兴建的。您说：“一个国家要富强，最要紧的是人才，人才从哪里来呢？一定要教育。如果没有好的教育，没有一个国家可以强起来。要永远强起来，永远国家富强，人民快乐。离不开教育，所以我对教育就看得非常重。”于是就有了您对汕大持之以恒，不求回报的相助。您的丰厚捐资使汕大的建设有了得天独厚的物质基础；您的亲临指导使汕大师生备受鼓舞，信心更强；您对办学提出的真知灼见更是让工作在教育战线的专家教授钦佩异常。您对汕头大学的支持，确已如您所说“超越生命的极限”。

然而您对祖国教育事业的支持又何止一个汕大。在北大，在很多很多高校中都留有您的关切和支持。作为我校的荣誉博士，您无时无刻不在关心着我们的成长与发展。您捐资兴建的北京大学图书馆早已成为北大学子生活中极其重要的一部分。这所图书馆凝聚着您对祖国教育的关爱支持；凝聚着我们刻苦钻研报效祖国的决心；也凝聚着那些慕名参观者对您、对北大、对祖国的深情厚谊啊！在同学们心里，您一直都是北大人，都是我们敬爱的师长，都是我们爱国爱家的光辉榜样，我们由衷地敬佩您！ 这次考察，使我们走近了汕大，走近了您。您捐资助教，不求回报的高尚品格，您严于律己，宽以待人的人格魅力，您积极向上、锲而不舍的人生态度无一不引起我们明德同学的深思。从内心深处，我们由衷地敬佩您，同时也感受到了您对我们的期待和祖国交给我们的重任。作为明德一员，作为北大一员，作为千千万万新世纪大学生中的一员，我们有责任，有义务将振兴中华的信念埋在心里，将建设祖国的重担挑在肩上。我们相信在今后的日子里，我们会更加的在世界观上端正自己，更加的以祖国的需要来要求自己，铭记“人助、自助、助人”的理念；铭记您“致天下之治者在人才，成天下之才者在教化”的教导，完善自身，回报祖国。这就是明德获奖同学、北大同学对您和像您一样的爱国人士，对整个社会，对整个中华民族的诺言！

最后，请允许我们代表所有明德获奖同学、北大同学向您表示我们最诚挚的谢意和最深切的敬意！

祝愿您与北京大学的友谊长存！

北京大学 2001 暑期侨乡考察团全体同学

2001 年 9 月 24 日

第七章 交流互通，创办长江商学院

「

我们身处瞬息万变的社会中，全球迈向一体化，科技不断创新，先进的资讯系统制造新的财富、新的经济周期、生活及社会。我们必须掌握这些转变，应该求知、求创新，加强能力，在稳健的基础上力求发展，居安思危。

」

第一节 学以致用，经世济民

长江商学院是由李嘉诚出资创办的非营利性高等教育机构，也是中国政府批准的第一家以提供工商管理硕士（MBA）、高层管理人员工商管理硕士（EMBA）和高层管理培训（EDP）为主的具有独立法人资格的非营利性商学院，同时也是国际商学院协会（AACSB）和欧洲管理发展基金会成员。是中国内地与海外合作办学的典范，合作双方是汕头大学和李嘉诚基金会。

2001 年 9 月，李嘉诚萌生了创办长江商学院的想法。2002 年 1 月，李嘉诚投入资金，学院筹备工作开始。5 月，学院筹备办公室向教育部提交注册申请。7 月，相应人员开始筹备位于北京东方广场的校区。8 月，学院聘请了 7 位来自世界一流商学院的教授为常任教授。10 月，这 7 位教授正式进驻北京东方广场校区。11 月，教育部批准商学院成立。自此开始，商学院开始招生运营。从最初的设想到办好审批手续，再到开始招生运营，只经过了短短一年多的时间，长江商学院的成立速度之快，恐怕在世界商学院历史上也是非常罕见的。试想，如果不是李嘉诚急切的期盼和分外的重视，没有资金上的大胆投放，没有管理上的令行禁止（长江商学院建成后采用教授治校的管理模式），长江商学院不会有如此之快的发展。

李嘉诚虽然做过很多捐赠，但他并不过多参与所捐助项目的运作，不过这次捐助长江商学院似乎是个例外。他的参与，集中在精神、文化层面的“指导”。或许应该说，长江商学院的办学宗旨和学院文化，是李嘉诚在潜移默化中培养起来的。

李嘉诚以商人的眼光表达了对长江商学院及学院领导的殷切期盼：

经营企业的主要动机就是为了盈利，经济社会的动力，是基于人类无穷的欲望。道德伦理的作用，受传统的儒家思想的推崇。但今天很多商业管理课程都强调，效益和盈利是衡量企业成功与否的主要标准。这两种有着明显冲突和矛盾的趋向都是不完整的，最重要的是寻求两者圆满的融合。

一个民族要孕育少数精英是容易的，但要提高整体素质，却极其困难，这工作是很艰巨的。在这急速变化的年代中，要有效率地与时间竞赛，绝对不允许有太多的反复尝试。因此，所有领导都是任重而道远的。

所有繁荣社会都要在发展经济和承担本地责任之间寻找到一个健康的平衡，在全球化的社会中保持自我的特质。除了鼓励国民不断求知外，我们还要鼓励多思考、多创作，要有“逢山开路，遇水搭桥”的精神。

长江商学院的教育目标是“学以致用，经世济民”。并将“社会责任感”“超团队精神”“人文关怀”列入重要的培养目标，这在所有商学院中是独有的。这就和李嘉诚上面的讲话一样，突出了培养学员人文精神的重要性。长江商学院希望学员能够认识到，一个企业是否具有发展潜力，与领导者是否具有人文精神有直接关系。一个成功的企业家和高级管理者，应该有“大度、气度、风度、态度、深度、宽度、精度、量度”。在学员培养上，商学院更注重的是“社会责任感、职业操守、团队精神和人文关怀”的核心价值观的锻造，而不是知识学习。院长项兵强调：“我曾多次强调，长江商学院培养的是帅才、是司令、是军长，而不仅仅是职业经理人。天生聪慧、身体健康者并不一定能成为世界冠军，要管理世界级的企业，天生的东西远远不够，一定要系统地学习，要拥有强烈的社会责任感、超强的团队精神、良好的职业操守和高尚的个人情操。”这些“人文精神”无一不是李嘉诚的精准写照。

长江商学院的宗旨，是把握中国经济持续快速增长的大好机遇，通过“取势、明道、优术”的战略选择和“中西贯通”的办学理念，为中国打造一个享誉全球的世界级商学院。学院通过吸引一批国际顶尖的管理学教授常驻长江、扎根中国，促进西方管理学最新成果与中国本土最新管理实践相结合，从而为大中华地区造就了一大批世界级商界领袖，并为中国企业进军世界提供新思维、新视野、新策略、新领袖。

这样的目标无疑是相当宏伟的，以至于人们怀疑是不是定位太高了，然而李嘉诚似乎从未担忧过，依然毫不犹豫地提供充足的资金支持。其实，创办一所商学院，硬件设施不是关键，也没有什么难度，难的是打造一个好的文化氛围。李嘉诚对投入是不很在乎的，只要能培养出优秀的人才。他曾对项兵说“你需要多少钱基金会给多少钱，像这样的投入，成本当然要比北大、中欧高很多”。

既然名为商学院，就必须开设管理学课程。在管理方面，李嘉诚分享了许多心得。他在长江商学院公开向学员做了三次演讲，题目分别为“赚钱的艺术”“管理的艺术”“奉献的艺术”。关于管理的艺术，他得到的结论是：“以外国人的管理方式，加上中国人的管理哲学，我相信可以无往而不利。”

这条“管理学真经”，别具一格地倡导了“中西贯通”。中西贯通不但是长江商学院对学员的人文要求，也是学术要求。李嘉诚的中西贯通，简言之就是在企业中运用西方管理模式，但同时又辅之以中国的情感文化。比如，李嘉诚非常重视员工的“归属感”，他认为：“美国科学化的管理有它的优点，比如可以应付急速的经济转变。但没有人情，业绩不太好时进行大规模裁员，我们做不出，因为这会令员工没有安全感，也会导致许多人突然失业。”说到“归属感”，李嘉诚非常自豪地说：“我们的企业里有很多外国人，他们在这里已经工作了三十多年，他们现在都担任着十分重要的职位。我今天可以非常自信地讲，他们在退休之前的最后一个工作日，还会在我的企业里。”如果没有科学的管理，他无法掌控52个国家的业务；如果没有人情味，企业就难以形成强大的向心力。

项兵是这样评价自己的老板的：“在中西贯通这方面，李嘉诚走在最前列，而且他在港口、电信等老外志在必得的领域取得了成功。李嘉诚本人就是一个成功的案例，然而长江商学院应该更博大精深，我们的追求超越了‘中西贯通’。我认为‘中学为体、西学为用’还比较狭隘。仅仅靠‘中学为体’恐怕无法整合全球。在全球化的今天，必须用全球对抗全球。长江练的是‘吸星大法’，中西任何有用的东西都吸收。”

长江商学院致力于本土化研究，教授们可享受每年一万多美元的研究经费。中国企业案例中心和中国企业研究中心的研究经费，每年100万～200万美元不等。这支教授队伍的目标是把西方理论为根基的管理教育与中国企业所面临的实际问题有机结合起来，这样才能有力保证长江商学院所提供的管理教育，是真正意义上的中西贯通的世界先进理念，即长江商学院所称的“四通”教育，“四通”即通国际、通中国、通理论、通实践。

一个学院的关键在于教授。长江商学院的教授均来自世界著名商学院，比如斯坦福大学、沃顿商学院、加州大学伯克利分校等，他们在各自的专业领域都拥有博士学位。其中最值得关注的是院长项兵，他在业内享有“逆向思维洗脑教授”的荣誉，曾获得加拿大阿尔伯塔大学财务管理博士学位，是中欧商学院最早的7名核心教授之一。同时，项兵也是香港科技大学的教授，上海中欧国际工商学院的常任教授，新加坡国立大学主讲教授。他还是世界顶级学术杂志的特约审稿人，知名管理专家，被GE公司聘为首位演讲嘉宾。他有丰富的世界五百强企业及中国顶尖国有和民营企业高级管理人员培训经验。李嘉诚是在2001年10月亲自请到他的。

第二节　异军突起的世界级商学院

长江商学院在北京和上海的两个校区于2002年和2004年相继落成，并已成功开设MBA、EMBA、EDP三个课程项目，接受了近千名来自国内一流企业、知名跨国公司、政府的中高层优秀管理人员前来就学。目前，长江商学院已经形成以工商管理专业为旗帜、涵盖相关专业的完整学科体系，开设有工商管理、会计学、国际经济与贸易、电子商务四个本科专业，以及企业管理、会计学、产业经济学三个硕士专业。

创立以来，长江商学院在管理教育上取得了跨越性的进展。长江EMBA是长江商学院最早启动的一个项目，学制二十个月，每年春秋两季收三个教学班，春季在广州，秋季在上海。自2002年11月首期开学以来，到2005年10月，长江商学院已经招收了7批共计800多名学员在校学习，这些学员全部来自国内的一流企业、知名外国公司、政府高层，是中国经济发展的中坚力量。2003届EMBA毕业生，大部分进入制造业、信息通信业和金融服务业，其中54%获得了最热门的职位，比如销售管理、业务发展。80%的学生进入了通用电气、欧莱雅、西门子等知名外企。

他们的平均年薪超过了人民币 22 万元。

全日制 MBA 班于 2003 年 11 月开学，共招收两期 102 名高素质学员。在之后的两年时间里，该班招收的学员达到两百多名，而且，他们的工作经验，平均起来有七年之久。第一届 GMAT 考试的平均成绩约是 680 分，第二届平均入学成绩接近 700 分。就这两届的入学标准而言，长江商学院居全亚洲所有商学院之首。

在全国工商联公布的“2004 年度民营企业五百强”排行榜上，有 19 家企业聘用从长江商学院毕业的学员。

通过下面列举的长江商学院的几个重大事件可知，学院如今的发展现状，已经达到了李嘉诚所期望的“世界级”的目标：2005 年 2 月，国务院学位委员会批准学院为“工商管理硕士专业学位授予单位”；10 月，“长江 2005 管理前沿论坛——中国企业管理与融资高峰论坛”在重庆成功举办，同月，长江 MBA 与印度商学院成功开展互换交流学生活动；2006 年 1 月，长江商学院的发展进入第二阶段，全面正式启动美、欧、亚管理教育大“三国演义”的宏伟战略；4 月，学院的国际课程“中国企业 CEO 课程”首期班成功开课，35 位中国知名 CEO 参加了分别在香港、法国、美国和北京授课的四大模块的学习；2007 年 6 月，长江商学院联合欧洲工商管理学院（INSEAD）和印度最大的工业组织——印度工商联合会打造的“中印企业 CEO 课程”在北京校区成功开课；2008 年 6 月，长江商学院 EMBA 学员开始了为期十二天的西班牙考察项目；7 月，“2008 中国金融国际年会”在大连召开。本届年会是迄今为止在中国境内举办的规格最高、参会人数最多的金融论坛之一；9 月，由美国得克萨斯大学达拉斯分校（UTD）管理学院发布的商学院研究成果排名，长江商学院已进入该名单十强之列。

长江商学院的发展如此迅速的原因，项兵分析了六点。他说：第一是李嘉诚在商界的影响，这影响有助于吸引高水平的学生和教授；第二，李嘉诚做事非常认真，很重视商学院，他曾说“我是爱你们的，用语言都无法表达”，他给商学院提供了坚实的财务支持；第三，长江商学院是非国有的教育机构，中国教育的发展需要引入竞争机制，需要私立学院，长江商学院成为世界级商学院的努力是有益的尝试，为不同的办学形式争取到了更多的空间；第四，高层次的商业管理人才，由于内地经济的持续高速增长而得以自由地、不受拘束地施展抱负；第五，李嘉诚旗下公司业务的多元化与跨国经营，客观地为长江商学院的学员提供了参与教学实践的可能性；第六，李嘉诚博大精深、融会中西的管理思想，成为长江同人引以为荣的灵魂，并在很大程度上影响了学员未来的工作实践。

2005 年 6 月 28 日，长江商学院 EMBA 和 MBA 的学员代表向李嘉诚赠送礼物，李嘉诚欣然接受，并对长江学员的深情厚谊表示感谢，他深情说道：

教育的目的，我自己是深深相信一句最简单、最实际的话：“一个人的名誉跟教育有非常大的关系。”

我希望大家以后多见面，就是毕业的同学也希望你们和母校有更多的联系。我希望能有机会和大家多聊聊。

我清楚并相信长江商学院正在向最高峰迈进。我希望长江学员可以和外面优秀的大学和机构多些联系。我向世界有名的大学有过很多捐赠，帮助他们能更好地从事对人类有益的一流研究，同时也是为了给同学们创造与这些名校交流的机会，以便使同学们的视野更加广阔。

我是爱你们的，用语言都无法表达。假如我们长江商学院和外面的大学进行合作，那对双方都是有促进作用的。我对大家是不离不弃的。

总之，对同学有利的事情我们（基金会）就会争取，对长江有利的事情我们（基金会）就会去做。不利的事情我们是不会去做的。任何事情都是要有好的结果我们才会有做它的动机。我做出的决定都是以同学们的前途作为考虑和出发点的。

第三节　办学遭遇的非议和困难

关于李嘉诚为什么出资创办长江商学院这个问题，似乎有一个再明白不过的答案，那就是他一贯倡导知识可以改变命运。他也曾在接受访谈时说："在知识经济的时代，将来的贫富差距越来越大，如果你的知识不高，将来的机会就更少。以过去几十年来讲，低素质、低知识的人，在西方国家，他们的生活条件、生活收益因通货膨胀而受到限制。知识水平高的，则一路上涨。"

然而，这只是原因之一，也适用于李嘉诚在其他教育项目上的资助。更重要的原因是，李嘉诚从自己的商人身份出发，看到中国社会需要世界级的商学院。其实，中国不但需要世界级的商学院，也需要李嘉诚这样有世界眼光的企业家。长江商学院首任院长项兵说："虽然李嘉诚、比尔·盖茨、戴尔也没有读过MBA，但你知道他们手底下有多少受过良好训练的商业人才吗？一个国家的伟大，需要一批李嘉诚这样的企业家，但也需要一大批专业的商业人才。因此，中国的强大，必须得有世界级的商学院。"

但是，媒体以及分析人士的看法却没有这么简单。2005年10月11日的《时代人物周报》以《长江商学院是下一个金蛋？》为题报道了业界对李嘉诚创办长江商学院真实目的的怀疑，部分引述如下：

李嘉诚捐资成立的长江商学院是MBA和EMBA收费最贵的国内学校。一直以来，李嘉诚做地产、码头，到后来做电信、传媒，一直是什么赚钱做什么，那么教育是不是这位亚洲首富看好的下一个盈利点呢?

这样的疑问其实代表了很多人的想法。长江商学院的EMBA学费高达25.8万元，而据其素有“洗脑教授”之称的院长项兵介绍，到今年10月，其EMBA累计招生达830多人，MBA目前也已经招收101个学生。也就是说，到目前为止，长江商学院在学费上已经进账近2.3亿元。每隔三个月，项兵都要飞去香港定期汇报一次。他承认自己从来没有发愁过钱的问题，需要多少钱李嘉诚给多少钱。如果完全按照长江商学院设想的目标，那么聘请教授，加上房产、设备及教学活动开支，一年的投资差不多要4亿。这样不惜重金，李嘉诚究竟期望的是什么呢，真是想通过这个学校将他“中西贯通”的管理哲学发扬光大吗?

对此，北京大学光华管理学院MBA中心主任王建国则认为：“MBA讲究品牌效应，四五年内不以‘营利为目的’办学很正常，如果创出‘长江’品牌，MBA市场一定会为李嘉诚带来丰厚的利润回报。他看中的，可能正是这个。”

该报道还给出了十分公允的结论：

现在离李嘉诚许诺的十年不赚钱还有一段时间，我们暂时还无法判别事情的真伪。不过，不管李嘉诚的出发点是什么，办学毕竟不是给他自己的企业办的，如果真能让学生学到真东西，真的对企业发展有帮助，真的能培养出中国企业所需要的人才，那么李嘉诚得到丰厚的回报也是应该的。毕竟，他原本就是一个商人。

的确，问题的关键不在于李嘉诚是否想通过长江商学院来赚钱，而在于这个商学院能否为中国教育做出贡献，能否在商界产生良好效果。在商界引起的效果，很可能是要令李嘉诚失望的（他一直希望自己在教育方面的捐助和投资能够吸引更多的商人参与进来），因为商人分析问题的角度永远是利益。但长江商学院对于中国经济建设的重要意义，是不言而喻的。公众不应拒绝一个世界级的私营商学院，除非它自身没有经营好。

其实，非议声在长江商学院创办之初就出现了，其中不乏来自香港的声音。2002 年 1 月，香港的一些媒体报道说：由李嘉诚基金会捐资开办的“长江商学院”将于年内招生，其学费将是全亚洲最贵的，李嘉诚由此可在内地教育市场上获得丰厚的利润回报；“李嘉诚在内地办 MBA，到底是为了公益还是赚钱，在内地媒体中引起了热烈的讨论”。

针对这些议论，李嘉诚基金会首先声明说：“李嘉诚基金会长期以来资助之教育及医疗项目，皆为贡献社会而作之捐赠，旨在推动公益事业之发展，只有付出，不问回报，更绝不会靠此谋利。至于有关长江商学院之资料，将于学院筹备就绪后再作公布。”

项兵也回应媒体说：“李先生亲口对我说，长江商学院是一个慈善事业，十年不赚钱，这是我们跟其他商学院不同的地方。”至于李嘉诚具体投资了多少钱，项兵同样不愿透露，只说“数目确实很大，而且已经全部到位”。

李嘉诚本人倒是没有出面澄清，但这并不代表他的默认（尽管默认没有什么不可以的），因为他自己认定的事，向来不介意别人怎么评论，甚至还会劝处在风口浪尖的人不要太在意呢。

透过项兵还可知道，李嘉诚对于长江商学院有着极其宏大的目标。商学院计划在五年内聘请70位世界顶尖的商学院教授作为自己的常任教授，而且，据项兵所说，他们“全部聘请自世界前十名的商学院”。在年薪方面，他还表示，这些教授的年薪不会比哈佛、麻省等世界顶尖学府的年薪低。有统计数据显示，美国的商学院常任教授，年薪一般是15万～20万美元，顶尖学府则要一百多万，“当然，长江商学院的学费也是全国乃至全亚洲最贵的，从一年24万人民币起步，我们会逐步上调，即便这样，我们仍然有竞争力，因为我们的学费也只是哈佛的四分之一”。

其实，最让项兵和李嘉诚头疼的，不是外界怎么看，而是学院的内在运作。既然是要打造一所世界级的商学院，首先就面临着如何吸引世界各地人才的问题，这不是自身身价高就能够解决的，还有国家环境、人文环境的问题，还有管理制度的问题。长江商学院是中国第一所实行“教授治校”的商学院，而且也是唯一的一所，这是为了顺利实现商学院的战略目标，因为体制与管理上将变得更灵活，开创性举动将更容易通过。然而这并不完全是方便的，教学与行政力不从心的问题也会随之而来。

第八章 幸福家庭，模范婚姻

「

我觉得一家幸福是最紧要，生意起跌是小事。生意今日起，明日跌，一家人开心最紧要。

」

第一节　一生一世一双人

李嘉诚向来不喜欢谈及自己的私事，他认为这些事情没有必要告诉外人。当记者或者关系密切的商友们，向他询问与夫人庄月明的恋爱史时，李嘉诚一般都会选择回避。对于外界的舆论，李嘉诚也很少解释，只有当传闻严重偏离事实，或者会对他的家人造成伤害的时候，李嘉诚才会站出来澄清。但也只是澄清传闻，不会做过多的说明。经过数次试探，媒体也摸清楚李嘉诚对此事的态度，也就不再问类似问题了。而人总是对自己不知道的事情好奇，李嘉诚越是不想多说，大家便越是好奇。于是，李嘉诚和庄月明的婚姻问题成了众人茶余饭后的谈资。

因为李嘉诚从不谈论家事，不给记者制造话题的机会，所以这么多年来，市面上很少有关于李嘉诚感情生活的报道。几年前，香港《明报周刊》曾经刊登过一篇关于李嘉诚和庄月明婚姻的报道，为了吸引读者，这篇文章的名字就是《李嘉诚与庄月明爱情故事》。这篇报道在当时的反响极大，众人纷纷被庄月明和李嘉诚两人相濡以沫，共同扶持的爱情感动了。

文章一开始便写道：在香港的潮州人圈子里，流传着这样一段佳话：“系出名门的表妹，不顾父亲的极力反对，与穷表哥恋爱、结婚。在表妹的鼎力支持与鼓励下，表哥奋发图强，终于出人头地。之后，他的事业更加蒸蒸日上，成为香港富豪……

“佳话中的表哥，便是当今香港富豪李嘉诚，而表妹则是李嘉诚舅舅的长女、李嘉诚的结发妻子庄月明女士……”

站在今天优生学的角度考虑，表亲结婚确实是不可取的。但是在当时，不过 20 世纪五六十年代，那时候的科技水平还没有这么发达，不管是李嘉诚和庄月明本人，还是庄月明的父亲庄静庵，或是他们的其他亲人，都不觉表亲结婚有什么错误。当时，在粤东的某些地方，甚至还保留着这种表亲结婚的古老习俗，所以按照当时的情况，李嘉诚迎娶表妹庄月明是合情合理的。

《明报周刊》在《李嘉诚与庄月明爱情故事》中描绘了一个众人不曾见过的李嘉诚，以及一个坚持、勇敢、执着追求爱情的李夫人。他们通过自由恋爱，克服了身份的悬殊、家人的反对，一步一步走到了一起。在这篇报道之前，没有人能想到人前顶天立地、大智大勇的李嘉诚居然还有这么柔情感性的一面。

文章中还说：李夫人庄月明也很爱李嘉诚。庄月明早年毕业于香港大学经济系。后来又去了日本留学，在明治大学深造……聪明美丽的庄月明是李嘉诚的贤内助，工作上，她为李嘉诚出谋划策，生活中她相夫教子，将生活打理得井井有条……两人的爱情从很小就开始了。这份感情超越了时间，超越了距离，一直持续到现在……

这么多年来，总是听见李嘉诚做了什么项目，挣了多少钱，又兼并了哪些公司……却从来没有听见过李嘉诚的绯闻。这个文章发表的时候，正是李嘉诚事业的高峰期。那时候，像他这样的富豪很难不被绯闻缠身，毕竟外面的诱惑太多了。而且，以李嘉诚的身份和名望，应该常常有名媛和美女主动示爱。但是李嘉诚却不一样，他的生命里自始至终只有一个庄月明。为此常常有人开玩笑说：李嘉诚是柳下惠的转世……对于好友的调侃，李嘉诚也只是一笑了之。这个世界上哪有什么转世，没有人不喜欢美女，李嘉诚只是比普通人更清楚自己想要什么罢了……

庄月明在李嘉诚心中占据着无可替代的至高位置。她是李嘉诚童年时的欢笑，少年时的执着，此生不变的爱恋。这份感情开始得太早了，虽说始料未及，却愿意终身守候……所以，李嘉诚不是没有遇见过比庄月明美丽、聪慧的女子，只是那些人都来得太晚了，他纵然有万般心思，也只能给庄月明一个人。其实，李嘉诚早早就在心里为庄月明许下了承诺，他所许的承诺是：一生一世……

在这篇报道之前，人们尊敬、敬仰、佩服李嘉诚，将他视为超人。看过《李嘉诚与庄月明爱情故事》之后，人们开始觉得李嘉诚也是一个普通人，他也会有喜怒哀乐，他也会为感情的事情发愁，他甚至还是一个傻小子，只知道一心一意地守着心中的那个姑娘。但这一点儿没有拉低李嘉诚在众人心中的形象，反而让人们更加尊重李嘉诚。因为在有血有肉的"傻小子"和不接地气的"超人"之间，大家更加愿意相信那个至诚至善的傻小子。

第二节　青梅竹马，两小无猜

下面的故事，是依据有限的史料、传媒报道和民间的传说，以及多年来辛苦收集的蛛丝马迹综合而合成的。希望可以最大限度地还原李嘉诚和庄月明爱情的本来面目。

1940年冬天，李嘉诚跟随父母家人来香港避难。当时李嘉诚他们在香港只有一个亲人，那就是他母亲的哥哥，李嘉诚的舅舅庄静庵。于是，他们只能投奔庄静庵。庄静庵自小外出打工，通过自己的努力开了几家钟表店，当时已经可以称为香港华人社会的富裕人家了。

那年李嘉诚11岁，见到了小他4岁的表妹庄月明。庄月明和李嘉诚是表亲，庄月明的父亲是李嘉诚的亲舅舅，也就是说李嘉诚的外公外婆是庄月明的爷爷奶奶。

庄月明出身名门，是家里的长女，自小聪明伶俐，十分讨人喜欢。庄家父母对这个女儿可以说是呵护备至，万事都宠着她。庄静庵更是对这个女儿给予厚望。李嘉诚刚到庄家的时候，庄月明才7岁。平常人家的孩子在这个岁数的时候，应该只知道玩吧。但是庄月明当时已经是教会办的英语学院的学生了。每天穿着干净漂亮的衣服上学，像一个小公主一样。那时候，庄月明的一切，都让来自贫穷的李嘉诚感到心动。为了让庄月明高兴，李嘉诚没事的时候就给她讲故事、说典故。庄月明很喜欢听李嘉诚讲故事，她觉得自己的这个表哥和父亲之前给她形容的一样，是一个有学问的人。

当时的李嘉诚刚刚和父亲来到香港，他们一路上饥寒交迫、穷困潦倒，身上的衣服又旧又破，和路边的乞丐有得一拼。因为长时间吃不好饭，李嘉诚当时瘦得像根麻秆似的，看上去十分贫弱。可能因为挨过饿，李嘉诚最开始在舅舅家吃饭的时候，总表现得跟饿死鬼似的。这一切庄月明看在眼里，记在心里。庄月明常常趁没人的时候，偷偷地给表哥送东西吃。据李嘉诚的母亲庄碧琴说，庄月明小时候总是给李嘉诚送吃的，碰上好吃、新鲜的东西总会偷偷留下来，给李嘉诚带回来。这让李嘉诚十分不好意思。李嘉诚的父亲李云经从小教导李嘉诚“君子不受嗟来之食”。因此，李嘉诚从未接受过表妹庄月明的这份心意。

对于李嘉诚拒绝自己心意一事，庄月明一点儿都不生气。很奇怪，她似乎可以了解李嘉诚当时的感受，明白李嘉诚的坚持。其实从第一眼见到李嘉诚的时候，她就被这个额头宽宽、双眼有神、心思缜密、表情沉稳的表哥吸引了。庄月明一直觉得李嘉诚身上有很强的书卷气，因此，庄月明认定李嘉诚是一个成熟朴质的人。庄静庵家有钱，结交的朋友多是有钱人。庄月明从小见惯了那些娇里娇气的公子哥，第一次见到李嘉诚这么淳朴的穷小子，自然很容易被吸引。

不过，那时候他们都还小，根本不知道什么是爱情。若说二人之间非得有些什么的话，那只能是亲情和孩子之间的友情了。多年后庄月明自己提起这段历史时，也只是笑称当时只是觉得很高兴罢了，也说不出什么具体原因，不过现在想来，那时应该是高兴自己在家多了个玩伴。

在香港安顿下来后，李云经第一个要解决的就是儿子李嘉诚的读书问题。他告诉李嘉诚，香港是一个金钱至上的商业社会，想要在这里生存下去，首先要和香港融为一体，第一步就是要学会英语，学说香港话，改掉潮州口音。对李嘉诚来说，改掉潮州口音和学习香港话都不是问题，多练练就可以学会。真正不容易的是如何学好英语，在这之前李嘉诚并没有学过英语，可以说他对英语是一窍不通，完全是个门外汉。这样一来，私下学过一年英语，还在教会办的英语书院读了半年书的庄月明，就成了李嘉诚的英语辅导老师。看着自己女儿给别人补习功课，庄静庵别提多高兴了。他常常去看李嘉诚和庄月明学习，一边乐一边让庄月明也向李嘉诚学习一下中国文化。在庄静庵的心里，中国文化是博大精深的，她希望女儿可以真正地了解老祖宗的这些东西。但是，当时香港被英国占领了，英国人在香港实行殖民教育，只字不提中国的传统文化。庄静庵自己没上过什么学，又忙于生意应酬，自然没有时间，也没有能力教导女儿。他知道自己的妹夫李云经是个文化人，当过校长，认定李嘉诚必定和他父亲一样，是一个热爱学习的好孩子。于是，他常常嘱咐女儿多向李嘉诚学学中国的古典诗词。

庄月明还是李嘉诚的粤语老师。为了让李嘉诚尽快学会粤语，可以自如地和他人对话，她每天都会用粤语和李嘉诚沟通。一个教得仔细，一个学得认真，很快李嘉诚就能用粤语和香港人沟通了。第一次当老师就得到这样的成果，庄月明心里别提多高兴了。庄月明和李嘉诚的关系也越来越好了。

对于这个小表妹，李嘉诚心里是喜欢的。只是当时年岁尚小，还不懂得男女间的感情。他只知道自己愿意和这个表妹接触，希望天天看见她。除此之外，李嘉诚还感谢庄月明教会了自己粤语，让自己可以和别人正常地交流。为了感谢庄月明，李嘉诚也发挥自己的长处，将自己会的古诗词、文言文统统教给庄月明。花园里琅琅的读书声，少男少女的嬉笑讨论声成了庄家最动人的风景。二人互相帮助，共同进步的情节，也成了李嘉诚颠沛流离的童年的唯一色彩。

李嘉诚因为英语底子差，始终跟不上同班同学的脚步。庄月明每天不厌其烦地给李嘉诚念单词、讲语法、出例题。不管多么难念的单词、多么难懂的句子，庄月明总能将它们变得很容易。在她耐心的教导下，李嘉诚的英语进步神速……那段时间是李嘉诚最快乐的日子，他们对练口语，讨论数理化，研究古诗词，朝夕相伴，不分彼此，耳鬓厮磨，温馨动人。李嘉诚和庄月明之间的感情，也是从那个时候开始的。

第三节　阶层差异的鸿沟

李嘉诚和庄月明相处得非常愉快，他们在学习上互相帮助，在生活上互相关心。庄静庵将这一切看在眼里，急在心里。这不是他想要的，他不能无动于衷的任其发展下去。其实，李嘉诚一家当时并没有在庄家住多久，也就一百多天。但是李嘉诚和庄月明的关系并没有因为这个而打住。他们还是时常见面，庄月明还是会偷偷给表哥带好吃的。两个人默默地享受着他们生命中最美好的青春年少。现在想想，若是之后李嘉诚的父亲没有病倒，李嘉诚不用扛起养家的重担，可以继续上学读书，和他父亲一样做个老师什么的，庄静庵哪怕心里不愿意将女儿许配给李嘉诚，也不好明着反对。那么庄月明和李嘉诚之后的路，就要好走很多了。只是，该来的总是要来的。1941 年 12 月 8 日，太平洋战争爆发，香港英军向日军投降。港币不断贬值，物价飞速上涨，李家快要揭不开锅的时候，李云经突然病倒了。

1943 年冬天，重病的李云经将李嘉诚叫到床前。他告诉李嘉诚以后只能靠自己了。他明白自己走后家里的担子势必会落到长子李嘉诚的身上。于是，他用自己生命最后一点儿力气鼓励儿子，告诉他吃得苦中苦，方为人上人。也许那时候李云经就看出李嘉诚对庄月明的感情了，虽然他从来没有发表过看法，却一直在告诉儿子要靠自己。因为他很清楚，大舅子庄静庵是不会愿意将自己宝贝女儿下嫁给一个连中学都没有读完的穷小子的。如果李嘉诚再依靠庄静庵生活，那这一辈子再别想让庄静庵对他另眼相看了。所以，他让李嘉诚一定要靠自己成长起来，只有那样，他才可以不用看庄静庵的脸色，也才有机会娶到庄月明。李云经那么聪敏，怎么会不知道庄静庵的态度，之前自己在的时候，庄静庵还不好说什么，现在自己快离开了，想必儿子之后的路会更难走的。若是可以，他更希望儿子喜欢平常人家的孩子，只是感情这回事，由不得自己。而且他了解自己的孩子，知道李嘉诚是真心喜欢庄月明的。天下没有父亲不爱自己的儿子，他只能希望自己的儿子可以得偿所愿。

没多久，李云经就离开了。李嘉诚谨记父亲的话，求人不如求己。他去学校办理了退学手续，开始了他的打工之路。庄静庵很支持李嘉诚的选择，认为真正的男子汉必须要学会承担责任。但是他并没有叫李嘉诚的去自己的公司打工。之前猜想，庄静庵这样做的原因应该是他想要考验李嘉诚，让李嘉诚知道生活的艰辛，明白世界上没什么救世主，想要活得好，就要靠自己。但是现在看来，估计也有给李嘉诚下马威的意思，让李嘉诚明白他和庄月明之间的差距，不要有什么其他的想法。总之，李云经离世后，放在李嘉诚面前的是一条充满坎坷的道路。

这条路李嘉诚走得不算一帆风顺。为了维持生计，他当过茶馆的小厮，做过钟表公司的学徒，还当过走街串巷的销售员，虽然能力出众，但毕竟只是在底层摸爬滚打。这一切庄月明看在眼中，疼在心里。她不明白表哥的人生为什么会那么坎坷，为什么会遇到那么多的困难，更加不理解老天爷为什么要这么对待她淳朴善良的表哥。

时间不等人，两人终是慢慢地长大了。他们一个在学校里继续读书，一个在店里学手艺。虽不能朝夕相伴，但总算还能时常见面。每个见面后的晚上，二人都会兴奋得睡不着觉。

后来，李嘉诚离开了庄静庵的中南表店，从那开始他和庄月明就很少见面了。但这并不能影响庄月明和李嘉诚之间的感情，庄月明始终对李嘉诚一往情深。为了可以多和李嘉诚见面，庄月明常常会背着父亲偷跑出来，去李嘉诚工作的地方看他。李嘉诚也很想见庄月明，只是他现在给人家打工，时间由不得自己。几乎每次庄月明来找他的时候，他都在忙。对此，庄月明不吵不闹，就在一旁默默地看着。不管李嘉诚走到哪里，总能感受到庄月明充满爱意的目光……时间久了，李嘉诚常常会觉得自己亏欠庄月明。但庄月明却不在意，她知道李嘉诚要养家，之所以偷跑出来就是为了看看李嘉诚，不需要李嘉诚放下工作专门陪她。其实，李嘉诚根本不用担心庄月明会不会因为他没时间陪她而生气，因为庄月明那时候只看得到一件事——那就是她的表哥受苦了。看着瘦瘦的李嘉诚提着沉甸甸的大茶壶，不停地给客人倒茶、蓄水，一站就是一整天的时候她心疼；看着表哥不分日夜走街串巷推销铁桶的时候，她还是心疼；看着李嘉诚偷偷看书的样子，她更心疼了。再也没有人比她更了解李嘉诚了，知道他多么热爱学习，理解他不甘心永远贫穷落后，体恤少年打工的痛苦和茫然。这个世上，真的再没有人比庄月明了解李嘉诚了。

庄家有钱，庄静庵每月都会给庄月明很多零花钱。庄月明不舍得花，偷偷将它们存起来，希望这些钱可以帮到李嘉诚。但被李嘉诚坚决地拒绝了。李嘉诚是无论如何都不会拿庄月明的这份钱的。他要像父亲说的那样，靠自己的努力为家人、为庄月明闯出一片天地。李嘉诚会拒绝是庄月明意料之中的。因此，她并不会觉得难堪。她懂他的努力，懂他的坚持，也相信李嘉诚终有一天可以成功。而李嘉诚也如她所愿，几年后终于独立创业，告别了给人打工的日子。虽然当时长江塑胶厂很破很穷，和庄静庵的中南表店相差甚远，但庄月明一点儿都不嫌弃。相反，她很开心李嘉诚这么快就有了自己的工厂，有了这个工厂，李嘉诚的高瞻远瞩、雄才伟略便有了施展的地方。庄月明默默地认为，李嘉诚必定会在商场上大展宏图。

第四节　分隔万里，鸿雁传书

庄家家境富裕，庄月明又是庄静庵的掌上明珠。她的人生自然不会像李嘉诚的人生一样充满坎坷。庄静庵私下很宠这个女儿，庄月明想要的东西，想做的事情，他几乎都会帮女儿实现。和庄静庵认识的人都说，庄静庵真是把这个女儿宠到了天上。想来，庄静庵这一生，唯一一次和女儿庄月明产生的分歧，就是因为女儿和李嘉诚的那段爱恋。不过这都是后话了，如今庄月明还小，庄静庵虽然知道女儿和外甥之间关系暧昧，却不曾说过什么。他只当这是两个孩子间的过家家，想着等以后他们都长大了就知道这不是爱情了。所以要赶快将女儿和李嘉诚分开，不让这份懵懂的感情继续往深了发展。于是，庄静庵十分支持女儿的学业，希望女儿能把所有的心思都放在学习上。由此可以看出，在父亲的宠爱照顾下，庄月明走的是一条和李嘉诚截然不同的阳光大道。

初中毕业后，她如愿升入英华女子中学。几年后，以优异的成绩考入香港大学，专修经济。拿到学士学位后，她在父亲的支持下，只身前往日本，在当地著名的明治大学完成了她的最高学历。中间数年，庄月明求学，李嘉诚打工，他们很少见面，但感情却越发深厚了。李嘉诚长相斯文，同事里不乏长得漂亮又伶俐的姑娘，但李嘉诚心中只有庄月明，除此之外，再容不下任何人。庄月明更是一心一意想着表哥，没去日本之前，她一有时间便偷跑出来，去看望李嘉诚。去了日本之后，她便将自己对李嘉诚的相思之情全部附于纸上，写了一封又一封，寄走一封再一封。那时通信还不发达，还不能跨国寄信，庄月明只能先将这些信都积攒起来，一旦有人回国，便将信交付给他，托人家带回国内，再从国内寄出……就这样，庄月明在瞒着庄静庵，瞒着所有的人情况下，拼命地将这份爱情进行下去。

庄月明出国留学的那段时间，正是李嘉诚最苦、最累的时候。每天都要不停地四处奔走，向别人推销自己的产品。那段时间李嘉诚迷茫极了，他不清楚自己到底能不能有功成名就的一天，不知道现在的努力能不能换来自己想要的收获。在那段日夜煎熬的日子里，庄月明的书信成了李嘉诚的唯一慰藉。它们陪伴李嘉诚渡过了无数的难关，它们激励李嘉诚走过了一个又一个路口，它们代替庄月明，默默地守着这个辛苦执着的穷小子。

李嘉诚看着手中一封封写满相思和爱恋的信，默默地叹息。他也有好多话想告诉庄月明，想要给庄月明写信。无奈当时通信设备不发达，而李嘉诚身边都是和他差不多的穷人，出不起国。这让他很难效仿庄月明，让人将信带到日本再寄出。他只能将这份爱恋埋在心底，让时间去滋润它成长。这棵用柔情和思念，养成的这个爱情树，在李嘉诚的放任下越加枝繁叶茂，根深蒂固，再也没有谁，能将它从李嘉诚心里移开了。

创业的路并非一帆风顺，李嘉诚跌倒过、彷徨过，但是不管他什么时候回头，庄月明一直都在。

1950 年，李嘉诚创办了长江塑胶厂。那年李嘉诚 22 岁。庄月明当时还在香港大学读书，当李嘉诚告诉她工厂的名字是“长江”的时候，庄月明瞬间就明白了表哥的意思。长江——长江不择细流，故能浩荡万里。单从这两字便可以看出李嘉诚的雄心壮志。

李嘉诚到底还是年轻人，聪明是聪明，但是没有经验。工厂创办没多久就发生了质量事故。那是李嘉诚自父亲死后又一次体会到了世态炎凉。身边的朋友纷纷离开，相熟的商友闭门不见，这场灾难似乎改变了李嘉诚的一切，唯独没有吓走一个痴痴念念的庄月明。庄月明一如既往地陪在李嘉诚身边，女子不好露面她就只在背后看着他，父亲不让她出门，她就只用文字陪着他。危机来得太快，毫无准备的李嘉诚差点儿就被打倒了，最后支撑他走过这片黑暗的便是身边那一缕“月光”……

1955 年，长江塑胶厂出现了转机，工厂的销量渐入佳境。那时候庄月明已经远赴日本求学了。为了可以将这个消息带给庄月明，李嘉诚费了一番功夫才将信寄到了日本。其实李嘉诚那个时候就将庄月明当成妻子看待了，他希望庄月明能和他一起分享生命里的每一次成功。信件寄出没多久就收到了回信，从回信里可以看出，庄月明非常开心长江塑胶厂可以起死回生，她在道贺的时候，还不忘提醒李嘉诚以此为鉴，以后一定要——“稳健中寻求发展，发展中不忘稳健”。这句后，成了李嘉诚日后经商的座右铭。

时间如梭，岁月如流，这份感情不但没有被埋没掉，反而随着时间流逝越加清晰、坚定了。两个人都在为这段感情努力着，庄月明的信里不再只有对李嘉诚的深入骨髓的爱恋和缠绵悱恻的相思。因为知道李嘉诚无权无势，清楚现在的他势必觉得前途渺茫、焦虑难安，所以在信中鼓励他、激励他，告诉他国内听不到的新消息。知道李嘉诚事业受阻后，庄月明更是什么都没说，不安慰也不宽解，只是陪着他一起分析市场，思考局势，帮他找出最有效的办法……她要陪着李嘉诚一起成长，她要让李嘉诚走的每一步都有她的痕迹。

庄月明的信让李嘉诚受益良多。庄月明受过很好的教育，又是专门学经济的，她的很多想法都让李嘉诚眼前一亮。李嘉诚时常会感觉自己和庄月明相差甚远。虽然庄月明的信可以帮助李嘉诚更加了解国内外的市场，但在李嘉诚更希望庄月明能够像普通女孩子一样每天只逛逛街，看看书什么的，不要操心这么多事。李嘉诚心里清楚，庄家家境富裕，若不是因为自己，庄月明这一辈子都不会为钱发愁。但是这些话他不能给庄月明说，他了解自己的表妹，知道庄月明不甘只做他背后的藤蔓，她要和李嘉诚一起经历风雨。李嘉诚敬她爱她，愿意成全她也成全自己。

这个世界上有这样一种女人，她们美丽端庄、温婉贤淑、随和宽容，她们雷厉风行、干练周到、独立勇敢。她们可以只做背后的女人，专心相夫教子、处理家务；也可以与你共同进退、并驾齐驱。她们爱一个人的方式，就是无条件地信任帮助你，给你你想要的一切。庄月明就是这样一个女人，她用一生时间完美地诠释了一句话：你输，我陪你东山再起；你赢，我陪你君临天下。

第五节　十几年的爱情长跑

都说少年不知愁滋味，年少时的庄月明确实可以说不知道愁为何物。

然而这一切从她遇见李嘉诚，并决定和他相伴一生开始，就全部改变了。

庄月明 7 岁的时候遇见李嘉诚，那时她还只是把李嘉诚当成自己的玩伴。随着时间的推移，这份感情在不知不觉中变了，从前天真烂漫的小女孩，突然变得深沉、爱走神儿了。长大好像真的只是那么一瞬间的事情……彼此表露内心后，庄月明不再烦恼、深沉，却常常出现若有所思的状态。从那时候起，衣食无忧的庄月明居然开始考虑如何挣钱的问题，她开始关心物价有没有上升？香港最近的失业率高不高？她担心李嘉诚会吃不好、穿不暖……留学日本的时候，她深陷相思，用大把的时间去思考他们的未来。虽然相信李嘉诚终有一日会功成名就，但庄月明还是希望那一天可以早点儿到。

在婚姻大事上，女孩子总是比男孩子急一点儿的。其实也不怪庄月明着急，她和李嘉诚相遇在天真的童年，相知在青春年少，即便是粗粗算来，也已经过去二十多年了。这期间，除了童年，他们再没有如别的恋人一样，耳鬓厮磨、朝夕相处过。没有女生不希望能日日和心上人相伴，庄月明更是日思夜想地盼望着那一天的来临。她希望李嘉诚的事业可以一帆风顺，希望他可以早日脱离苦海，找到人生的轨道。

庄月明为他，为公司做的一切，李嘉诚都看在眼里，记在心里。二十多年了，这份感情经过时间的洗礼，变得更加浓郁让人沉醉。李嘉诚也希望早日迎娶庄月明，但是他知道现在还不是时候。精明的李嘉诚在跟庄静庵的日常相处中，察觉出庄静庵并不希望庄月明和自己在一起。从那时候起，李嘉诚就知道舅舅是他和庄月明之间最大的阻碍，若是想过舅舅这一关，就必须先在事业上闯出一番成绩。

其实，当时有不少人觉得李嘉诚和舅舅庄静庵的关系过于疏淡了。现在想来，导致庄静庵疏远李嘉诚的原因正是李嘉诚和庄月明之间超越常人的感情。这么看来，当年李嘉诚不顾庄静庵劝导，执意要离开庄静庵表店一事，和后来李嘉诚艰苦创业，庄静庵不曾出手相助的事情，就都能说得通了。

有位一直和庄、李两家保持联系的先生，在接受《明报周刊》记者采访的时候表示："开始的时候，庄静庵确实不喜欢李嘉诚，也不同意庄月明嫁给李嘉诚。但是庄月明却对李嘉诚一心一意，无论如何都要嫁给自己的表哥……

"之后，庄月明不顾父亲庄静庵的反对，坚持嫁给李嘉诚……婚后，庄月明并不常回娘家，尤其是近几年，我数次找李先生和他太太，都要找人传话……反正他们很少见面……"

庄月明出身富贵，又受过高等教育，可以说是才貌双全。而李嘉诚出身贫寒，没有读过什么书，虽然当时有了自己的工厂，但是那厂子在庄静庵眼里简直不值一提，能开几年还是个未知数呢……在这样的情况下，庄静庵自然不同意将女儿嫁给李嘉诚了。奇怪的是，庄碧琴在知道儿子和庄月明相恋的时候居然和庄静庵一样反对。这委实让人不能理解。后来想想，可能是庄母心疼儿子，不想让儿子被别人看成吃软饭的，才会坚决反对吧。

其实庄家上下对这对小情人都不看好。想当初李嘉诚刚刚建厂没多久，庄静庵就不惜让从未离过家的女儿远渡重洋去日本学习，就是为了彻底切断两人之间的联系。毕竟在当时那样的传统环境中，人们并不在乎女孩子学历的高低，甚至在有些人眼中女子无才便是德，这么看来庄月明的才学显然是多余了。

双方家长的反对让李嘉诚和庄月明难过，他们也曾经怀疑过这段爱情到底有没有必要坚持下去。红楼梦是中国的古典名著，在故事里林黛玉是贾宝玉的表妹，二人相恋却因为父母的反对而不得善终。这和二人的情况很像，他们是表兄妹的关系，庄家是大户人家，李嘉诚最开始也是投靠舅舅来的，现在庄家上下都反对他们相恋。他们也害怕过，也想过要不要放弃这段感情？毕竟红尘匆匆一遭，聚散没什么大不了。他们也知道生命中，有些人有些事注定要与我们擦肩而过的。想得最多的就是李嘉诚，他清楚岁月有多无情，女孩子的青春流逝得多快，他害怕耽误庄月明，在他的心里庄月明是天下最好的女人，而他害怕给不了庄月明想要的生活……每次想到这里，李嘉诚就会心痛不已，到底还是放不下，哪怕知道自己会让她辛苦，会耽误她也还是放不下。既然放不下就不再去想了，加快脚步创业才是最重要的事情。毕竟林黛玉和贾宝玉生活的是封建社会，而香港是西方式的恋爱婚姻自由自主社会。只要他们够坚定，就不怕等不来红袍加身、红绸掩面那一天，而他在岁月里亏欠庄月明的，他会用之后的时间加倍地还回去。世间美好的东西不多，既然已经遇见，那就不要放手了。

年华似水流，时间不停留，日子一天一天地过去。风过，又是一天；雨来，又是一季；雪化，又是一年。转眼，庄月明已经完成了她在日本明治大学的所有课程，踏上了返乡的路。这几年中，她和李嘉诚不断通信，看着表哥可以为理想奋力拼搏，开创事业，庄月明的心中是羡慕的。她求学数载，自然和平常女儿家不一样，她也想用自己学过的知识为自己打造一片天空。而从很早很早开始，庄月明就将李嘉诚看作了生命的圆心，她要帮助李嘉诚实现梦想。

为了回报庄月明的一往情深，李嘉诚只能更努力，他尽其所能扩展公司业务，希望以此向庄静庵显示他的能力，展示他的实力，以及他超人的毅力。让庄静庵放心地将女儿交给他。

长江公司的生意一天比一天好。李嘉诚的事业开始一步一步地发展壮大。慢慢地，李嘉诚不再是当年那个穷小子，如今，他事业有成，是众人眼中的商业翘楚。他和庄月明的爱情也应该瓜熟蒂落了。于是，李嘉诚携带重金敲响了庄家的大门。那年李嘉诚 35 岁，庄月明 31 岁。

第六节　有情人终成眷属

庄月明在自己31岁的时候嫁给了35岁的李嘉诚。这个岁数，即便按今天的标准看，二人都算得上是剩男剩女了。这是他们用真诚和执着换来的。他们对爱情的忠贞打动了固执的庄静庵夫妇和李嘉诚的母亲庄碧琴。

李嘉诚的多年打拼、庄月明数十年如一日的执着终于等来了结果。两人在一片祝福声中牵手，踏上了幸福的红毯。从1940年初遇，到如今已经过去了整整二十四年。李嘉诚和庄月明依然情真意切，羡煞万千旁人。揭开盖头的那一刻，李嘉诚告诉庄月明："不管我以后发展得多好，这一生我只爱你。"婚后，二人依然相爱如初，日子过得温馨美满。

其实当时门不当户不对的爱情有很多，香港著名的珠宝大亨郑裕彤就是其中之一。郑裕彤年少时在周大福珠宝行做学徒，他聪明伶俐深得老板赏识。于是，老板将自己的女儿下嫁给他。郑裕彤的出身也不怎么好，但开明的老板并不嫌弃他，依然将他看作自己的乘龙快婿。事实证明，该老板很有眼光，周大福在郑裕彤的领导下迅速发展壮大，多年后，郑裕彤成为香港的超级富豪。

然而，这种挑选学徒、员工入赘的方法，并不被庄静庵所认同。他更希望女儿为自己找一个门当户对的女婿。即便后来李嘉诚有了自己的事业，成了一个公司董事长，庄静庵依然不赞成这门婚事。他继续给庄月明介绍青年才俊，有留学回来的海归，有家世显赫的世家子弟……但都被庄月明拒绝了。庄月明是铁了心的只嫁李嘉诚一个人。后来庄月明的年纪越来越大。而事业有成的李嘉诚也没有一点儿跟别人成亲的想法，一心一意地等着庄月明。他们的做法终于让庄静庵动容了。要知道，李嘉诚当时已经算个小富豪了，身边肯定有不少爱慕者，但他居然一个都不看，专心致志地等着庄月明，这对一个事业有成的男人来说太不容易了。万般无奈之下，庄静庵只能同意这门婚事。

得到庄静庵的首肯时，李嘉诚高兴极了。他马上斥资 63 万港元。买下了港岛南深水湾道 79 号三层宅邸风水宝地。当时在香港拥有独立花园洋房的华人并不多，李嘉诚也不是大手笔的人。并且当时，李嘉诚的公司正处在蒸蒸日上时期，既要扩大塑胶生产规模，又要投资地产，实在不应该在婚房上投入太多资金。因此，有很多人劝李嘉诚买一个小点儿的别墅，毕竟李家也没多少人，住不了那么大的。等以后人多了，钱富裕了，可以买个比这个还大的房子。但是，向来勤俭节约的李嘉诚这次不知道怎么了，非要买下这栋别墅，真是谁的劝都不听。现在想想，李嘉诚再理智也还是个人，总会有点儿少年情怀，想为自己心爱的人献上最好的一切。

这样如愣头小伙子一样的李嘉诚委实让众人大吃一惊。众人在无语的同时，也被他们二人的感情深深地感动了。和李嘉诚交好的朋友都说："港岛南深水湾道 79 号三层宅邸是李嘉诚送给庄月明的结婚礼物。"庄月明自己也说："这栋花园洋房，是表哥送给我的最好的礼物。"所以有人说，李嘉诚这一生仅有的一次失去理智疯狂散金，就是为了庄月明。真是为卿痴醉为卿狂啊！

1995 年，香港《资本》杂志在自己本年度第 10 期的杂志中介绍了这栋花园别墅："李嘉诚斥资 63 万港元买下的花园洋房并不是特别大，大概 1.1 万平方英尺。该别墅外墙只漆了白油，外形既不起眼，也没有海景。不过那里的交通极方便，开车两三分钟就可以到达高尔夫球场……

该房子市值1亿元……”《资本》杂志按照当时香港富豪的标准评价了这幢花园别墅，说当时香港能住这种花园洋房的人不多，李嘉诚跻身富豪阶层，实在令人刮目相看。

庄月明嫁给李嘉诚后，便进入长江实业公司，与李嘉诚一起发展公司业务。庄月明主修经济，又在国外留过学，为公司提出了很多新颖的建议。因为留过学，庄月明的英语和日语极好，可以帮助李嘉诚和海外公司更好的谈生意。庄月明为人低调，工作认真。没多久就得到了同事的尊重。他们同进同出，被众人打趣道：“真是夫妻同心，其利断金啊！”

1972年11月，李嘉诚迎来了他人生的重大转折点，长江实业上市了。而这个让“长江实业”上市的重大决策就是庄月明做出来的。当时的庄月明是长江实业的执行董事，是公司决策核心人物之一。这是她根据自己多年学习的专业知识，分析市场后决定的。公司上市期间，庄月明陪李嘉诚忙进忙出地调查市场，彻夜不眠地整理业务。除此之外，李嘉诚很多石破天惊的决策，都蕴含了庄月明的智慧和心血……所有人都说李嘉诚娶庄月明是百世修来的福气。

1964年8月和1966年11月，李泽钜和李泽楷相继出生。李嘉诚喜得公子后，心情兴奋，看上去年轻了好几岁。为了照顾好妻子和孩子，庄月明产子期间，李嘉诚暂时将繁重的工作放下，每天都要去医院照顾妻子，细细打点一切。

李泽钜出生后，庄月明便退居幕后，专心相夫教子。在家里，庄月明一心一意地照顾儿子和老公的起居生活，用心培养教育儿子，让他们健康地成长。在她的教导下，李泽钜和李泽楷聪明懂事、奋发向上，相继完成了大学教育，进入家族企业帮父亲打理生意。在事业上，她随时关心丈夫的情绪，为李嘉诚排忧解难。李嘉诚常常会感慨他这一辈子最大的收获就是遇见了庄月明。

第七节　夫妻同心，其利断金

常言道："一个篱笆三个桩，一个好汉三个帮。"每一个成功的人都离不开众人的支持。李嘉诚本人也常说："你们不要老提我，我算什么超人。我有今天的成就是大家一起努力，同心协力的结果……"

李嘉诚的话适用于每一个成功人士。他们之所以可以站在万人之上，全是因为有人愿意和他们一起努力，一起奋斗，助他们扭转乾坤，他们才能登上成功者的宝座。

同样，每一个成功人士的背后都有一个贤内助，这个人不一定要文武双全、能力超凡，却要坚忍执着，并且愿意奉献自己，鼓励男人自强不息、勇敢向前。当男人成功的时候要比他更开心，当他失败颓废坚持不下去的时候，要比他更坚持，鼓励支持他一起走过去……华人首富李嘉诚背后也有这样一个女人，那就是他的妻子庄月明。

自从和李嘉诚结婚后，庄月明便决定进入长江实业，专心为丈夫打理公司的业务。李嘉诚也非常信任庄月明，将她视为长江实业的主要股东，让她经常参与长江实业的业务，让其出席每年的年度股东大会。不管什么活动，只要庄月明有时间，李嘉诚身边的人就只能是庄月明。但是庄月明低调惯了，她不喜欢在人前露面，也不接受记者的采访，只是默默地帮助丈夫。

对于爱情，庄月明亦有自己的理解。她认为，两个人只是相爱，情投意合还不够。互相了解、相互体谅、和谐相处才是最重要的。亲情是与生俱来的，感情却是需要培养的，当然更要讲缘分。庄月明认为，老天既然让她有幸遇见真爱，那她便会将这份爱牢牢地抓住，永远不放开。

所有人都说李嘉诚低调，殊不知他的妻子比他还低调。二人一起长大，彼此性格中都有对方的影子，一样理智，一样聪慧，一样不爱出风头。李嘉诚长相斯文，又是商界翘楚。能成为他的妻子必定让人羡慕。但凡是女人，都会有点儿虚荣心。那么庄月明是否也曾想要向众人展示一下自己的老公，展现一下自己的幸福？应该有过的，毕竟她也是个女人。那么为何庄月明从来没有这样做过？

李嘉诚说过这样一段话："我做事喜欢低调，不爱宣传。我不喜欢树大招风，喜欢默默地踏实去干……我这个人有自己的傲骨，我并不是神仙，但是我清楚，如果你不过分显示自己，就不会招惹敌人的敌意，别人也就无法捕捉你的虚实。我表面谦虚，其实很骄傲，别人天天保持现状，而我自己就老想着一直往上爬，所以当我做生意的时候，就提醒自己，如果继续有骄傲的心，一定迟早碰壁。

"我做人的宗旨，在过去、现在、未来都是这样，就是不说能力可及以外的话，不吹牛，而是实实在在地做事。保持低调，才能避免树大招风，才能避免成为别人进攻的靶子。

"表面的权力，我向来都认为不重要，最好让别人（领导）做，而实际上要清清楚楚地有所表现。眼光要放远，做好自己的工作，最重要的是充实自己，这样很多本来不可能的事情也可以变为可能了……"

这番话是李嘉诚说给自己和后辈的至理名言，现在看来，将这番话记在心里，执行得最好的便是他的妻子庄月明。也许庄月明也有女人的虚荣，但是她还是更理智，愿意帮丈夫守住这份低调。她不需要众人知道她为长江实业，为李嘉诚做了多少事情，也不向人展示自己人生的成功，甘愿只做李嘉诚背后的女人。

一位和李嘉诚相交甚好的商业人士说："人们总是说地产巨头李嘉

诚如何了得，怎样以超人的本领创立宏基大业……很少有人提到他的妻子，庄月明女士……”“庄月明不仅是李嘉诚的贤内助，更是他事业的鼎助人。只是因为庄月明为人低调，才不被众人知道罢了。”这位仁兄还说：“如果没有庄月明，我们很难想象，李嘉诚的一生会是怎样的，他的事业又会是怎样的情景……”

脚踏实地、认真努力、不张扬地帮丈夫实现他的理想，是庄月明从嫁给李嘉诚并决定陪他一同打拼创业开始就拥有的优良品质。作为董事长夫人的庄月明，可以始终保持一颗谦卑之心，确实让人佩服至极。

古人说：“地低为海，人低为王。”便是说：地不怕低，因为只有低了才能聚水成渊。同理，人低才能得人心。这并不单单是一种姿态，更是一种修养，是做人的一种品格。

很多人疑问，庄月明何德何能，可以让李嘉诚这样的商业大佬这一生只为她一人等候，也只守候她一个人。现在想来，这跟庄月明的低调稳重，温婉贤惠脱不了关系。她一直默默地陪伴在李嘉诚身边，陪着李嘉诚从贫穷到富有，从什么都没有到身家亿万。没有花前月下，不轻言海枯石烂。她只是将这份情和爱埋在心底，用实际行动去支持丈夫的一切。不管李嘉诚走到哪里，会不会跌到，庄月明都会在他的身边。就是这样一份恬淡的爱情，默默地滋润了李嘉诚的生命，让李嘉诚在颠沛流离之后再次感觉到温暖。

第八节　庄月明逝世

李嘉诚的身边一直保存着一张非常珍贵的照片，那是 1989 年 4 月，李嘉诚获得英国女皇颁授CBE勋衔时一家人的合影。照片上他和妻子庄月明笑得很开心，两个儿子也乖巧懂事地站在一边，一看就是非常幸福的一家人。

李嘉诚非常重视家庭，他和妻子庄月明的爱情故事一直为世人津津乐道。他爱庄月明，多少年来一直没有改变过。而他的妻子贤惠且懂事，将整个家打理得井井有条。李嘉诚常常夸赞庄月明才是他们家的顶梁柱。正是因为有了庄月明的无私奉献和默默支持，李嘉诚才能没有后顾之忧、一心一意地拼搏自己的事业。如果没有庄月明，就没有李嘉诚的今天。

因为很爱庄月明，李嘉诚即使工作再忙都会回家休息。婚后，他更是将可以推的应酬全部推掉，就是为了能早点儿回家陪伴妻儿。李嘉诚深知家庭和睦的重要性，因此，他时常告诉两个儿子，让他们以后一定要珍视自己的家庭，要有家庭责任感，要顾家。因为只有先照顾好家里，才能担负起更大的责任。有李嘉诚这个榜样在前，两个儿子自然看得见家和万事兴的好处，都很乖巧地点头答应。

都说常常生活在一起的人会相互影响，可以从他们身上看见另一半的影子。这句话放在庄月明和李嘉诚身上再合适不过了。他们一样的理智睿智，一样的低调稳重，都喜欢帮助他人。

李嘉诚和庄月明夫妇乐善好施的事情，几乎可以说是众所周知。他们捐资筹建过的慈善项目数都数不过来。只是，夫妻二人向来低调，即便是做善事，也不喜欢到处宣传。其中比较有名的要数“李嘉诚护理安老院”了。当时为了建这座安老院，李嘉诚一共捐赠了三千多万港币。李嘉诚护理安老院的规模十分宏大，设施齐全，设备先进，足以媲美当时最好的敬老院。该敬老院总共占地1.6万多平方英尺，可以同时照料几百名老人。李嘉诚对“李嘉诚护理安老院”的项目十分重视，筹建期间，他不但委派多名下属来此担任监工，和建造师们一起筹划建设，还亲自阅读察看跟敬老院有关的一切事宜。在李嘉诚的全力支持下，李嘉诚护理安老院的筹建工作耗时极短，质量却很好。在这里安度晚年的老人数不胜数。

“人生在世，能够在自己能力所及的时候，做一些力所能及的事情，对社会多点儿奉献，同时也为那些无助的人带去一点儿温暖，为他们建立一个比较好的生活，我会感到很有意义，并视此为终生不渝的职责。”这是李嘉诚夫妇的座右铭，也是他们的真实行动。

李嘉诚和夫人还做过很多有意义的事情，他们不止在香港广种福田，在内地同样施善于人。他们修建过学校、医院，建造过佛像、寺庙，赞助过科研、教育，还救助过无数灾民。

那几年应该是李嘉诚最快乐的几年，事业有成母慈子孝不说，曾经只敢想想的“明月”，如今伸手可触。本以为这样的日子可以再长一点儿、再久一点儿，谁曾想老天居然狠心地带走了他一生的挚爱……

进入 20 世纪 80 年代，李嘉诚的事业如日中天。长江实业发展得越来越好，庄月明安心在家照顾丈夫、教导儿子。但好景不长，1988 年 11 月的一个晚上，睡梦中的李嘉诚突然听见妻子急速地喘息声。他一个激灵马上起身开灯，就看见庄月明苍白的脸，和满头的虚汗。为了不吵到丈夫，庄月明痛苦地咬着嘴唇。她的嘴唇已经开始泛紫，咬紧牙齿也挡不住痛苦的呻吟声。李嘉诚害怕极了，他马上叫人去请医生，然后坐在庄月明身旁，用自己发抖的手，紧紧地握住庄月明，不停地喃喃道：“月明，你坚持一下，你坚持一下就好……”医生迟迟不来，李嘉诚心急如焚。外面果断坚毅的男子汉红了双眼。

好在医生虽然姗姗来迟，却保住了庄月明的命。李嘉诚舒了一口气的同时，心却吊了起来。庄月明被诊断为心律不齐，需要静养。接下来的日子，李嘉诚请了专人照顾庄月明。他自己也尽力早早回家陪伴妻子。

看见丈夫为自己如此操心，庄月明只能好好地配合治疗，精心调养身体。病情果然有了明显的缓解，李嘉诚久悬的心也终于可以稍稍放下了。

很多人不能理解李嘉诚的大惊小怪，觉得是人就会得病，心脏病虽然可怕，但也不用担惊受怕成这样啊。这么想的人是不了解心律不齐会带来的后果。这个病很容易造成突发性心脏衰竭。突发性心脏衰竭是指心脏突然停止正常跳动及不能将血液送到身体各个部分。病人一旦心脏衰竭，就会在很短的时间内死亡，或者当场死亡。而且这种病发生的时候一点儿先兆都没有，在你一点儿准备都没有的情况下，带走你的生命。庄月明也正是被心脏衰竭夺取了生命。

1990 年 1 月 1 日是一个不幸的日子，因为庄月明就在那天晚上彻底离开了这个世界。就在前一天晚上，李嘉诚还和庄月明一同出席了君悦酒店举行的欢迎仪式。仪式上，庄月明笑容满面。她和李嘉诚相携而来，恩爱有加，羡煞旁人。谁曾想第二天中午，庄月明就因突发性心脏病离开了。那一年，庄月明 58 岁。

这个变故让李嘉诚难受极了。再也没有了往日里意气风发的模样。庄月明走后，李嘉诚的生命好像突然就陷进了人生的低谷，他拒绝一切娱乐活动，不参与所有聚会。那时候的李嘉诚不再是众人眼中的“超人”，只是一名普普通通的凡人。会痛苦，会难受，会想一个人待着。

其实庄月明的离开又岂止单单影响了李嘉诚，这对长江实业集团公司来说，也是一种无法弥补的损失。

香港长江实业集团有限公司董事会在《通告》上写道：“本公司创建董事庄月明夫人，学识渊博，对公司创建和发展贡献卓越，深得公司同人之爱戴。全体同人莫不同声哀悼。”

长江实业董事李业广也在悼词中写道：“李夫人庄月明女士，陪董事长艰苦创业，敬业乐业，为公司做出了很大的贡献。她谦和勤勉赢得了公司同人的一致敬仰。在家中相夫教子，支持鼓励李嘉诚先生为社会做出巨大的贡献。她在年富力强的时候离开人世，对长江实业来说是无法弥补的损失。李夫人重友情、重亲情、重信义的崇高品格，将永远为长江同人和一切亲友铭记于心……”和记黄埔、嘉宏、港灯三大公司敬挽则为“懿范长存”。香港《文汇报》报道：庄月明女士“一旦撒手尘寰，闻者深为惋惜，致送花环祭帐者不计其数，为历年所罕见。举殡之日，备极荣哀，前往至祭的官员名流络绎不绝”。李嘉诚本人更是悲痛欲绝，拒绝了所有的歌舞宴席。

1990 年 1 月 4 日，庄月明女士出殡，下葬地点为柴湾佛教坟场。庄月明是有名的敬佛居士，让她在这里入土为安再合适不过了。当日，港督代表送来了亲笔慰问信。

香港佛教联合会专门为庄月明女士举行了佛教仪式，由该联合会会长觉光法师亲自主持。钟逸杰爵士、李鹏飞议员、汇丰银行主席包伟士、加拿大商业帝国银行总裁传理敦等社会名流纷纷到场。除了在香港举行隆重的追悼仪式外，李嘉诚还在家乡开元禅寺中奉设了诵经仪式。

第九节　通过捐助纪念亡妻

庄月明生前是虔诚的佛教信徒，她乐善好施，捐助过多家佛教机构。李嘉诚又深信三世因果，坚信布施和富贵的内在必然联系，清楚慈悲喜舍的精神和举止是菩萨的特色。为了表达他对庄月明的悼念，庄月明去世后不久，李嘉诚便以妻子的名义，向香港大学捐赠了 3500 万港元，还成立了李庄月明专项基金。这全是因为庄月明之前曾经在香港大学读过书，并在 1961 年的时候获得过香港大学文学学士学位。

资金到位后，香港大学开始了它的第 4 期校本部扩建工程。为了感谢李嘉诚的善意之举，专门兴建了“庄月明楼”，这个工程可以说是香港大学各期发展计划中规模最大的一项工程了。“庄月明楼”由两幢主要教学楼和一座文娱中心组成，占地总面积为 6100 平方米，建筑总面积为 1.103 万平方米。该工程由 1991 年 3 月动工。1993 年 9 月，两幢教学楼宣布建成，而文娱中心则在一年后的 7 月建筑完成。

两幢教学楼高都是 8 层，楼里设有 4 间讲堂，可以容下 160 ~ 200 名师生；除此之外，楼里还有 55 间实验室，可供 750 名学生使用。两幢楼中有一幢装设了拱形顶的天文观测室。两幢教学楼为香港大学师生提供了 7477 平方米的教学场地，主要供物理系和化学系使用。

而“庄月明文娱中心”楼高为 5 层，中心里有多用途活动室大概二十多间。活动室的用途不同，有的是学生宿舍，有的是放映室，有的是游戏室，有的是影印中心、超市、银行等。当然还有一个超大的餐厅和休息室，可供 600 名师生同时就餐……

1994 年 12 月 13 日，庄月明离开四年后，李嘉诚出资捐赠的“庄月明楼”终于彻底完工了。这天是香港大学为“庄月明楼”举行开幕礼的日子。李嘉诚被邀出席该活动仪式。仪式上，他和香港大学校长王赓武一起为开幕礼剪彩，并发表讲话：

本人今天能够在这里和大家说几句话，感到非常荣幸，对各位在百忙中莅临参加庄月明楼开幕典礼致以衷心的感谢。

香港大学是世界知名的高等学府，成立至今已有八十多年，一向享有崇高地位，近期在王赓武校长的领导和杰出的大学行政人员协助下，由不少国际知名的优秀学者悉心指导，为香港培育社会栋梁。港大毕业生都学有专长，其中极多在国际和本港的事业上都卓然有成，居政府、工商、财经、学术等界领导地位，为社会的繁荣进步献出力量。此外，香港大学多年来在国际学术界亦赢得无数称誉，这种辉煌的成就实在是值得敬佩的事。

先室庄月明有幸亦是港大一分子，其本人一向热爱母校，以毕业于香港大学为荣，生前恒常思念对母校做出贡献，故承其遗志，捐助港大兴建物理化学大楼及学生文娱活动中心，以为纪念。并蒙先室老师饶宗颐教授亲为大楼撰写纪念碑文，又为月明泉题字，使整个建筑群更具深切意义，谨此向饶老师表达衷心谢意。

教育为培育国家和社会的根基,保持社会活力和竞争力的重要源泉，近年港府大力发展高等教育，以配合香港经济转型，对高质素人力资源有迫切需求。港大在未来岁月里，将为香港继续培育优秀人才，担当更重要的任务。本人向来重视教育，谨借此机会向所有服务于港大的人士致以崇高的敬意。

今日目睹港大两座教学大楼及学生活动中心落成，尚有喷泉广场，为校园增添优雅的景色。所有工程得以顺利完成，全赖在王赓武校长领导下和全体有关工作人员的努力，本人和小儿泽钜、泽楷谨此表达衷心的感谢。同时谨向大学当局致贺，并祝各位来宾身体健康，万事如意。

谢谢各位。

这次讲话字里行间表达了李嘉诚对他那位在天国的夫人的哀思之情。

设在香港大学的李庄月明基金会，还先后出资帮助香港大学在校举办“香港讲座”。“十年过渡的记录（1984～1994）”为该讲座的第一系列题，“香港与亚太区的未来”是讲座第二系列的主题。香港大学会举行这两个讲座的原因，有一部分是为了纪念中英签署联合声明十周年。

该讲座在李嘉诚的资助下，在香港大学的细心准备下，取得了很好的成绩。该活动也为香港在 1997 年 7 月 1 日回归祖国怀抱，实现政权的顺利交接和平稳过渡而做出贡献。

为了表达对亡妻思念，李嘉诚以庄月明的名义捐出了大笔善款。这些善款分别用在了教育和很多慈善机构上面，项目完成后，多以“李庄月明”命名。李嘉诚的这个做法让很多人动容，除了 1963 年，他大手笔为庄月明买下港岛南深水湾道的独立花园洋房外，这应该是李嘉诚第二次为庄月明改变自己的作风了。这在之前李嘉诚虽然也做善事，但是要低调很多，也不喜欢用自己的名字为其命名，但李嘉诚以妻子名义捐出的善款对应的项目落实完工成后，很多都以“李嘉诚妻子庄月明（李庄月明）”命名。例如：明爱庄月明中学、佛教李庄月明护养院、香港大学庄月明文娱中心、庄月明科学楼，以及庄月明化学楼……以及李嘉诚基金会还在 2006 年为香港大学捐出巨款，成立了“李庄月明佛学研究基金”，用来推动佛学的研究。

李嘉诚希望以这种方式三番四次地告诉众人一个他们早就知道的事情，那就是庄月明是李嘉诚的妻子，是他心中的明月。

第十节　一个人的生活

庄月明去世的时候，李嘉诚才刚刚六十出头，身体健康，身边环绕着很多美女。其中不乏大胆的女性，在公开场合向李嘉诚表达好感，但她们都被李嘉诚拒绝了。在李嘉诚心里，他们的爱并没有因为庄月明的离开而消逝。

李嘉诚向来对自己的行为非常检点，他一直对那些女明星、女演员、港姐、亚姐等想要和他进一步交往的女性敬而远之，甚至都不会跟她们一起照相。据说，香港某刊物曾重金设奖，称如果哪位女明星能和李嘉诚合照，他们可出40万港元的天价买她的照片。

其实这也实属无奈，很多曾经成功的商人无不是因行为不检点而断送了自己的前程。李嘉诚那么爱他的妻子，自然不希望因为这种事情损害了自己的名誉。在他看来，清誉比荣誉更为重要。李嘉诚处世非常小心，就算是很细微的问题，他也都会认真对待，以免给对方造成麻烦，或者让人家产生什么不该有的想法。

那时候，在香港很多富商都以绯闻加身为荣，李嘉诚的孑然一身让他们无法理解。也有人劝李嘉诚续弦，但都被李嘉诚拒绝了。李嘉诚认为做人要重情义，总有些人是不应该忘记的。很明显，庄月明就是李嘉诚不能忘记，也忘记不了的人。她离开的第一天，李嘉诚便告诉自己，以后的路要自己一个人走了。

庄月明是在1990年1月1日去世的。她离开后，每年元旦日，李嘉诚都带着两个儿子，到安葬妻子的柴湾佛教坟场拜山。多少年来，风雨不改。李泽钜娶亲后，他的妻子也一同加入到这个风雨无阻的队伍中。

每次去祭拜庄月明，李嘉诚都会感慨地对妻子说最近发生的事情，说他对妻子的思念和追忆，告诉庄月明，这份感情并没有被多年的分离所消磨。今天的李嘉诚爱的依然还是庄月明。他喃喃地说着，就好像庄月明在身边听着一样。既然说好一生一世，那今生就只能爱她一个。李嘉诚将这份誓言贯彻得坚决彻底，毫不含糊。然而这份感情两个儿子可以看见，香港七百万人有机会看见，唯独是身在天国的庄月明永远不可能看见。

庄月明的去世并没有让李嘉诚疏远岳父庄静庵。李嘉诚始终感谢庄静庵将爱女庄月明嫁给了自己。庄月明走后，李嘉诚更加尊重岳父岳母了。1995 年 10 月，庄静庵因为肠癌去世，享年 87 岁。李嘉诚亲自为岳父筹办丧礼，打点一切。他带着两个儿子，在岳父灵堂前守孝七天七夜。2002 年 4 月 14 日，庄月明的母亲，李嘉诚的岳母庄邱碧云在医院病逝，享年 93 岁。庄邱碧云是李嘉诚的岳母，也是李嘉诚的舅母。她在养和医院昏迷弥留期间，李嘉诚也常常带着儿子守护在她身边。李泽钜和李泽楷对这个外婆非常尊重，外婆生病，两个孩子争着陪父亲一起陪侍外婆身侧。庄邱碧云走后，李嘉诚妥善打理了她的后事。

李嘉诚在用实际行动告诉众人，不管庄月明离开多久，她依然是李嘉诚的夫人，她的亲人依然是李嘉诚的亲人。所有听过二人故事的人无不为之动容，所有女子无不希望有一个这样的伴侣，所有男子无不为之惭愧。他用几十年的时间，以身作则，教会儿子们人生最重要的一课：做人要重情义。不管是生活中，还是商场上，李嘉诚都是一个无可挑剔的人。

拿破仑曾经说过："一个人的私生活是一面反光镜，人们从中可以懂得很多，并受到教益。"这句话正好可以用在李嘉诚身上。不管是他对妻子的忠诚和守护，还是对岳父岳母的尊敬和照顾，都向众人证明了：他是一个有心有意、至情至善的人。

第九章 光明未来：李泽钜和李泽楷

「

作为父母，让孩子在十五六岁就远离家乡，远离亲人，只身到外面去求学深造，当然是有些于心不忍，但是为了他们的将来，就是再不忍心也要忍心。

」

第一节　英明父亲实现完美“分家”

2012年5月25日，亚洲首富李嘉诚在出席股东大会后，用不到15分钟的时间，向媒体宣布了其总资产高达255亿美元的财富交接计划。

他宣布长子李泽钜将继承“长和系”超过40%的股权，以及加拿大赫斯基能源公司35%的股权。这就意味着，一个当时市值上万亿港元的商业帝国，将由李泽钜接掌。

而次子李泽楷，则会得到父亲李嘉诚的大量现金资产（超过其现有身家数倍），用来收购他喜欢的公司，李嘉诚说，目前正与李泽楷接洽的几家公司做的都是长远传统业务，基本和传媒、娱乐不沾边。并且李嘉诚还表示，不管并购成不成功，他都会给小儿子预备一笔资金，让他发展新的事业。为了打消外界的疑虑，李嘉诚又补充了一句：“李泽楷接洽的业务，与长和系没有关系。与大家的生意不会发生冲突。”

可以看出，李嘉诚虽然十分突然地公布了分家计划，但整体思路十分清晰，让长子继承父业，次子开拓新路，完全避免了兄弟相争。

与李嘉诚曾有过多次合作的物业商华天鹏表示，新鸿基分家内讧导致廉署介入的丑闻，是促成李嘉诚公布分家方案的重要原因。李嘉诚不希望发生类似的事情，他认为投资者最惊恐的不是坏消息，而是消息不明朗。一旦出现家族闹剧，就会造成股东对信息的各种猜疑，进而严重影响到上市公司的股价。

在新鸿基分家内讧事件发生之后，李嘉诚曾表示：“虽然我们在生意上是竞争关系，但我们也是多年的老朋友。发生这样的事情我很痛心，希望他们平静地协商，妥善地解决。”

按照华人富豪的传统，不到生命的最后时刻，分家是不会被提上议程的。因此，因为仓促决定而导致的家产争夺丑闻屡见不鲜，成为鼎盛一时的家族衰败破落的开始。除了最近的新鸿基家产争夺事件，此前的何鸿　、霍英东等都曾在分家问题上“晚节不保”。

这个家产分配方案，可以说是完全按照李嘉诚两个儿子的自身优势进行分配的。大儿子李泽钜稳重踏实，适合做家族企业的管理者。而他的小儿子李泽楷，性格张狂，不适合守业。

事实上，李泽楷很有抱负，生意场上，他一直把自己放在较高位置，希望至少能像父亲一样干出一番自己的事业。他做事高调大气，却欠缺稳妥。而且，他在资本市场锱铢必较的运作手法，很难赢得长和系股东的支持。

香港中文大学会计学院及财务学系联席教授范博宏，曾经评价李泽楷是一个交易员，而不是一个商人。范博宏教授认为，像李氏家族这样的财产继承安排，能将两兄弟的权益隔离是最再好不过了。如果两兄弟的权益绑定在同一家族信托下，一旦兄弟关系出现裂痕，那么利益争端必定是不可避免的。而李嘉诚的这个安排，可以让李泽钜安心地按自己中规中矩、成熟稳重的思路发展；获得巨额投资资金的李泽楷，则可以收购他喜欢的企业，继续他喜欢的资本运作。

“翻看大型企业的结构，不难发现，能与长和系媲美的大型企业集团，如华润集团等，都拥有自己的金融板块。”蔡清伟认为，“看起来庞大的长和系，需要补上这块残缺。这将为其未来的海外业务并购，提供融资等便利。”

蔡清伟说，李嘉诚这是在给自己的儿子分工，让他们一个做实业，一个做金融。如此一来，一方面他们不会出现同行竞争的冲突；另一方面，李泽钜的实业与李泽楷的金融互补。实业不好，李泽楷可以拉李泽钜一把；如果金融不好，李泽钜也可以像今天李嘉诚所做的一样，为李泽楷援助资金。

让媒体不解的是，李嘉诚的身体状况良好，看他在记者会上的表现，丝毫没有影响到工作的样子，他为何要这么早公布分家方案呢？是要退休了吗？对此，著名作家郑宏泰发表了自己的看法："分家必须趁早进行，尤其应在大家长仍在世且身体健康之时。这样可以确保分家过程中不会出现大的争执，即便发生争执冲突，由大家长出面解决最为有效。"

事实上，从长子李泽钜进入长江实业开始，李嘉诚就有意培养这位大公子做自己的接班人。他曾在一次采访中透露说，他从李泽钜小时候，便以身作则，培养大儿子成为一个真正的领袖。

李泽钜本人从小就遵从父亲的意愿，7 岁就开始旁听家族董事会，15 岁被父亲送到美国去读书，并一举拿下斯坦福大学土木工程学士、结构工程硕士、建筑管理硕士 3 个学位。22 岁以一名普通员工的身份进入了家族企业长江实业集团，25 岁就拔为执行董事，26 岁担任香港机场咨询商务委员会委员，27 岁成为总督商务委员会委员，29 岁顺利升任长江实业集团的副总经理，42 岁被任命为长江实业集团董事总经理。此外他还是长和系下属长江基建、赫斯基能源等公司的主席，是和记黄埔、长江基建以及长江生命科技的掌舵手之一。

李泽钜的这份人生履历简直堪称完美，并且李泽钜本人也十分低调，从未闹出不良新闻，这一点与父亲李嘉诚极为相似。李嘉诚也不止一次地说过，儿子李泽钜的生活甚至比他都简单。香港《经济日报》也曾发表过评价，说李嘉诚是在从各个方面培养李泽钜，使其成为"长和系"的接班人。

2003 年，李泽钜被《时代》杂志评为“年度全球商界最具影响力人物”。李泽钜用多年时间交出的答卷，受到了行业的认可。李嘉诚也对李泽钜的表现感到非常满意，并且他还公开表示：“对于李泽钜现在的表现，我可以给打出 90 分的高分，可是，如果他不是我儿子的话，我会给他满分。”

相比哥哥李泽钜的成熟稳重，被外界称为“小超人”的李泽楷则显得张扬多了。从最早自立门户创立盈科开始，到拿下香港电讯，并将其合并为电讯盈科，李泽楷似乎更喜欢自己独自打拼。李嘉诚曾经也说过，相比“和黄系”的六大业务来说，那些可长线发展的传统行业更加让李泽楷青睐。

其实，如果李嘉诚有意让小儿子继承家业的话，当初就会安排他去攻读法律经济等专业，这样就可以与哥哥李泽钜形成互补，但是李嘉诚却没有这么做，他支持了小儿子李泽楷的选择，让他读自己喜欢的电脑工程专业。

那时候，个人电脑在中国并不流行，前景并不是非常乐观。从这一点就可以看出，李嘉诚对两个儿子采用的是不一样的培养方式。

李嘉诚也确实看中长子的稳重，他认为要想守住李氏家族的偌大家业，那么让一个家庭稳定和谐、性格沉稳可靠的人来执掌大权才是最好的选择。因此在李嘉诚心中，为人谦和稳重的大儿子才是家族企业的接班人。

对于父亲的这个安排，李泽钜也在当天说了自己的看法，他开心地表示：“父亲的安排，我们永远 OK。”分家的这一消息，同样给李泽楷带去了惊喜，在这一消息公布后，由李泽楷担任主席的电讯盈科股价也上涨了 2.2%。

李嘉诚这次公布的最终分家方案也算是众望所归，赢得了各方的好评。一致表示李嘉诚将此处理得是既公平又和平。高盛、摩根大通等外资投行的分析师在接受记者采访时，也表示了对这次分家的高度认可。他们认为，这位亚洲首富，为自己255亿美元的家产找到了一个合理并让人满意的分配方案，简直可以称之为华人富豪分家中做得最好的一个。不得不让人慨叹，拥有“超人”之称的李嘉诚，一辈子处理问题都称得上聪明绝顶。

当然，也有人提出质疑，认为李嘉诚曾在数年前暗示过，说会将香港上市公司将给长子李泽钜打理，而海外资产是要交给小儿子的。但是这一说法马上遭到了赫斯基能源大股东Hugo Calacanis的反驳，他认为现在这种分配方式，反而更能体现李嘉诚的深谋远虑。因为对于一个公司来说，可以做决定的人越多，公司未来的走向就会越不明朗。并且他还表示，李家兄弟的感情也并非十分亲厚，与其强将他们捆在一起，倒不如给他们自由发展的空间，让他们各显所长。他十分看好李嘉诚的这个决定，并且认为从这件事上，完全可以看出李嘉诚的高明之处。

因此，大家有理由相信，这次的分家策略，对李嘉诚来说，必定是经过深思熟虑之后，才决定下来的。但是，外界对于这两个接班人是否有能力继承“李嘉诚的特殊能力与资产”的怀疑从未间断过。

从1950年，李嘉诚创立“长江塑胶厂”，到1988年首度被《财富》杂志评为“世界华人首富”，并且一直蝉联至今，李嘉诚创造出的这一商业神话，充分展现了他在商业上的极高造诣。这确实不是随随便便一个人，想接手就可以接手的，相信李嘉诚自己也明白这个道理，正如我们看见的那样，他用自己独有的方式培养着自己的孩子，用数十年的时间，让所有人看到了这份让人满意的成果。

第二节　别具一格的育子方式

李嘉诚不仅是一名成功的商人，还是一位成功的父亲。他深知孩子在成长的过程中最需要的是什么，作为父亲自己该做何种规范和引导。

事实上，在两个孩子很小的时候，李嘉诚并不喜欢给他们讲自己的创业之路和经商之道，他反而更重视两个孩子的为人处世。据李嘉诚自己透露，那时候，他每个星期日都会推掉所有应酬，将两兄弟带到一个并不华丽的小艇上，在游玩的时候循序渐进地将他自己的做人原则灌输给孩子。

当然，这并不表示李嘉诚会放弃培养孩子的商业才能。相反，李嘉诚从很早就开始给两个儿子灌输商业理念。他在孩子很小的时候，就在长江实业的会议室给两个儿子准备了位置，让他们真正融入其中，用这种耳濡目染的方式，培养他们对商业的兴趣，同时也将长辈们的商业经验与处世之道传授给了他们，可谓一举两得。

当时李泽钜和李泽楷的年纪还非常小，看着儿子们在如此稚嫩的年纪，就要承受不属于这个年龄的辛苦，母亲庄月明心疼极了。但是李嘉诚坚持要从小锻炼孩子，他认为温室里永远长不成参天大树，若想让孩子成长为有用之才，就该给他们充分的锻炼，让他们去学习，去成长。

李嘉诚在子女教育方面有着自己的一套方法，他认为孩子是应该充分接受锻炼的，盲目地宠溺子女是最落后的思想，所以在孩子很小的时候，他就开始培养他们的独立自主精神了。

据李嘉诚的一些朋友回忆，李嘉诚对两个儿子非常严格。为了能让他们接受更好的教育，也为了培养他们的独立能力，在他们不到 14 岁的时候，李嘉诚就将他们送到了美国去求学。

李泽钜和李泽楷在国外学习的那段时间，李嘉诚给李泽钜和李泽楷开了两个账户，一个账户里准备了足够他们完成博士学业的所有费用，但是这笔钱是不允许两兄弟私自动用的；另一个账户中的钱可以供两兄弟使用，但是他们在使用之前，需要先以书信的方式向父亲汇报，得到同意后才可以使用。如果李泽钜和李泽楷想要做别的事情，那就需要他们依靠自己的双手去赚取所需的资金了。

李嘉诚明明可以给孩子更好的生活，但是他却没有那么做。这是很多人都不能理解的，因此就有人怀疑，是不是因为李嘉诚对两个儿子的感情不够深呢？恰恰相反，正因为他很爱他的两个儿子，所以他才希望他们可以更好地成长，可以成长为优秀的人才。

此外，李嘉诚还根据两个孩子的性格，对他们采用了不同的培养方法。大儿子李泽钜踏实稳重，完全符合家族继承人的性格，李嘉诚便着重培养他来继承自己的家业。小儿子敢闯敢做，正好适合创业，李嘉诚就对小儿子少加约束，让李泽楷去做自己喜欢的事情，他只在背后支持指点，不去做过多干涉。从目前的情况来看，李嘉诚的这个培养方式是非常成功的。

很久之后，李泽钜也在一次采访中表示，父亲给他们的最好的礼物，就是教会他们如何做人，这是花多少钱都买不来的。因为父亲，他们才会想要变得更加出色、更加优秀，也是因为父亲，他和弟弟才能在遇上困难的时候，迎难而上。他的一生最骄傲的，就是有李嘉诚这样的父亲。

李泽楷在这方面跟哥哥的看法一样，他感谢父亲给了他自由成长的空间，让他更加独立自主。同样，他也很感谢父亲在选择专业上给予的尊重，没有强迫他去学习管理家族企业相关的专业。

对于李泽钜和李泽楷来说，父亲使用严厉但足够尊重的方式，给予了他们最宝贵的爱与最健康的成长，让他们走上了自己选择的成功之路，没有让他们在最应该拼搏的年纪留下遗憾。但是面对如此成功的父亲，他们的压力也非常的大，因为他们知道，如果想要超过父亲，那就只有做得更好才行，所以他们从来不敢停止自己前进的步伐。

李嘉诚的这一做法更是赢得了大众的好评，对孩子来说，最好的爱，便是尊重他们，尊重他们的理想，尊重他们的看法，不去盲目、随意地指手画脚，相信孩子自己是可以处理事情的。

很多父母为孩子倾注了无数的心血，一生为了孩子可算是操碎了心，但是孩子却无法按照他们的想象那样成龙成凤，为此他们伤心极了，觉得自己的所有努力都白费了。他们也从不反省自己的付出，是不是孩子想要的，这样一味地将自己的喜好强加到孩子身上，对于孩子是不是有益的，而是将这一切归结到孩子不够听话，也不够争气之上，根本不清楚怎样做，才是对子女最大的帮助和爱护。

对于李嘉诚，我们不可否认，作为一个商人，他是优秀的，可以将一个小公司做到拥有今天这样大规模的国际企业；同样，我们也没有办法不承认作为一个父亲来说，他也是成功的，他将最大的尊重给予了自己的孩子，用宽容和支持让儿子朝自己喜欢的道路去发展，走他们自己的人生，不去压制，不去拔苗助长，完全按着孩子的个性去培养他们，让他们自由发展。

李嘉诚对儿子的这种不同的培养方式，是值得很多人学习的，如果不去理解孩子，只是一味做自己认为对的事情，那所有的事情，对孩子来说，都可能是一种伤害，很可能对孩子的发展起到反向作用。

第三节　沉稳的长子李泽钜

作为李家长子的李泽钜，在刚初中毕业的时候，就被父亲安排到加拿大去接受教育，到那片全新的土地上，更充分地吸收阳光雨露，茁长成长，学习如何真正地独立自主。

在中学毕业后，李泽钜听从父亲李嘉诚的安排，考入美国著名的斯坦福大学攻读土木工程。李嘉诚之所以安排李泽钜学土木工程是因为房地产是李家发家的基石，也是香港最有潜力的产业。李嘉诚由于出身贫寒，并没有太多学习的机会，在他刚刚涉足房地产的那段时间，这一度是李嘉诚心中的遗憾，那时候，他就非常羡慕像胡应湘和陈曾熙那些从国外留学回来，拥有土木工程学位的知识分子，因此他希望自己的这个遗憾，可以在儿子李泽钜身上得到弥补。

李泽钜也确实没有辜负父亲的希望，在学习期间分外刻苦，样样不肯居于人后，圆满完成了这一任务。

李泽钜在获得了结构工程硕士学位之后，返回香港，进入父亲的公司，成为一名最普通的员工。当时不是没有人向李嘉诚建议，让李泽钜直接进董事局，但是都被李嘉诚拒绝了。

李嘉诚并不希望儿子一步登天，相比起来，他更希望可以在他有限的时间里，给儿子更好的锻炼，陪着孩子一步步往上走，即便这是一段漫长和难熬的过程。

董事局副主席麦理思就是当时派去培养李泽钜的人，他毕业于剑桥经济系，可以说是长江实业集团的第二把手。这位长江实业的二把手对李泽钜评价是非常高的，他觉得“李泽钜和别的世家公子不同，是一个谦虚好学的好孩子”。

1986 年，李嘉诚、马世民、麦理思因为温哥华投资的一个地产计划，常常和加拿大官员会谈，这也是李嘉诚给刚刚从美国斯坦福大学毕业的长子的第一个任务。在长辈的带领下，李泽钜也参与其中，与长江实业的那些首脑们一起频频游走在香港和欧美之间。那时候的李泽钜，还是一个正在读硕士学位的孩子。

不久之后，李泽钜就接手了世博会旧址开发的项目。也正是这个项目，让李泽钜声名鹊起。

1986 年，世界博览会在温哥华举行完毕之后，等待着各国临时展厅的是被拆卸，或者被废弃的下场。旧址就是沿海的长形地带，那块地方是省政府的地产，是一块很有前景的地皮，购买的价钱也非常优惠，而这片土地正好被李泽钜发现了。他也觉得这片土地的前景十分好，可以发展成综合性商业住宅。所以，他马上向父亲反映了这个想法，他认为这里举办过世界博览会，周围的交通、社区建设都已经相当完善，对于那些厌烦市区交通拥堵，又不想忍受郊区偏远的人来说，这将是十分具有吸引力的，而且这里濒临大海，景色宜人，海景房将来会十分抢手。

无论是在香港还是在加拿大，这都是从没有发生过的事情，没有人跨国购买过这样大面积的地皮，这几乎可以顶的上港岛整个湾仔区和铜锣湾加起来的总面积了，因此，这毫不夸张地被人们称为“疯狂想法”。

但是李嘉诚却同意了儿子的这个想法。从这也可以看出，李嘉诚对李泽钜是多么的信任与认可。他相信儿子的眼光，也相信儿子的专业能力。

但这一投资的金额确实太大了，并不是长江实业集团自己可以承担的。因此李嘉诚找来了他的商业好友郑裕彤、李兆基和加拿大帝国商业银行旗下的太平协和公司一起完成这一开发，其中李嘉诚所持股份，为总股份的10%。若是再加上他在集团所持有的股份，总数可达50%，另外50%属于其他股东。各大股东同时拥有这一项目的决策权，李泽钜成为这一项目的具体操作者。

第四节　充当“甩手掌柜”，逼子成才

对于李泽钜想在加拿大发展商业住宅的想法，李嘉诚非常看好，但是他更希望李泽钜能通过这个项目快速成长起来。于是，李嘉诚决定将这个项目交给儿子李泽钜负责，而他则以一个观众的身份，亲眼看着李泽钜成长。

李嘉诚深知，对儿子的成长来说，这将是一个不得不经历的过程，所以他愿意放手让李泽钜去做，他会站在幕后，看着儿子的每一步脚印，若是成功，李泽钜的每一步足印中都有父亲关切的目光；当然，即使失败，也没关系，他可以陪着李泽钜重来，将自己的经商之道，看法见解都告诉儿子，那样，李泽钜的每一步旁边都会有父亲的脚印。

为了这个项目，李泽钜耗费了许多心血，亲自参与策划设计，每天奔忙于各种大大小小的会议，会见的各界人士超过了两万人。

1988年，加拿大世博会旧址发展权被新财团以32亿港元的高价揽入囊中。之前所有计划都如期进行。在所有人觉得，没有任何东西可以阻挡这个项目的时候，却发生了一件糟糕的事情。

也许是因为华商大面积扩张，很多当地居民都表现出不满的情绪，甚至一些地方还出现了排华的情绪。李嘉诚等人的华人财团也没能幸免。

1989 年 3 月，在旧址的施工地段出现了一张“告同胞书”，这份告同胞书和加拿大的国策严重不符，他们不止不想对外大开方便之门，还十分排外，字里行间都透露着极严重的排外情绪，且用词十分强烈。

根据媒体的猜测，当地人会有如此排外的情绪，全都与李嘉诚的另一笔生意有关。据说李嘉诚将另外一家公司的两百多个新公寓，直接在香港发售。这件事就发生在他们以太平协会的名义签下世博会旧址之后。

这条消息通过媒体传到了加拿大，并且被加拿大的媒体进行了大规模的宣传，一时间引发了当地民众的强烈不满。他们质问政府，将来还会有世博会物业，那些物业是否也会卖给香港？政府难道是要将加拿大变成华人的天下吗！

不满的情绪被越炒越烈，越来越多的人要求政府给一个说法。为了平息众怒，省督林思齐要求太平协和作一个保证，在这块地皮上建造的公寓，会优先出售给加拿大居民，绝不会只在海外出售。

加拿大的地价和楼价都是比较低廉的，如果按照省督林思齐博士的说法去做的话，那赚到的利润完全不能和之前预估的数值相比，这会造成很大的损失，这让李泽钜非常苦恼，他曾经既气愤又无奈地表示：“加拿大人民太激动了，他们根本听不进去我们的解释，并且他们似乎也看不见我也是加拿大的公民。”

李嘉诚在事情发生的时候，就通过各种手段了解了情况。他分析利弊，和公司的领导层一起讨论了应对的方案。对他来说，企业每一次危急都是可怕的，都应该给予高度的重视。出乎众人意料的是，他并没有将得出来的应对方案和处理办法告诉远方的李泽钜。为了可以给儿子一个独立的成长空间，考验一下他的处事能力，李嘉诚什么也没有做，将一切事情都交给儿子处理。在李嘉诚的示意下，马世民、麦理思他们均没有在这次风波中露面。所有的事情全部需要李泽钜一个人独立承担。

那是李嘉诚人生中最忐忑的日子，明明心乱如麻，偏偏还不能露面。每日一遍遍地看着来自加拿大的最新进展，研究儿子做的每一步选择。担心从未历练过的他，会不会被打倒，会不会做出什么错误的判断。

李嘉诚的所有担忧都是有道理的。那时李泽钜的身份只是太平协和的董事，因为还年轻，他的外貌就给人一种大学生的感觉，一点儿没有生意人的老成，很难让人信服。

不过让李嘉诚欣慰的是，李泽钜并没有半分逃避的想法，他勇敢向前，在事情发生后，第一时间从滑雪胜地韦斯拉赶到了温哥华。回到温哥华后，李泽钜强迫自己冷静，他让自己试着站在父亲的角度上思考这个问题，猜想父亲会如何去做。他记得父亲之前说过，所有的事情，只要敢去面对，就一定可以找到出路。经过再三思考后，他决定亲自去拜见省督林思齐。李泽钜对省督林思齐说：“您应该知道世博会这个项目搁浅后，会造成什么样子的后果！”

林思齐博士是在1967年才移民到加拿大的，他很清楚李嘉诚在香港的影响力，如果这个计划失败，那么加拿大的地产投资可能会损失2/3之多，而原本会因为这个项目得益的卑诗省，就会落在别的省后面。

因此，省督便对省议会进行了劝说，希望他们可以在这件事上对李泽钜做出让步，允许世博会物业同时在香港和温哥华发售，当然，香港才是主要的发售方向。于是，省议员通过媒体，向当地市民进行了劝说，希望他们可以用正常的眼光看待这个项目，因为这个项目对温哥华来说是非常有意义的，应该对他们好一点儿才是。

背后的李嘉诚将儿子所做的一切都看在了眼中，他知道现在应该乘胜追击，在现在所取得的基础上，召开记者会，赢取民心。但是他并没有将这个想法告诉李泽钜，就像一开始决定的那样，他要做一个彻底的甩手掌柜，无论好坏，一切都由李泽钜去处理。

幸运的是，李泽钜没有让父亲失望。他从小便参与长江领导层的会议，深知趁热打铁的道理，为了争取民心，他马上召开记者招待会，以项目负责人的身份站上了演讲台，他声情并茂地向所有加拿大人民表示，他本人早就是加拿大的公民了，并且为此觉得十分荣幸，说自己这六年里，觉得最有意义的事情，就是加入了加拿大国籍。

反华风波终于慢慢平息下来，这个由李氏财团带领的最庞大的跨国商业住宅群的工程也得以继续。李泽钜所做的一切与父亲的想法不谋而合，果然不愧是父子俩。事后，李泽钜自己也表示，他在很多事情上的处理方式和父亲很像，关于他们会想到一块儿一事，他一点儿都不觉得奇怪，因为他今天所有的一切，都来自于父亲。

1990 年 11 月 28 日，香港《信报》发表了《李泽钜设计万博豪园一鸣惊人》的文章，字里行间表达了对李泽钜的崇拜之情。

对李泽钜来说，加拿大温哥华的房屋计划——万博豪园，就是他事业上的试金石。因为这个被誉为加拿大有史以来最庞大的建设计划，是由他本人一手策划的。由看中地盘，以至买地、发展、宣传……他都参与其中，全身投入，但初挑大梁，无论如何都会有一种心理压力……

由投地到施工，这一段期间，他遇到的争议、面对的意外和困难不计其数。如果李泽钜是一个性格懦弱、信心不足的人，怕是早已知难而退了。但他并没有这样，依然一丝不苟地去做，笑骂由人，越战越勇，终于卒底于成……

当然，幸运的是万博豪园在香港刊登广告之后的初步反应还是不错的。因为它的价钱本来就低于香港一般的地区。李嘉诚对万博豪园的销售前景也是非常好看的。

这件事也让众人认识并肯定了李泽钜的处事能力，董事会一致向李嘉诚要求，让李泽钜出任长江实业集团的董事，李嘉诚也顺应民意，答应了董事会的请求。

由此可见，李嘉诚栽培儿子的方式，和他教育孩子的方式一样，就是让他们学会真正的独立自主。明白凡事都只能靠自己，除此之外，再无他法。很多人不理解，万博豪园这么大的一个生意，李嘉诚是怎么做到不管不问的，这是爱儿子还是不爱啊。若是爱，怎么忍心给他这么大的压力，当时李泽钜并不大，不必一下就给他那么大的压力；若是不爱，如此大的跨国项目，怎舍得让儿子拿来练手！当时人们都被“超人”的处事方法给弄蒙了。但是回过头来想一下，这怎么可能是因为不爱呢！正是因为爱，所以他愿意用这样大的代价，给儿子一个真正成长的空间。正所谓天降大任于斯人也，必先苦其心志，劳其筋骨……

谁也没有办法否认，最难熬的日子，最能让人成长。“李超人”甘心做幕后人，他要看着儿子如何受煎熬，如何熬过这次，或者失败也没关系，他还能教会李泽钜怎样爬起来。这是父亲给儿子上的最直接的一堂课，里面包含了他一直以来对儿子所寄予的厚望。毕竟他就只有他们两个孩子，他当然希望他们兄弟俩比谁都好，他也想马上就把他一辈子所有的经验都告诉他们，但是不可以，因为他心里知道，他不可能永远在两个儿子身边，所以他要让孩子们真正地成长起来。

李嘉诚不是不可以帮李泽钜渡过这难关，只是，李泽钜之后的日子，还会遭受许许多多类似的磨难，而那个时候，他很可能已经不在了，不可能像现在这样从头到尾地盯着他，默默地把他所有的不足与缺失都看在眼里，等到最终迈进的时候，可以帮他分析问题，排解困难，他想将他所有的爱都用在默默地陪他最亲爱的儿子们，支持他们，与他们一同成长蜕变，经历这场成长的煎熬，这样，以后他的儿子，不管再遇见什么，都会想起当初父亲留给他的这份力量。

很多人看出了李嘉诚的苦心，认为李泽钜能有今天的胆识和魄力，和万博豪园项目扯不开关系。毕竟当时李泽钜还年轻，就算再有才，也没有真正被打磨过，身上少不了稚气。李嘉诚大手一挥，如此重担瞬间上身，既是跨国大项目，又是临危受命，生生将李泽钜骨子中的不服输和统筹能力给逼了出来。万事讲究天时、地利、人和，李泽钜的能力就这样被父亲用这场集聚了天时、地利、人和的挫折给逼了出来。从此以后再也没有事情可以让他胆怯，任何的困难都别想轻易地打倒他。

这个赌注如此之大，若是赢了还好，一旦失败，极可能血本无回。可想而知，做这个决定，李嘉诚要承受的压力要远远高于李泽钜。这场惊世豪赌里隐藏的是满满的父爱，伟大而深沉。李嘉诚自始至终都在用自己的方式，来疼爱着这个儿子。就像李嘉诚自己说过的那样，两个儿子从小就是千人疼万人爱的宝贝，但是这种溺爱很可能会阻碍他们的成长，但是作为一个父亲，他的责任便是更好地让孩子成长，给予他们真正需要的东西，所以在李泽钜和李泽楷收到的那么多的爱里面，李嘉诚始终坚持着他最特殊的一份爱。

因此，才会有人说："与其说李泽钜用万博豪园，向父亲证明了自己；不如说李嘉诚冒险用万博豪园，成就了李泽钜。"

第五节　从幕后走到台前

"树大招风，保持低调"是李嘉诚多年的为人处世原则。为了可以让孩子们更好地成长，李嘉诚在李泽钜和李泽楷很小的时候，便给他们灌输了这个思想。告诉他们，凡事要低调，不可以大肆声张，在没有必要的情况下，尽量不要告诉别人自己的家庭情况。别的小朋友怎么样，他们就怎么样，绝不可以搞特殊。那时候，李泽钜和李泽楷还很小，庄月明曾跟李嘉诚提议，孩子如今还小，实在没必要给他们定下这么严格的规矩。李嘉诚一向很尊重妻子，对于妻子的话，虽说不上是言听计从，但也尽力满足。只是这次，他却没有听太太的劝说，而是一如既往地坚持自己的教育方式。他对太太说："月明，我知道你作为孩子的母亲，看着他们小小年纪就要遵守一条条规矩，十分心疼。可是他们也是我的孩子啊，我怎么会不心疼他们，不想让他们无忧无虑地成长呢！我这样做，无非是想给他们提供一个清净的生活环境，只有在健康的环境下成长，他们才可以健康地成长。"

庄月明知道丈夫说的话是对的，为了可以让孩子在一个健康的环境下长大，不至于成为被人鄙视的纨绔公子，他们确实应该在孩子的事情上保持低调。为了孩子的未来，庄月明终于咬咬牙，放手交给丈夫处理。

在李嘉诚的教导下，李泽钜和李泽楷成长得非常好，身上没有一点儿富家子弟的架子。两兄弟的生活非常低调，几乎很少有人知道他们是华人首富李嘉诚的儿子。看着两个孩子的成长，李嘉诚常常会感到庆幸，幸亏当初他坚持己见，没有让他们暴露在众人面前，没有让他们像普通富豪家的孩子一样，锦衣玉食。不过，李嘉诚也不会一直隐藏孩子，他并不是古代刻板迂腐的老人，当初为了让孩子养成好的习惯，才不得不给他们立下低调做人的规矩。如今，孩子们长大了，自然应该实行另一套方案了——那便是，找到一个合适的机会，将孩子们隆重地介绍给众人，这是一个必不可少的环节，因为这对培养孩子们的自信心有很大的好处。而让李泽钜从低调到高调的转折点，就是万博豪园计划。

万博豪园项目之后，李泽钜声名大作，这让李嘉诚意识到，自己的儿子已经不再是从前那个羸弱的少年了，他们已经长大成人，有了处世办事的能力。于是，李嘉诚便着手准备，让儿子慢慢从“幕后”转为“台前”。李嘉诚深知媒体对一个人的事业有着怎样推波助澜的作用，因此，他准备充分地利用媒体，来实现儿子的这个转型计划。

他为长子李泽钜制订的第一个“曝光计划”便是由长江实业集团公关部组织的万博豪园嘉汇苑的全面销售计划。1990 年，万博豪园嘉汇苑还没有在香港出售前，长实集团的公关部便按照李嘉诚的意思，安排万博豪园项目的负责人李泽钜，接受两家杂志的采访。那次采访非常成功，在他们精心策划下，李泽钜和长江实业马上就要发售的万博豪园嘉汇苑公寓，被成功地推到了公众面前，并且反响良好。

1992 年，江泽民会见李嘉诚。当天，与李嘉诚一起出现在江泽民主席面前的还有李泽钜和李泽楷两位公子。这是李嘉诚的第二个计划，在李泽钜崭露头角之后，让李泽楷也出现在公众的面前。他以如此隆重的方式，向所有人，介绍了自己的儿子。

这一年的 7 月份，正好是新任港督彭定康视察葵涌四号货柜码头的日子。李嘉诚准备抓住这次机会，将自己的儿子介绍给这位新来的港督。他命令手下员工将旗下公司——香港国际货柜码头分公司——处理第 2000 万个货柜庆祝仪式的日期，订在 7 月份港督视察码头那天。

之后，李嘉诚按计划行事，带两个儿子一同参加了公司的货柜庆祝仪式。在仪式上，他们对彭定康表示热烈的欢迎。这个仪式，被众人称作是一个双方都高兴的仪式，大家不得不佩服“李超人”的高明，他用这样既不突出也不特别的方式，将两个儿子介绍给了这名新任港督。

同年 10 月，“李超人”将出席“商委会”的名额让给了长子李泽钜，大家都知道，这个会议被称为“香港商务局”的会议，拥有着非凡的地位，而历届出席该会议的皆是十分有名望、地位显赫的人物。同样，在这次出席该会议的18位商界名人和3位非官方议员中，28岁的李泽钜是最年轻的。

媒体报道说，通过这件事，基本可以看出，长子李泽钜在李嘉诚心里拥有十分重要的地位。该新闻报道后，意料之中的引发外界的又一次猜想，他们说其实“李超人”从那时起，就选定大儿子李泽钜作为继承家族企业的接班人了。

在李嘉诚的努力下，李泽钜和李泽楷成功从父亲的背后走了出来。尤其是李泽钜，万博豪园的计划，让他获得了股东们的一致好评，得到了大家的信任。李嘉诚知道，是时候让他们慢慢接手自己的事业了。

于是，在1992年4月，“李超人”便做了一件让大家跌破眼镜的事情。他在没有任何预兆的情况下，辞去了汇丰银行执行副主席职务。他的这个做法，马上引发了各界的猜疑，人们纷纷猜测是不是长实内部发生了什么事情。大家纷纷瞪大了眼睛准备一探究竟，谁知看到的居然是，李泽钜悄然进入汇丰董事局的画面。这样一来，大家总算是找到了李嘉诚辞职的原因。原来是为了联手浦伟士，将长子李泽钜送入汇丰董事局。

事情发生后，引起了香港媒体和各界人士的关注，大家纷纷猜测李嘉诚的用意。毕竟汇丰银行执行副主席的职务，并不是随便一个人就能当的。这样显赫的地位，除了包玉刚之外，只有李嘉诚担任过，如今却让位给李泽钜一个后辈，究竟是为什么呢？思考之后，大家终于明白了，这是李嘉诚让长子继承家族产业的象征。也是从这里开始，李嘉诚让长子李泽钜继承家业的想法，变得越来越清晰。然而，事情在李嘉诚眼里却没这么绝对，他说：“目前并不存在接班不接班的问题，他们俩兄弟，在我眼中是一样的。”

李泽钜也多次表示，不希望大家说“接班人”这个词，他觉得一个人完成了学业，就应该去工作，不要因为他们在父亲的公司工作，就说他们是要接父亲的班，这会让他们很困扰。李泽钜在媒体前说的这番话，真是既得体又不张扬，不由得让人感慨，“超人”用自己的方法，一步步精心教出儿子，果然不是等闲之辈。

外界也普遍认为，李泽钜的这番话，非但没有让人感觉消极，还让人们感觉到了他的自信与能力，相信在未来的日子里，他一定不会辜负父亲和大家的期望，做出一番成绩的。

相信那时候的李嘉诚，已经不会在怀疑儿子的处事才能与气魄了。于是，他在 1993 年 2 月中旬，于长实集团董事局宣布，正式由李泽钜取代长实周千山的位置，出任长实副董事总经理一职。这就意味着，李泽钜正式成为长实的“一把手”。值得高兴的是，在李嘉诚的精心安排下，李泽钜的崛起丝毫不显得突兀。因此，才会有人说，李泽钜从权力到精神世界，都继承了他父亲的衣钵。若是没有他父亲的指点与教导，李泽钜不可能这么快得到股东和众人的认可。

李嘉诚说：“在任何时候都保持低调的人并不是最优秀的，最优秀的人很清楚自己应在何时收敛光芒，何时绽放自己。说得通俗一点儿，就是在应该低调的时候低调，在需要高调的时候高调。”

第六节　李泽钜的婚事

李泽钜承袭了父亲低调稳重的风格，他谨言慎行，踏踏实实地用十年的时间，将家族资产放大了数倍，并使长江实业集团的业务扩展到能源、通信、网络等行业，充分证明了自身的实力。对李嘉诚来说，行事稳健的李泽钜亦是工作上的左膀右臂，是传统意义上的“好儿子”，几乎没有给自己制造过任何麻烦。

外界也纷纷称赞李嘉诚的大公子是商界的典范，从不为父亲招惹任何麻烦。这话不止体现在李泽钜的事业上，更体现在李泽钜的婚姻上。

1992 年，李嘉诚突然透露长子李泽钜将在明年举行婚礼。这个突然而来的消息可把那帮八卦记者忙坏了。李泽钜从小受父亲李嘉诚的影响，为人低调。正是这个习惯，让他和妻子的婚前恋爱瞒过了香港的一干媒体。那些善于“侦察”的媒体甚至不知道李泽钜是什么时候有的交往对象，一时间纷纷急于找出这位神秘的姑娘。

但是当时他们知道的情况也是非常有限的，他们只知道这个姑娘的名字是 Cynthia Wong，用汉语音译过来就是辛西娅·王。

而要通过这个名字找到一个从未露过面的人实在是太难了，先不说香港居民中，大部分人都有英文名字，就是王这个姓氏，也是一个大姓氏，这简直难过大海捞针。为了找到这位王姑娘，各个八卦周刊几乎要将香港翻了个遍，期间也闹出不少笑话。而在各记者的众志成城之下，这位王姑娘终于浮出了水面。

李泽钜的夫人叫王富信。李泽钜和王富信是 1996 在加拿大就学的时候认识的，那时候，王富信是加拿大哥伦比亚大学的一名学生，就读工商管理专业。王富信学校的地址就在温哥华，英属哥伦比亚省，也就是大家常说的卑诗省。

他们的相识是在一次烧烤会上，王富信那时候并不知道李泽钜就是李嘉诚的儿子，只是觉得李泽钜对每个人的态度都很和善，一点儿没有傲慢的感觉，觉得很容易相处。

李泽钜从小就非常羡慕父母的感情生活，希望可以找一个和母亲一样自立、自强的女孩。这一点王富信十分符合，她本身就是一个自立、自强的孩子，从不像别的女孩那样，将找一个富家子弟作为人生最大的追求。李泽钜正是被她的这种心态吸引了。

确立关系后，李泽钜将这个消息告诉了父亲。他当时一点儿都不怕父亲会反对，因为他知道父亲最看中的是对方的为人，而非别的外在条件。事实上，李嘉诚也如儿子想的一样，非常尊重他的看法，并当场表态，只要是正经人家的女儿，人品也好，就很满意。

李嘉诚的认可让王富信十分感动，她将此事告诉了父亲，在父亲面前夸耀李嘉诚和普通人一样和蔼，没有半点儿坏脾气。与王富信的想法不同，爸爸王华瑞的想法就要现实多了。他担心女儿会受到欺负，毕竟李嘉诚的身份摆在那里，他们实在是太富有了，而他自己则早就不再做生意了，这种门不当户不对的婚姻，是最容易出现问题的。为此他没少叨叨女儿。而这些担忧在见了李泽钜本人后，再也没有出现过。

据王华瑞回忆，女婿第一次拜访他的地点，就是在希尔顿酒店，这个酒店也是李家自己的产业。第一次见面，王华瑞心中也是有忐忑的，但是一见到未来女婿，看见他恭恭敬敬地走到他面前，以一种极其慎重的态度询问道："伯父，我可以和您的女儿交朋友吗？"那一刻，王华瑞的所有担忧突然就不见了。

王华瑞无数次感叹道："泽钜给我的第一印象就很好，浑身上下，没有一点儿富家子弟的优越感，十分谦虚有礼。我那时候十分佩服李先生，真不知道身为华人首富的他，是如何将儿子教育得这么好的。"

没多久，双方家长见面。李嘉诚更是提前赶到，十分高兴客气地和王华瑞交谈，感谢他教育出如此出色的女儿。李嘉诚说："自己在选择儿媳妇上没有太大的规矩，不需要门户相当，只要是儿子喜欢的，正经人家就可以了。当然，如果能是中国女孩，就再好不过了。"

李嘉诚非常重视长子李泽钜，在知道王富信后，就经常和李泽钜提起王富信，询问短期的状况和未来的方向。李泽钜也愿意和父亲讨论，他觉得父亲的很多见解都是正确，可以给他很大的帮助。

1991 年，王富信回国，在李嘉诚的授意下进入万国宝通银行工作。1992 年 10 月，银行总部大厦建造完毕，在庆祝典礼上，众多的香港名人应邀而来。这里面当然也包括了李嘉诚和他的两个儿子。王富信在空闲之余会跑到李泽钜跟前，两个人相聊甚欢。但是这并没有引起记者的注意，因为王富信常常以助理的身份出现在政要和富商之间，所以记者们也将这归结到了商业洽谈里面，觉得他们二人是在讨论工作。除此之外，李家公子的名字确实有吸引女孩们靠近的能力，在他们看来，这样的画面真的不算什么。

李嘉诚的夫人庄月明在世时，非常喜欢到大屿山的观音寺参拜。李嘉诚感怀夫人，在她过世后，还常常到此上香，并在观音寺重新修建的时候，毫不吝啬地捐赠了大量资金。观音寺建好后，王富信接受李嘉诚的邀请，以李家未来儿媳妇的身份，与李氏父子一起参加了大屿山观音寺的开光大典。由此可见，李嘉诚对于这位自立、自强的儿媳妇非常满意。

事实证明，“李超人”看人的眼光没有错。婚后的李泽钜可谓家庭事业两得意，婚后第三年，女儿燕宁出世。1997 年，李泽钜获颁香港青年杰出领袖奖，1999 年正式成为李家商业帝国名正言顺的掌舵者。

这位由父亲李嘉诚一手培养和造就的商坛才俊，虽然没有做出像弟弟一样的惊天动地的事业，但创业难守业更难，李泽钜按着父亲安排的道路一步一个脚印，走得并不轻松，但总算没有辜负人们特别是父亲的期望。

第七节　无法低调的婚礼

1993 年 5 月 16 日，这位刚当上长江实业集团副董事总经理不久的李泽钜，迎来了他人生中的最大喜事——新婚之喜。

李嘉诚一直很看重这个长子，为了可以让更多的生意伙伴知道李泽钜，他决定亲自负责婚宴的一切事宜。

李嘉诚询问了两位新人的意见后，敲定了那天的安排：

早上 10 点 15 分，李泽钜坐上 117 号车牌的枣红色劳斯莱斯携迎亲车队去新娘家接新娘。接到新娘后即刻返回，要在 11 点左右到达李宅。

去接新娘的时候，记者们并没有看见李泽楷，这让大家很奇怪，哥哥结婚，不陪哥哥一起接新娘就算了，居然还晚来。而事后李泽楷对此的解释是：“已经有好多兄弟帮忙了……而且泽钜早就叫我留在家里帮忙。”事实上，待 11 点多接新娘的车队回到李宅，才见李泽楷姗姗来迟，将丰田车停在路旁。某文评论道：“大哥结婚，唯一的亲兄弟无论如何都要一早赶来帮忙，由此可见这两位公子性格差异的一面。”

下午 4 点半，按照李嘉诚的安排，婚礼在教堂举行。李嘉诚生性低调，并没有发太多的请帖，但还是有很多朋友不请自来，前来祝贺的人足足多出了两百多。这些名人中包括郑裕彤、恒生银行前主席何善衡、荣智健、李广业，以及当时担任香港警务处处长的李君夏等。

大家都知道李嘉诚非常重视李泽钜，现在李泽钜大婚，怎有不来道喜的说法。于是这些纷纷而至亲友们，不但打破了李嘉诚低调的想法，还将凡事胸有成竹的李嘉诚打得措手不及。在李嘉诚的计划中，并没有想到会多出这么多人，之前留的几桌备用席根本不能满足需求，这可以算得上是料事如神的“李超人”的第一次失算。

李嘉诚通过李泽钜的婚礼，充分展示了自己的人脉之广。许多德高望重的名人纷纷前来道贺。引起了媒体的热炒，报纸说：“李嘉诚大手笔安排长子婚礼，请来众多名人，聚集名车甚多，完全可以称之为世界名车博览会……由此可见，李嘉诚对长子李泽钜的重视程度，李泽钜接管李氏王国指日可待……”

李家婚礼引来数十万人围观，其中不少外籍人士，他们是看到早前传媒的预告赶过来，一饱眼福的。在众人眼中，这早就不能算是一场婚礼了，如此豪华的盛宴，众星云集，完全可以说是李嘉诚亲自指导的一出商业交接。

为了方便嘉宾，李嘉诚将婚宴设到晚上举行。地点就是李嘉诚旗下的希尔顿酒店顶层的鹰巢厅。为了让大家吃得开心，玩得热闹，婚宴全程禁止记者进入。谁知记者早就挖出了宴席的菜单，并炒得满天开花。

香港及华文报刊均报道了这次豪门婚宴，他们称李泽钜的这次婚礼为世纪婚礼，几乎每篇报道都述说了这次婚礼奢华至极，报纸纷纷以《豪门大亨李嘉诚为子不惜砸重金，打造豪门婚宴》《李泽钜大婚，4万元一席婚宴》《众名人现身，观李氏集团的财富交接棒》等作为文章标题。

这个报道也让李嘉诚觉得十分不安，他本想低调行事的，但是谁知道越想低调反而越声张了。他也强调自己并不知道一桌子宴席的具体价钱，一切只是为了让来宾们吃得好，大家辛苦到来，是为了给你送祝福的，必须要好好对待。

李嘉诚还表示，很多朋友从外地赶来，送上礼物就走，连口饭都没有吃了，让他觉得非常抱歉。他非常感谢朋友从大老远送来的祝福，也非常遗憾自己无法好好地招待朋友。

虽然李嘉诚一再表示自己不知道宴席的真正价钱，但外界依然将此说成了世纪婚礼，就是突出这次婚礼的奢华之处，有人更是将挖到的婚宴的菜单放在了报纸上，说是有 10 道左右：椒盐生蟹钳；12 头禾麻鲍选的鲍鱼，每只鲍鱼的价位都在 2000 元之上；重量达到两斤左右的苏眉，每条都要将近 2000 元；以及红烧大鲍翅的叉顶金山勾翅，平均每斤需要花费 3000 元，这些被爆出的招牌菜，无一不体现着婚礼的奢侈和豪华。

这场婚礼，处处可以体现李嘉诚对长子李泽钜的重视程度。当然，也表现出了李嘉诚对儿媳王富信的满意程度。而王富信也没有辜负公公李嘉诚的信任，自结婚以后，和李泽钜生活得平淡美满，从未闹出过任何的舆论，一直都是业界的典范。

第八节　与悍匪张子强的交锋

在跟李泽钜相关的所有事件中，最引人注目，也最具有话题性的事件，应该就是当年被张子强绑架一事了。不过这次事件的主角不是李泽钜，而是李嘉诚和张子强。

张子强绰号“大富豪”，是香港最出名的劫匪，曾被香港媒体称为“世纪贼王”。他做下的许多案子，都曾轰动一时，比如绑架李泽钜，绑架郭炳湘等。他犯罪所得的金额，甚至被记入了吉尼斯世界纪录。在绑架李泽钜这起事件中，他和李嘉诚进行了面对面的交锋。

了解这件大案之前，先来看一看张子强的成长过程。张子强原本是广西玉林人，1959 年的时候，4 岁的他跟随父母来到香港定居。他的父亲没什么特殊本领，靠着之前学过的一点儿中草药知识，开起了一间凉茶铺，勉强维持生计。当时他们一家居住的地方名叫油麻地，属于香港的贫民区，住在这里的都是穷人，经常有黑帮在这里打架斗殴，治安非常乱。在这种环境中成长的张子强，自然免不了与那些流氓混混接触。很快，他也成了其中一员。

父亲见张子强不走正路，对他进行严厉管教，不过非但没起到作用，反而产生了反效果。张子强逆反心理越来越重，最终小学没毕业就辍学，开始和社会上的小混混们鬼混，并很快成为一名小头目。12 岁的时候，他就进了警察局，16 岁坐了第一次牢。之后张子强的胆子越来越大，做下的案子也越来越大。

张子强从小过着贫穷的生活，他很羡慕那些有钱人的生活，但是又不想通过努力工作来挣钱，总想着一夜暴富。于是在利益心的驱使下，他和同伴开始策划抢劫。

1990 年 2 月 2 日，香港启德机场正在转运瑞士劳力士总公司运往香港的 40 箱劳力士手表，总价值约 3000 万港元。正在运送的时候，突然出现一群蒙面劫匪，他们用枪控制住押运人员，然后抢走了所有的手表。虽然警方根据线索认为是张子强及同伙所为，但是没有确凿的证据，最终这个案子不了了之。

1991 年 7 月 12 日，同样是在启德机场，胆大的张子强再次策划了一起抢劫案，这次抢劫的是运钞车。当时运钞车上装有 1700 万美金、3500 万港币，这批现金要先运往启德机场，然后运往美国。就在运钞车进入启德机场仓库区的时候，五名劫匪突然出现，持枪劫走了所有现金。当时有四名劫匪蒙着面，只有一个未蒙面，而未蒙面的那个就是张子强。

可以看出他的胆子已经大到了何种地步。

不过坏事做多了总有失手的时候，正是因为张子强未蒙面，事后被押运人员指认出来。然后张子强遭到逮捕，被判刑十八年。当时他的妻子罗艳芳也被当作同案犯遭到指控，不过庭审的时候因为证据不足被当庭释放。之后罗艳芳花 200 万请了当时香港非常有名的律师为张子强进行辩护。这名律师实力很强，找到了警方证据中的漏洞，经过四年的不断上诉后，法庭最终因证据不足，将张子强无罪释放。走出法庭的时候，张子强还摆出“V”的手势，明显是在嘲笑香港的司法。得意的他贪心不足，甚至反过来控告港英当局，最终港英当局向他赔偿了 800 万港元。

经过这件事之后，张子强越发骄纵，总想着做更大的案子，弄更多的钱。有一天，他无聊翻报纸的时候，突然注意到报纸上的一条标题：“香港十大富豪排名榜出炉”。标题下面列出了最新的香港十大富豪以及他们的财产。张子强心想：如果按照顺序一个一个来，把这些富豪都绑架了，那就有用不完的钱了。

说做就做，张子强立刻开始策划绑架方案。当时富豪排行榜上第一名是李嘉诚，张子强没有选择绑架李嘉诚，而是计划绑架他的儿子李泽钜。至于为什么选择绑架李泽钜，后来据张子强自己说，李嘉诚是一家之主，如果绑了李嘉诚，李家一定会陷入混乱，到时便不能在最短时间内拿到钱，风险会很大。而如果绑架李泽钜的话，李嘉诚作为一名摸爬滚打这么多年的商人，肯定不会舍不得钱。于是经过一番踩点之后，计划就此形成。

1996 年 5 月 23 日下午 6 点左右，李泽钜从公司坐车回家，当时车上只有他和司机两人。车子走到一条单行道的时候，旁边突然冲出一辆面包车和一辆电单车，将李泽钜的车堵在中间。从面包车上下来一群手持AK47和手枪的劫匪，用枪指着两人。当时李泽钜和司机都吓坏了，一动不敢动。劫匪用枪砸破玻璃，威胁两人下车，无奈之下，李泽钜和司机只好乖乖下车。

之后李泽钜和司机被绑起来，蒙上眼，押上了面包车。劫匪拿出电话，让李泽钜给家里打电话。电话打通之后，李泽钜说道："我是李泽钜，我被绑架了，不要担心，千万不要报警……"还没说完，电话就被挂掉了，之后他们被关到一家废弃的养鸡场里。

这群劫匪，自然就是张子强一伙。当谈及如何索要赎金的时候，张子强表现出了过人的胆识，表示要亲自上门去和李嘉诚谈判。

此时李嘉诚已经得到消息，正在家里着急。这时，电话响了。（以下对话内容出自张子强口供）

张子强："找李嘉诚说话。"

李嘉诚："我就是李嘉诚。"

张子强："很好，我叫张子强。"

李嘉诚："张子强？"

张子强："李先生，我想您一定听过我的名字。"

李嘉诚："那么张先生，你有什么要求请说。"

张子强："为了表示我的诚意，我亲自到府上来谈，欢迎吗？"

李嘉诚："非常欢迎，请问什么时间到？我们随时恭候。"

张子强："我已经在去贵府的路上。我想不用我再重复了，你应该懂规矩。"

李嘉诚："请放心，只要保证犬子的安全，我保证不报警。"

就在这段简短的对话中，李嘉诚感受到了劫匪的强悍与胆大包天。

不久，门铃响起，李嘉诚很快开了门，站在门口的正是张子强。张子强大摇大摆地走进来，然后说道："李先生，请把你家里的警察叫出来吧。”他不确定李嘉诚报没报警，想诈一下。

李嘉诚笑着说：“我做了一辈子的生意，没有什么特别成功的经验，但有很深的体会，就是做人做事要言而有信。张先生如果不相信这一点，我领你看看。”之后李嘉诚为表诚意，领着张子强看了所有的屋子，每一扇关着的门都打开看过。确认没有警察后，两人回到客厅开始谈判。

正在这时，门铃再次响起。张子强一下子蹦起来，站到李嘉诚身后。这一举动背后的意思是如果有什么情况，就拿李嘉诚当人质。李嘉诚让用人到门口去看一下，不久，用人回来报告说是一名记者，已经打发走了。原来，这事要怪张子强的手下。绑完李泽钜后，张子强让手下把李泽钜的车处理一下，结果这名手下办事不牢靠，随便就把车停在一个海边的停车场。这里并不偏僻，巡逻的警察很快发现了李泽钜的车，并认出这是李泽钜的座驾，推断李泽钜遭到绑架。有人将这个消息透露给记者，于是记者立马赶到李嘉诚家求证消息是否属实。用人说李泽钜的司机开车出了车祸，当时李泽钜并不在车上。记者见没什么新闻价值，便离开了。

记者走后，两人开始了正式谈判。张子强先说：“李老先生身为华人界的‘超人’，我一直很敬佩。我在十几年前做手表生意的时候，就曾经很荣幸地卖过手表给李老夫人，今天又非常荣幸地和您面谈。”

李嘉诚说：“其实，商海沉浮，每个人都会有机会的。”

张子强说：“机会对于每一个人都是不一样的。我也想做一个成功的商人，可是我先天不足，读书太少。”

李嘉诚说：“我也没有读过多少书。”

张子强说：“但是李老先生有耐性和韧性，还找了一个富人的女儿做妻子。我没有一步一步走过去的耐性，找了一个老婆，家里也没有多少钱。唉，其实啊，人生很短，还不如一棵树。一棵树还可以活上百年，甚至千年，一个人却只能活上那么几十年。30岁前，脑子还没有长全，

40岁后脑子就退化了。所以，我没有耐性一步一步地走，那样一辈子也只是混个温饱。”

李嘉诚问：“张先生想过上什么样的生活呢？”

张子强说：“我不想过穷日子，其实，我们这些人干这个也只是想要一个安家费。今天，我受香港一个组织的委托，就李公子的事和您协商，这个组织的一帮兄弟都要吃饭，还想尽量吃得好一点儿。这样吧，李先生富可敌国，而且还是一个大国，我们也不狮子开大口，受弟兄们委托跟李先生借个20亿吧！全部现金，不要新钞。”

李嘉诚说：“我就是给你这么多，恐怕也提不了现。我不知道香港的银行能不能提出这么多的现金。你看这样好不好，我打个电话问一下？”

张子强说：“好，那你快一点儿，早一点儿解决，李公子就能早一点儿回家。”

李嘉诚没有说谎，他确实不知道银行能提多少现金给他。于是他打电话给银行，银行回复说最多能提10亿现金。张子强说，10亿就10亿吧。李嘉诚为表示自己的诚意，把家里备用的4000万现金给了张子强，算是定金。

张子强往车上装钱的时候，回头对李嘉诚说：“这四千万有个‘四’字，不太吉利。这样吧，我还给你200万，只拿3800万。放心，回去之后，我绝对不会亏待李公子。”就这样，赎人的金额最终成了10.38亿港元。

李嘉诚的冷静表现让张子强有些惊讶，他问李嘉诚：“你为何这么冷静？”

李嘉诚说：“因为这次是我错了，我们在香港知名度这么高，但是一点儿防备都没有，比如我去打球，早上5点多自己开车去新界，在路上几部车就可以把我拦下来，而我竟然一点儿防备都没有，我要仔细检讨一下。”

第二天，张子强给李嘉诚打电话，问赎金准备好了没，李嘉诚说：“已经准备好了5亿，先来拿吧。”考虑到钱太多，普通的小车装不下，李嘉诚还特意为张子强准备了一辆大面包车。张子强开着装有5亿现金的面包车走了，双方约定剩下的5亿到下午4点来取。

第二次来的时候，张子强带了个同伴，他觉得一个人运这么多钱太累。把钱装上车后，张子强走上来握住李嘉诚的手，说道：“我这么搞，你们李家会不会恨我？”

李嘉诚说：“你放心，我经常教育孩子，要有狮子的力量，菩萨的心肠。用狮子的力量去奋斗，用菩萨的心肠善待人。”

张子强说：“李先生，我记住了李家的言而有信，你也记住我言而有信，我保证，我及这个组织从此不会骚扰李家人。”

说完，张子强转身要走，李嘉诚叫住他，说道：“张先生，请留步，有句话我不知道当说不当说？”

张子强有些诧异，说道：“请说。”

李嘉诚说：“现在你拥有的金钱已足够你一生享用，希望你从今以后洗心革面，隐姓埋名，远走高飞。如果再走错路，就没人能够帮你了。”

张子强听完后，哈哈大笑，开车离开了。他也算讲信用，当晚就把李泽钜放回了家。之后，张子强和同伙瓜分了赎金，他一个人得到3.6亿港元。然而他是个不会理财的人，拿到钱之后就开始挥霍，还跑到澳门豪赌。后来，李嘉诚接受采访时说，张子强之后又打过一次电话找他。李嘉诚说：“你搞什么鬼，怎么还有电话？”张子强说：“李先生，我自己好赌，钱输光了，你教教我，还有什么是可以保险投资的？”李嘉诚严肃地回答道：“我只能教你做好人，但你要我做什么，我不会了。你只有一条路，那就是远走高飞，不然你的下场将是很可悲的。”

张子强没有听从李嘉诚的劝告，而是按照原计划，开始策划绑架香港富豪榜上排名第二的郭炳湘。这次绑架也成功了，他拿到了6亿元赎金。之后他把目标转向“澳门赌王”何鸿 ，结果在实施的时候因警察介入未能得逞。

张子强越来越疯狂，甚至策划劫狱，还威胁港府，意图绑架官员。这种极端疯狂的行为，最终让张子强走上了灭亡的道路。

1998年，张子强计划用炸药炸掉香港赤柱监狱，把自己的同伙救出来。香港警方得到消息后，非常重视，抓紧调查。经调查发现，张子强从内地购买了大量炸药，并经常在内地和香港之间来往，组织犯罪活动。于是香港警方知会内地警方，准备联合抓捕张子强。在两地警方的合作下，1998年1月26日，张子强在广东省江门市被抓捕归案。

此时的张子强，还幻想着内地警方会把自己移交给香港警方，送回香港受审。因为香港法律中没有死刑，只要不死，他便可以通过各种手段，减轻自己的刑罚。不过他的幻想最终还是破灭了，广东警方对他的罪行进行仔细侦查后，由广州市人民检察院对他提起公诉，广州市中级人民法院对他的案件进行了审理。

1998年12月5日，广东省高级人民法院做出终审判决，判处张子强及其他四名主要案犯死刑。第二天，这几人被执行死刑。

张子强犯罪团伙的覆灭，引起极大的轰动，成为街头巷尾人们谈论的话题。不过当初亲身经历过风雨的李嘉诚一家，却对此不发一言，对当初那起绑架案也只字不提。直到2013年李嘉诚接受南方报业专访的时候，才首次谈论了这件事。

对于李嘉诚来说，张子强的灭亡当然是好事。不过李嘉诚是个心存慈悲的人，即使当初张子强绑架了自己的儿子，他仍苦口婆心劝张子强走回正路，这正是他菩萨心肠的表现。在这场交锋中，李嘉诚没有赢，但是也没输；张子强赢了，但是也输了。

第九节 “宅门逆子”李泽楷

李泽楷，出生于1966年11月8日，是李嘉诚的第二个儿子，香港有名的“宅门逆子”。他生性叛逆，个性张扬，早早就自立门户。李嘉诚不止一次跟外人说过，他对这个小儿子束手无策，早在李泽楷14岁时，就无法管住他了。

“宅门逆子”、个性张扬、让父亲束手无策等，单从这些贴在李泽楷身上的标签就可以看出，李泽楷远不像哥哥李泽钜那样让人省心。明明是亲兄弟，为什么会有如此大的差别呢？曾经有记者问过李嘉诚这个问题，询问他是否将教育的重点全部放到长子身上，而疏忽了对次子的培养。李嘉诚当场就否认了记者的猜想。

事实上，李嘉诚对两个儿子的基本教育方式是一样的。都是从不同的角度、方面，教会他们为人处世。

小泽楷出生时，李嘉诚在香港已经有自己的公司，有足够的经济基础给儿子一个富有的生活。可李嘉诚并没有那么做，他深知温室中长不出参天大树，雀巢中养不出鸿鹄之志。李嘉诚早年失学的经历，让他特别重视对孩子的教育。

在儿子李泽楷很小的时候，李嘉诚就让他了解外面的世界，了解世间的艰辛。为了不让李泽楷养成奢侈的习惯，李嘉诚选择公共汽车为他们父子的代步工具。他们常常会坐很久的车，到路边报摊去看一个卖报的小女孩边卖报边做功课的苦学情景。

那时候李嘉诚总是带着书本，通常是文言文的古书，一句句地解释给儿子听。他知道儿子可能听不懂，但那些都是中国人最宝贵的经验和做人宗旨。他只是希望可以通过这样的方式，慢慢地感染孩子。

李泽楷小时候，与兄长一样入读香港顶级名校圣保罗男女小学。为了能让儿子更好地成长，并且真正地独立起来，李嘉诚于 1979 年将不满 14 岁的小儿子送往北美，读大学预备学校。

那段求学路对于李泽楷来说是痛苦的，小小年纪就要在一个自己完全不了解的国度生活。这里没有关爱自己的母亲，没有随传随到的用人，甚至这里的一切都与香港不同，所有的一切都要重新开始。

那时候的李泽楷，还是一个没有读完中学的孩子。虽然从小就学习英文，但因为年岁尚小，又没有语言环境，因此在那段刚到美国的时间里，李泽楷基本没有办法和人沟通。那是李泽楷人生中最寂寞的一段时间。每一天对于小小的李泽楷来说，都像是生活在黑暗中一样。母亲庄月明在那时候给了小儿子李泽楷很大的帮助，每天晚上都要进行固定不变的电话联系。这给了李泽楷很大的安慰。

多年以后，李泽楷在接受采访时总将在美国留学的那段日子说成是自己人生最孤独的日子，而他所说的那种“孤独”，其实和他隐瞒自己的身份有着很大的关系。

其实，那时候的李嘉诚，已经非常有名了，在美国也不缺生意伙伴。如果他将儿子留学的消息告诉那些生意伙伴，一定会有人照顾李泽钜和李泽楷兄弟俩的。李嘉诚并没有这么做。他送儿子出国念书，一方面是为了给孩子一个好的学习环境，让他们可以接受最先进的教育；另一方面就是为了通过国外的独立生活来锻炼孩子，让他们学会真正的独立。但他并没禁止两个儿子的言行，如果李泽楷想说出去，他也不会插手阻止。也许是受了父亲的影响，李泽楷在这件事上做了和父亲一样的选择，他也不愿意让别人知道自己的身份。

那时候李泽楷已经在美国生活了一段时间，他接受了美国新一代的思潮，因此想摆脱家里的接济。李泽楷身边的朋友都是非常独立自主的，那些人中有很多的同学也拥有十分优越的家庭环境。也许是受了同学们的影响，李泽楷对于家里的接济越来越不以为然，他觉得真正的成长便是先让自己独立，尤其在上大学以后，这种想法也越加强烈。

于是，李泽楷在每天放学之后，都会跑到学校旁边的麦当劳打工。他在那里做的只是一名学生兼职，负责收银工作，可以说是麦当劳最底层的员工。

那时的课程还非常紧张，而李泽楷除了白天正常上课完成所有的作业任务之外，还需要空出晚上的时间用来打工。对于一个还在上学的孩子来说，确实挺不容易的。但是这并没有让李泽楷感到难受，相反他很享受这个自食其力的过程。之后李泽楷每次在说起这一段经历的时候，都无比自豪。虽然挣到的钱并不多，也学不到什么东西，但是对于李泽楷来说确实意义重大，可以算是他人生中自食其力的第一步。

李泽楷上学期间所有花销几乎都是自己打工挣的，没有动用父亲给的银行存款。这一切李嘉诚都是知道的。但是他什么也没做，仍然定期往李泽楷的账户里存钱，他要看看这个叛逆的小儿子到底可以坚持多久。

那段时间对李嘉诚来说也是美好的，如果说李泽楷享受自食其力的过程，那李嘉诚的感动无疑来自一个父亲见证孩子成长的欣慰。

由此可见，李嘉诚对两个孩子的教育方法都是照着一个基本点去的，他希望孩子可以独立，知道钱挣得不易。李嘉诚曾说过："只有让他们知道钱赚得不容易，才会懂得珍惜，以后才会慎重做事。"

其实，李嘉诚和所有的父母一样心疼孩子，但他更为儿子的做法感到高兴。他注重对孩子人格的培养，希望自己的孩子可以自立自强、不卑不亢，成为顶天立地的男子汉。对于孩子性格上的问题，每个人都能有自己的性格，这个不可能改变的，作为一个父亲，在这方面他尊重自己的儿子。

第十节　做自己想做的事

在麦当劳打工的那段日子中，李泽楷最不能接受的就是来自主管的责罚。也许这里不应该称之为责罚，因为根本说不出什么原因，更像是在受气。这一度让李泽楷觉得十分难过。有次他跟父亲打电话，说起此事，表示不能接受主管毫无理由的责罚。

李嘉诚知道儿子的想法后，并没有说任何安慰的话，他给儿子讲了自己的小时候打工的经历。只有相同的经历，才可能产生共鸣。这并不是李嘉诚第一次给儿子讲自己的事情，却是李泽楷体会最深的一次。电话快结束的时候，李嘉诚问儿子，“泽楷，你知道自己今年几岁了，那你记得爸爸这个岁数的时候，爷爷在哪里吗？”李泽楷紧紧拿着电话，郑重地对父亲说：“爸爸，我知道该怎么做了！”

挂断电话后，李泽楷深深地沉默了，他想着自己的父亲，知道父亲因为爷爷的早逝，很早就扛起了整个家。他想，自己和父亲比起来，简直差太多了。

那次和父亲的谈话让李泽楷受益匪浅。他开始接受主管无理的责罚，将这当作成长中的一部分。这件事也让他知道了员工的不易，他暗暗告诉自己，以后自己若是开公司的话，一定要好好对待自己的员工。

没多久，李泽楷就从麦当劳那里辞职了。那时候他的学业越来越忙，再也没有时间可以定时去麦当劳打工了，而且这份工作对他而言确实没什么挑战性，薪水也并不乐观。再三考虑之后，李泽楷离开了麦当劳。在这之后，他去了高尔夫球场做球童，球童不比麦当劳，一天下来体力消耗得十分严重。可是，李泽楷觉得非常值得，他也在那里学会了很多东西。而且球童还有一个好处，它的时间比较自由，这一点非常让李泽楷满意。

李嘉诚经常打高尔夫球，知道球童的工作量。在知道儿子的新工作是高尔夫球童时，李嘉诚亲自给儿子去了一个电话，鼓励儿子，并告诉李泽楷，很开心他能这么做，让他注意身体，用心体会工作中的每一步，必定会有所收获的。

初到球场，李泽楷按照父亲的话去认真对待这份工作，发现球童每天都会接触不同的人，李泽楷将这当成一个机会，他仔细观察每个人的表情，思考每个人的想法和身份，希望自己有朝一日可以和父亲一样，能够揣摩别人的内心。为了能更好地锻炼自己，李泽楷成了球场最勤奋的员工。

在那几年当球童的日子里，李泽楷常常需要背负极为沉重的球棒袋。一次，李泽楷照常搬运球棒袋，却因为背的时候没有用好力气，不幸拉伤了右边肩膀的筋骨。负伤后，李泽楷依然坚持工作，他认为这里还有值得他学习的地方。这个伤也因为没有得到好的休养，一直持续到了现在，每当李泽楷坐下或者起立的时候，都需要稍微拉一下右边的胳膊。

有付出就会有收获，李泽楷在付出过努力之后，如愿学到了本领，这也可以说是痛并快乐着。因为知道球童的不容易，李泽楷对高尔夫球并不怎么热爱，甚至以一种厌恶的情绪来看待高尔夫球这项运动。不过这都是以后的事情了。

即使在美国的日子对于李泽楷来说是痛苦的，可它依然没有影响到李泽楷的学习成绩。

1983 年，李泽楷以优异的成绩考入美国斯坦福大学就读电脑工程系。对于小儿子的这个选择，“李超人”也难得地投了赞成票。要知道，当时电脑在世界上并不像现在这样普及，尤其在中国，更是少得可怜。所以李嘉诚的这个做法，是非常值得称赞的。

对此李嘉诚自己也曾经说过，比起家族使命来说，他更希望儿子可以做自己想做的事情，因为很多时候，喜欢是一种强大的动力。所以，他支持儿子发展自己的兴趣。最后，李嘉诚还表示，他十分相信儿子李泽楷的选择。

李嘉诚的信任给了李泽楷很大的动力，为了不辜负父亲的希望，他用所有的时间学习，结果正如李嘉诚所预料的，李泽楷的大学生活是非常充实并且优秀的。他完全对得起父亲的信任。

1987 年，李泽楷以优异的成绩从美国斯坦福大学毕业，进入家族在加拿大的 Gordon Capital 公司。三年后，李泽楷在父亲的指示下返回香港，进入和黄。

刚到和黄的时候，李泽楷就向父亲抱怨过，说每个月拿到的薪水实在太少了，还没有他在加拿大的 1/10 多呢！他抱怨自己的工资是全公司最低的，连清洁工都比他挣得多。对此，李嘉诚是这样回答他的，“你不是，集团里工资最低的人应该是我。”那时候李泽楷才知道，爸爸在集团的薪酬只有 5000 港元。

他看着父亲，什么也没有说就离开了。之后李泽楷安心留在和黄学习，再也没有提过工资的问题。父亲已经为他做了一个很好的榜样，他需要向父亲学习。

李嘉诚关心小儿子的一举一动，却从不插手。他希望李泽楷可以从头来做，一步一步地克服困难。从这里看，李嘉诚还是有让小儿子逐步接手和黄业务的想法。聪明的李泽楷应该也感觉出父亲的想法，但他和父亲的想法并不一样，他一直希望可以创造自己的公司。为了两全，李泽楷一方面听父亲的话，努力工作；一方面在外寻找发展的机会。

1991 年，李泽楷斥资 4 亿，创办了香港卫视。之后在父亲的同意下，以 9.5 亿美元将其卖掉，用所得资金创立了自己的盈科集团，并借壳在新加坡上市的海裕亚洲，改名为盈科拓展。公司业务包括地产、酒店和鹏利保险……

同年 7 月，新闻集团宣布：将用 5.25 亿美元，也就是 40.6 亿港元的价钱，正式从和黄及李嘉诚家族手中买下卫星广播有限公司 63.6% 的股权，一半以现金支付，一半以新闻集团股份支付。

据当时的行家估计，此次交易金额为该项目原本投资的 6 倍之多。李嘉诚赚得盆满钵满。除此之外，和黄和李氏家族仍有卫视 36.4% 股权，可以继续分取该项目收益。

李泽楷因为卫视交易的成功而名声大噪，众人纷纷称其为“小超人”。香港各大报社纷纷报道。《经济日报》于同年 7 月评价道：“真是后生可畏！李嘉诚次子李泽楷，今番终于做出一出好戏，为和黄及其父，带来近 30 亿港元利益……李嘉诚望子成龙，今次可如愿以偿了……早在 1990 年 6 月 26 日，当李嘉诚以和黄资金管理委员会董事经理身份宣布和黄将构思发展卫星电视，初步投资额约为 4 亿美元，便有不少市场人士私下慨叹，李嘉诚父爱有价，愿意投资约 31.2 亿港元来栽培次子，将这样一盘极具挑战性的生意交予李泽楷打理，而本身只是从旁协助……”

李嘉诚从不赞成给孩子太多的资金，希望儿子们可以勤俭节约。可他却愿意花如此多的钱来培养儿子，在他看来，钱可以花，但不可以浪费。

不日，李泽楷正式升职为和黄副主席。外界纷纷猜测，李泽楷到底要干什么？是专心当和黄的副主席，还是集中精力打造自己的公司？

没有疑问，李泽楷选择了后者。在取得父亲的同意后，他离开了和黄，专心经营自己的公司。

第十一节　性格张扬的二公子

其实，李嘉诚早就知道小儿子会自立门户了。李嘉诚说：“我从很早就发现泽楷和泽钜是不一样的。他十几岁上初中的时候，就比别的小孩要叛逆，人家不敢做的事情，他都敢。他上初中一年级的时候，就有老师打电话给我告状，他和几个同学居然在课堂上煮饭吃。

“之后去了美国，更是热爱一些我认为是很危险的运动，比如：快艇、飞机、潜水打鱼等。泽楷 17 岁的时候，就曾送过我一条五尺多长的鲨鱼，因为是他自己潜水打的，所以我很开心。但我更为他的安全担心，我曾不止一次地劝说过他，但是并没有什么作用。这毕竟是孩子的爱好，我无权干涉。”

李泽楷从小就是一个调皮捣蛋的孩子，长大后的行事作风更加特立独行。但因为从小接受父亲的教育，他并不像传统的纨绔子弟那样只知道花钱，而是既会花钱，又会挣钱。刚回港的时候，李泽楷曾经在父亲的监督下过了一段俭朴而寂寞的日子。那时候他独自一个人住在普通屋村里，以一辆日本的小房车作为当时的代步工具，整体生活和一个打工族没两样。

但这种生活并没有持续多久，李泽楷就又恢复了公子德行。他大量购买名牌，十分注重自己的生活品位，去更大的餐厅，每次选的座位还都在门口附近，并将自己平时去的地方的停车证都贴在车头的位置，一点儿都不避讳……

这件事被香港一名记者记录了下来，发表在当时的报纸上：

受过西方思想熏陶的 Richard（李泽楷英文名），始终注重生活品位，完全不像父亲李嘉诚……

……Richard，喜用名牌，特别钟情于双襟西装及背带裤，非常洋化。

他又爱在文化酒店 Pie-Not 餐厅进膳，每每选坐在进门口的位置。

Richard 平日虽然只以一辆丰田 Camry 房车代步，但在车头玻璃上却贴满各类会所停车证，如马会、深湾游艇会、皇家高尔夫会……

文章不止说李泽楷的作风极其外国化，还述说了李泽楷的对生活的要求和奢侈。众所周知，李嘉诚是一个非常节俭的人。据说，他一套西装可以穿十年，只要不坏，他就会一直穿下去。李嘉诚自己受过穷，所以珍惜自己赚来的每一分钱。他十分反对小儿子的做法，曾专门将儿子叫到面前批评，却被李泽楷反驳道："我花的都是自己挣的钱。"

从这些不难看出李泽楷的少爷脾气，其实他的脾气早在和黄的时候就显露出来了。当时，因为李泽楷对卫星电视有着浓厚的兴趣，李嘉诚将他分到前和黄董事总经理马世民的手下。据说当时李泽楷行事鲁莽，并不招马世民待见，二人间的关系十分紧张，更是频频爆出不和传闻。据说马世民就是因为无法和李泽楷相处，才离开公司的。

1990 年，李嘉诚的妻子庄月明去世，李嘉诚将深水湾道的李家大宅过户给长子李泽钜。早想摆脱"父兄束缚"的李泽楷马上以上班方便为由，搬出家宅，在金钟康域酒店住下。之后更是频频搬迁。直至五年后，李泽楷才有了自己的房子。他用 1.2 亿港元买下了大浪湾石澳道 12 号的独立洋房，石澳道一共有 23 座独立豪邸，业主委员会很看重住户的地位及身份，能在此处居住的人非富则贵。李泽楷更是两者均占。这件事之后，很多人笑称李泽楷那五年是受了美利坚马背民族的影响，连住都不安生。这样的我行我素的李泽楷，又怎么会甘愿老老实实地按照父亲的规划走呢。

所以很早前，李嘉诚就已经知道个性张扬的小儿子绝不会在和黄长待。李泽楷离开和黄后，李嘉诚也公开表示："年轻人有自己的理想，和黄管理层人数充足，我不会强迫他做。"可见，对于儿子单飞一事，李嘉诚已经看得十分豁达了，他完全尊重孩子的选择。

1998年，盈科拓展在李泽楷入主后每股纯收益为0.35元，不但没有增长，还比前年的1.29元减少了70%多。但盈科取得数码港开发权后，其股票大幅上涨，从4月底的1.8元上升了两倍多，最终以4.8元创历史新高。

李泽楷跟父亲的想法一样，知道生意越大，越能赚钱。1995年，他以6.75亿港元的价钱从英之杰太平洋手中买下于涌皇冠车行大厦。八个月后，李泽楷将其卖给置地，净赚1.35亿港元。这是李泽楷第一次购买房地产，初战告捷后，"小超人"在房地产上更加有信心了。

当时日本写字楼的价钱一直在跌，李泽楷拿写字楼现在的价钱和最贵的时候相比，发现跌了将近80%。他想起父亲一直说的"物极必反"，认为写字楼的价钱已经跌到最低点了，正是积极买进的好时候。于是，李泽楷打算低价收购楼宇，然后在短期内以较高的价钱分层出售部分楼面，先赚一笔。

与李嘉诚的保守不同，"小超人"一向敢于冒险，这次当然也不例外。既决定要做，就要做大生意。1997年3月李泽楷以58亿港元的价格，买下日本铁路局的一块地皮，地皮就在东京千代田区，接连东京火车地铁站。该地皮总面积大于5.2万平方英尺。李泽楷决定在这块地上兴建盈科中心。这是十年来单一外国投资在日本的最大投资，算上建筑费后，总投资超过 80 亿港元，整整高出盈科整个股本好几倍。

李泽楷分析过市场，认为肯定会赚，才敢如此大手笔地投资。谁曾想，日本经济不但没有回升，反而越来越差了。市场上的坏消息一波接一波地传来，房价持续跌落。这让一心坐等成功的“小超人”再也坐不住了。他将公司现在的局面告诉了父亲，希望可以得到帮助。

李嘉诚一直很关注儿子的公司，早就知道儿子的困难了。但是为了让儿子成长，他并没有贸然插手。儿子出面寻求帮助后，他也没有给予无条件的帮助。他在商言商，要求李泽楷将自己公司的部分权益卖给和黄。经过商量，和黄同意买入该东京地皮 45% 的权益，给出的价钱也不高，是当时盈科买入价的一半。李嘉诚还同意给盈科 1.7 亿元，作为办理费供其使用。若说李嘉诚半价购入的做法不讲情面，那这笔手续费则摆明了是要给小儿子赚的。李嘉诚这样做的目的很明确，他希望儿子可以通过这次教训明白做生意的不容易，让他收敛锋芒，今后谨慎做事。

第十二节　出尽风头的“小超人”

和黄购入东京的权益后，日本的地价依然还在跌落。李嘉诚找到小儿子，告诉李泽楷要打起精神。李嘉诚说：“现在日本市场确实是最坏的时候，但也是最好的时候。物极必反什么时候都适用。这个时候一定要集中精力，切不可分心，以防错失时机。”他和李泽楷商量后，决定继续大量购入地皮，一来可以冲淡之前高价购买的损失，降低平均成本；二来增加地盘面积。

这次算是李泽楷事业上的第一次滑铁卢，因为父亲的出现而得以保全。这次事情让李泽楷认识到发展一个企业最重要的不是创，也不是拼，而是稳。他觉得自己还有很多地方需要努力，应该虚心向父亲学习。

李泽楷谨记父亲的教训，虽然行事仍然张扬，但较之前还是收敛很多。做每件事之前，他都会反复思考，给自己留下后路。自此之后，李泽楷越走越顺，盈科业务也越做越大，在东京地铁站上盖物业，在香港创办鹏利保险，与美国芯片公司 Intel 合作，发展亚太区互联网络……盈科集团在李泽楷的指引下完成了真正的国际化。

1999 年 9 月，李泽楷获得由《南华早报》和 DHL 颁发的杰出商业成就奖，在香港富豪榜中排第四名。那年也是李泽楷十二年以来最忙碌的一年。他每日平均工作时长达到 16 个小时。因为盈科的全球化，经常需要奔波海外，全年共搭飞机近 160 次，导致他时差混乱，再加上每天都要对面强大的工作压力，一度使他无法安然入睡。以往健康的身体，被折腾得常常生病。因为没有时间好好吃东西，李泽楷急速消瘦，将前来看望的父亲都吓到了。

李泽楷这一点倒是和父亲不一样。李嘉诚无论再忙，都会将事情安排得很有条理。对于答应别人的事情，更是严格遵守。但李泽楷不是这样的，“小超人”一旦忙起来，便什么也不顾了。

曾有一队由韩国专程飞来香港的新闻采访队，事先就和李泽楷约定了采访的时间，但那天李泽楷正在开一个重要的会议，迟迟讨论不出结果，会议时间一拖再拖，采访队也因为一等再等。最后因为时间原因，只能放弃这次采访。李嘉诚曾因此事私下说过李泽楷，但他根本不听，照样我行我素，特别忙的时候，甚至连老父亲订的每周家宴都缺席。

因为行程过于紧密，李泽楷常常更改航班和开会时间，令同事们白跑一趟。奇怪的是盈科的员工并未因此有什么抱怨，反而任劳任怨，一个个将公司当成家，经常在写字楼加班到深夜，有的甚至就睡在公司。他们的做法倒是跟李泽楷很像，没有规律，却十分努力。

李泽楷之前在麦当劳打工时常常受主管的气，知道员工的不容易，再加上父亲从小就教育他要尊重员工，人才是公司发展的关键。因此，自己成立公司后，他一方面积极吸纳人才，一方面用心地对待员工，给他们应有的关心和礼遇。

他每年圣诞节都会亲自为员工准备礼物，亲自出席各个分公司的圣诞晚会。盈科上市时，他将公司3%新股给盈科集团所有员工认购，不管员工认购多少，都只象征性地收取一元钱。员工们感觉到了老板对自己的重视，自然更努力地工作，这也为盈科的急速发展提供了条件。就这样，李泽楷遵照自己的梦想和父亲的指导，一步步地走出了自己的天下。

外界都说："在李嘉诚的两个儿子中，自小循规蹈矩的李泽钜无疑更像父亲李嘉诚，但真正继承李嘉诚敢闯敢做精神的却是他的小儿子李泽楷。"某种意义上，李泽楷在更多人心中赢得了"超人"接班人的位置。

李嘉诚用相同的方式教育两个孩子，却用不同的方法去栽培两个孩子。很明显，对于小儿子，他并没有像对大儿子那样严格要求，而是选择了让他自己去发挥，多方面成长。

李嘉诚自己也承认，对小儿子的管制明显要低于大儿子。因为李泽楷从小就是一个叛逆的孩子。众所周知，叛逆孩子的行为方式大多遵循一个这样的规则，就是你越让他干什么，他越要跟你反着干。很明显，李嘉诚明白这一点，所以早在李泽楷很小的时候，李嘉诚就意识到对于小儿子的教育方法与培养方式，是要和大儿子有所区别的。

正是李泽楷不羁的个性，让他在李氏家族中占尽了风头，他用与默多克的谈判，与李显扬的竞争等事情，向世界证明了自己的能力，几乎成为香港商界最新的传奇。外界都说他不止继承了父亲李嘉诚的商业头脑，更继承了“大超人”的果断、胆大和勇于突破。

在李泽钜和李泽楷心里，他们今天之所以可以这样成功，全是因为父亲对他们的教育。父亲不止教会了他们如何做一个商人，更教会他们要去做一个有良心的商人。对他们来说，父亲是优秀的，是伟大的，更是心中的一盏明灯。

附录一　李嘉诚生平大事年表

1928 年　7 月 29 日（农历六月十三），李嘉诚出生于广东省潮州潮安县北门街面线巷 5 号。

1933 年　进入观海寺小学读书。

1936 年　转入潮安县庵埠镇崇圣小学。

1939 年　6 月，李嘉诚转入潮安县郭垄小学读书。

6 月 22 日，日军占领潮安县庵埠镇，李嘉诚被迫辍学。

1940 年　随父亲前往澄海县隆都镇后沟村避难，不久后举家逃往香港，投奔李嘉诚的舅舅庄静庵。

1941 年　12 月 8 日，日军占领香港。同月，李嘉诚的父亲李云经被查出患有肺结核。

1943 年　父亲李云经病逝，李嘉诚为担负养家重任，再次辍学。

1944 年　进入西营盘春茗茶馆当跑堂。

1945 年　辞掉茶馆工作，进入舅舅庄静庵的钟表公司当学徒，后来到高升街钟表店当店员。

1947 年　离开舅舅的钟表公司，进入家五金厂当推销员，负责推销铁桶。

后转投一家塑胶厂，并很快被提升为业务经理。

1948 年　因业绩出众，被提升为塑胶厂总经理。

1950 年　7月，利用自己的积蓄和向亲友筹措的资金，开办了长江塑胶厂。

1955 年　长江塑胶厂因质量问题陷入退货危机，后经李嘉诚努力，扭转危局。

1957 年　前往意大利偷学塑胶花技术，归来后成为“塑胶花大王”。

年底，长江塑胶厂更名为长江工业有限公司，公司总部从新蒲岗迁到北角。

1958 年　经过调查，决定进入房地产业，在北角购买了一块地皮，计划兴建一座 12 层的工业大厦。

1959 年　位于北角的工业大厦建成，取名“长江大厦”。

1960 年　在柴湾兴建了一座 12 万平方英尺的工业大厦。

1963 年　与庄月明结婚。

1964 年　8 月 1 日，长子李泽钜出生。

1966 年　11 月 8 日，次子李泽楷出生。

1971 年　成立长江地产有限公司。

1972 年　7月31日，长江地产有限公司更名为长江实业(集团)有限公司。

11 月 1 日，长实股票在香港证券交易所，远东交易所，金银证券交易所挂牌上市。

1973 年　长实股票在伦敦挂牌上市。

联合同行成立联合塑胶原料公司，打破进口商垄断，挽救同行。

1974 年　5月，长实与加拿大帝国商业银行联合成立怡东财务有限公司，主营地产按揭业务。

6 月，长实股票在温哥华证券交易所上市。

1977 年　1 月 14 日，参与中环遮打站上盖（环球大厦）、金钟站上盖（海富中心）建设竞投，击败置地公司，一举中标。

4 月，收购美资永高公司，接手经营香港希尔顿大酒店和印度尼西亚巴厘岛的凯悦酒店。购入虎豹别墅及其他多项地皮。

1978 年　与汇丰银行合作重建位于皇后大道中 29 号的华人行。

3 月 23 日，长实集团总部迁入华人行。

9 月，在九龙仓争夺战中帮助包玉刚拿下九龙仓。

10 月，应邀到北京参加中华人民共和国建国 29 周年国庆观礼活动。之后与夫人庄月明回到家乡潮州。

收购英资青洲英坭有限公司。

1979 年　3 月，与会德丰洋行大班约翰·马登联合开发会德丰大厦。

4 月，与广生行联手发展告士打道、杜老志道、谢斐道的三面单边物业。

6 月，与会德丰共同组建美地有限公司。

6 月，与青洲英坭共同开发红磡地段的地产物业。

7 月，与中资侨光公司联合组成宜宾地产有限公司，取得沙田铁路维修站上盖发展权。

7 月，与美资凯沙水泥公司合作成立中国水泥（香港）公司。

9 月，从汇丰银行手中购入和黄 22.49% 的股权，成为首个收购英资商行的华人。

10 月 2 日，出任中国国际信托投资公司董事。

10 月 15 日，出任和黄董事局执行董事。

12 月，出任青洲英坭董事局主席。

1980 年　3 月，成立和记（中国）贸易有限公司。

5 月，李嘉诚带头捐资的汕头大学在广州成立筹备委员会。

9 月，宣布捐款 3000 万港元筹建汕头大学。

11 月，长实集团与港灯集团合作成立国际城市有限公司。

11 月 21 日，国际城市公司股票上市。

12 月 18 日，考察汕头市，为汕头大学选择校址。

1981 年　1 月 1 日，出任和黄董事局主席。

8 月 26 日，汕头大学正式成立。

8 月，以私人名义收购加拿大多伦多的希尔顿大酒店。

1982 年　5 月 23 日，赵紫阳在北京中南海会见李嘉诚，充分肯定了李嘉诚爱国兴学的精神。

1983 年　5 月 23 日，成立香港李嘉诚汕头大学基金会有限公司。

9 月，汕头大学正式开学。

1984 年　1 月 1 日，出席汕头大学奠基典礼仪式。

9 月 26 日，应邀到北京出席中英草签关于香港问题的联合声明仪式。

9 月 30 日，应邀出席在北京举行的中英正式签署关于香港问题的联合声明仪式。

1985 年　1 月 21 日，和黄收购港灯公司 34% 股权。

5 月 14 日，出任汇丰银行董事局非执行董事副主席。

6 月 18 日，被中央政府委任为香港特别行政区基本法起草委员会委员。

10 月，收购国际城市公司，将国际城市公司私有化。

1986 年　4 月 2 日，收购香港 20 家传呼公司。

4 月 16 日，出席在北京举行的香港特别行政区基本法起草委员会第四次全体会议，受到邓小平接见。

5 月 1 日，母亲庄碧琴去世。

6 月 20 日，在人民大会堂获邓小平接见，就汕头大学问题进行交谈。

9 月，收购伦敦皮尔逊手提电话公司。

9 月，购入加拿大赫斯基石油公司 43% 股权。

10 月，长实将希尔顿酒店以 10.3 亿港元的价格出售给港灯。

11 月，在欧洲发行价值 7.8 亿港元的可兑换国泰航空公司股份债券。

12 月 26 日，在人民大会堂再次获邓小平接见。

12 月，成立和记通信公司。

1987 年 2 月 10 日，出任汕头大学校董会名誉主席。

3 月，将港灯的非电力业务分拆为嘉宏国际集团。

6 月，嘉宏国际集团上市。

9 月 14 日，购入英资大东电报局 4.9% 股权。

10 月 12 日，美国《财富》杂志估测李嘉诚身家达 25 亿美元。

11 月 27 日，与胡应湘联手中标九龙湾国际展览中心地段。

1988 年 1 月 7 日，主持汕头大学医学院第一附属医院平顶仪式。

4 月 10 日，和黄旗下香港国际货柜码头有限公司投得葵涌七号码头经营权。

4 月，与中信集团联手取得蓝田地铁上盖发展权，开始兴建汇景花园。

4 月，与加拿大帝国商业银行、李兆基、郑裕彤等联合成立世博发展有限公司，共同在温哥华兴建万博豪园。

5 月 18 日，在美国《财富》杂志公布的世界 98 位亿万富豪中排名第 26。

12 月，与华润签订协议共同发展天水围。

12 月，正式将青洲英坭私有化。

1989 年 4 月 6 日，参加汕头大学校董会和教职工代表座谈会。

4 月 18 日，和黄收购英国 Quadrant 集团的蜂窝式移动电话业务。

11 月 9 日，本年第二次参汕头大学校董会和教职工代表座谈会。

1990 年 1 月 1 日，夫人庄月明因心脏病去世。

1 月 4 日，为夫人庄月明举行葬礼。

1 月 16 日，李嘉诚应邀到北京。国务院港澳办主任姬鹏飞会见李嘉诚。

1 月 17 日，江泽民和杨尚昆分别会见李嘉诚。

1 月 18 日，邓小平和李鹏分别会见李嘉诚。

2 月 7 日，和长子李泽钜、次子李泽楷共同出席汕头大学落成典礼。

2 月 8 日，主持汕头大学落成典礼。

2 月 17 日，出席在北京召开的香港特别行政区基本法起草委员会第九次全体会议。

6 月 20 日，陪同江泽民视察汕头大学，江泽民题词“任重而道远”。

8 月 31 日，与觉光法师共同主持大坑道佛教李嘉诚护理安老院开幕典礼。

1991 年 3 月，出任卫星电视公司主席。

4 月 18 日，在汕头大学会见留学归国教师，参加教职工代表座谈会。

6 月 12 日，和黄与英国铁行轮船公司共同购入英国菲力斯杜港货柜码头 75% 权益。

8 月，会见残联主席邓朴方。

9 月 5 日，在香港会见英国首相梅杰。

9月14日，与长子李泽钜陪同英国前首相撒切尔夫人参观香港国际货柜码头有限公司。

10月22日，购入美国纽约曼哈顿商业中心49%权益。

12月17日，出席汕头特区成立十周年暨特区范围扩大庆典活动。

1992年 3月11日，接受国务院聘任，成为首批香港事务顾问之一，并赴北京参加受聘仪式。

3月12日，与其他香港事务顾问一起受到杨尚昆和李鹏的接见。

3月13日，受到江泽民接见。

4月2日，辞去汇丰银行董事局非执行董事副主席职务。

4月，成为广东省教育基金会名誉会长。

4月27日，江泽民、杨尚昆、李鹏在北京分别会见李嘉诚。

4月28日，国家教育委员会主任李铁映会见李嘉诚。

4月28日，《李嘉诚与汕头大学》画册首发式在北京饭店举行，李嘉诚偕长子李泽钜、次子李泽楷参加该仪式。

5月1日，在深圳成立合资的长和实业有限公司。

8月，嘉宏国际正式私有化。

9月21日，被聘任为广州市中华民族文化促进会名誉会长。

10月23日，和黄与上海港务局就合资经营上海集装箱码头有限公司达成原则协议，李嘉诚出席协议签字仪式。

11月，与胡应湘合作发展广深珠高速公路第二期广州至珠海段。

1993年 1月4日，李鹏在深圳会见李嘉诚。

3月16日，成立汕头第一城开发有限公司。

5月16日，长子李泽钜举办婚礼。

6月，与荣智健联手收购美丽华酒店失败。

6月16日，李嘉诚偕李泽钜、李泽楷赴京，考察北京投资环境。

7月16日，成为香港特别行政区筹备委员会预委会委员，并受到江泽民等领导人接见。

8月18日，出席福州“三坊七巷”工程奠基仪式。

10月5日，在北京受到李鹏和朱镕基接见，并出席和黄与深圳东鹏实业有限公司合作成立深圳盐田国际集装箱码头有限公司的签字仪式。

10月6日，江泽民会见李嘉诚及李泽钜。

10月6日，出席中国残疾人联合会第二次全国代表大会。

12月9日，出席在北京召开的香港特别行政区筹备委员会预委会第二次全体会议。

1994年 1月5日，出席在北京召开的香港特别行政区筹备委员会预委会经济小组会议。

1月7日，参加长实集团出资的北京大规模危旧房改造和康居工程项目合同签字仪式。

4月，与汕头市政府签订建造微利房的合同。

7月8日，参加在北京召开的香港特别行政区筹备委员会预委会第三次全体会议。

11月23日，出席“一九九七后香港与内地经贸关系研讨会”。

12月8日，参加在北京召开的香港特别行政区筹备委员会预委会第四次全体会议。

1995年 1月17日，李鹏在北京接见李嘉诚。

7月，成立家庭信托基金会，并任基金会主席。

8月18日，与香港商界人士共同成立“香港明天会更好基金会”。

11月2日，获得香港科技大学名誉社会科学博士学位。

12月5日，被推举为国际潮团联谊会名誉主席。

12 月 5 日，陪同江泽民视察汕头大学。

12 月 28 日，被任命为香港特别行政区筹备委员会委员。

1996 年 4 月，回潮州视察小学建设情况。

5 月 23 日，长子李泽钜被张子强绑架，李嘉诚交赎金后李泽钜被放回家。

7 月 17 日，长江基建集团有限公司上市。

7 月，出任新加坡华裔馆国际董事局海外董事。

7 月，长孙女李燕宁出生。

1997 年 7 月 17 日，在美国《福布斯》杂志公布的世界富豪排行榜上排名第 15。

8 月，通过和黄和长实购入置地 3.06% 的权益。

11 月，出席第九届国际潮团联谊年会专为李嘉诚举办的新闻发布会。

1998 年 1 月，和黄与长江集团合资成立海逸酒店（国际）管理集团。

2 月，通过赫斯基收购加拿大萨斯喀彻温省政府旗下的劳埃德明斯特炼油设施剩余的 50% 股权。

3 月，宣布从 1999 年 1 月 1 日起不再担任长实总经理。

4 月，开始介入内地水务业务，长江基建与湖南省水厂签订了价值 1.5 亿元的合约。

6 月，和黄开始涉足内地农业，与两家内地公司合作，在齐齐哈尔共同发展高科技大型稻米农场。

6 月，屈臣氏在中环建立屈臣氏酒窖，这是香港最大的洋酒店。

7 月，与中国教育部合作推出长江学者奖励计划。

11 月 20 日，与卫生部副部长殷大奎共同主持汕头大学医学院第二附属医院新院开幕暨汕头大学 / 香港中文大学联合国际眼科中心奠基庆典仪式。

1999年 5月6日，参加汕头大学医学院与香港中文大学医学院在汕头大学医学院第二附属医院通过卫星传输的汕港间第一次远端医学会议。

6月21日，在《福布斯》公布的世界富豪榜中，李嘉诚进入前十。

10月21日，宣布出售44.8%的Orange股份，净赚上千亿港元。

11月15日，和黄与环球电讯合资成立和记环球电讯。

2000年 3月1日，TOM在香港联合交易所挂牌上市。

3月，在《福布斯》公布的世界富豪榜中排名第十。

3月，和记黄埔港口与上海港务局、上海实业、中远太平洋合作经营外高桥一期港区，李嘉诚出席合同签字仪式。

4月，获得英国“A”级3G牌照。

5月，和黄与中国联通签署在内地通信领域的合作协议。

7月5日，主持李嘉诚基金会主办的“千禧万里行”活动的出发典礼，为参加活动的师生送行。

10月，和黄旗下公司Andala 3G获得意大利政府拍卖的全球流动通信系统（UMTS）牌照。

12月4日，开始实施“长江新里程计划”。

2001年 5月20日，李嘉诚基金会与国内二十家重点医院合作开展免费“宁养医疗服务”。

2002年 4月14日，李嘉诚基金会出资赞助第七届国际人类基因组大会。

5月28日，李嘉诚和李泽钜通过可转让备兑证分别购入加拿大赫斯基能源普通股。

7月9日，支持TOM收购亚洲电视股份。

10月30日，与北京同仁堂合资成立北京同仁堂和黄中药公司。

12 月 10 日，在外高桥一期码头的投资方面与上海市政府达成协议。

2003 年　4 月 8 日，李嘉诚基金会为支持“一人一个橙”行动，捐赠一百万个鲜橙。

6 月 16 日，李嘉诚增持和黄 208 万股。

7 月 2 日，李嘉诚购入和黄 64 万股。

7 月 23 日，会见英国首相布莱尔。

8 月 23 日，以 13 亿欧元的价格收购荷兰保健美容化妆品连锁店集团 Kruidvat。

10 月 26 日，与汕头国际眼科中心共同展开“义诊周”，免费为人们治疗眼疾。

11 月 23 日，李嘉诚基金会开启“爱心光明行动”义诊周活动。

2004 年　1 月，和黄以“3”为品牌在香港推出 3G 服务。

3 月 24 日，和黄与广州白云山药业签订合作框架协议。

5 月 12 日，以 150 亿港元价格出售宝洁股份。

12 月 24 日，启动“关心是潮流”慈善计划。

2005 年　1 月 13 日，以 12 亿加元价格出售手中加拿大帝国商业银行股份。

1 月 17 日，屈臣氏集团宣布获得法国最大香水零售商 Mari-onnaud 公司控股权。

6 月 27 日，出席汕头大学毕业典礼，发表“内心的天空”主题演讲。

6 月 28 日，在汕头大学发表“管理的艺术”主题演讲。

9 月 25 日，出席长江商学院毕业典礼暨学位授予仪式。

11 月，会见美国加州州长阿诺·施瓦辛格。

12 月 8 日，出席汕头大学第六届校董会第四次会议。

2006 年　3 月 30 日，通过和黄控股惠州港。

4月，在长江中心与到访的三十多名内地企业家进行交流。

6月8日，参加长江EMBA与大师同行系列讲座。

8月24日，宣布未来将把个人财产的1/3用于慈善事业。

2007年 3月9日，在《福布斯》公布的世界富豪榜中进入前十。

6月，十天内连续四次增持长江集团股份。

12月5日，和黄将埃及电讯商手中的和黄电讯股份全部购回。

12月14日，以37亿港元的价格出售手中的中海集团和中国远洋的股份。

2008年 1月14日，入股NBA中国分会。

1月15日，长实再次入股加拿大帝国商业银行。

3月6日，减持和电国际股权。

3月7日，在《福布斯》公布的世界富豪榜中排名第十一位。

4月3日，增持首长科技。

4月19日，再次增持长实股份。

5月8日，访问武汉，会见湖北省委书记罗清泉和省长李鸿忠。

5月9日，恒生指数宣布将长江基建与电讯盈科剔出恒指成分股行列。

2009年 3月26日，否认离职传言。

4月，李泽楷之子诞生。

2011年 7月，李嘉诚基金会与民政部合作展开“疝气手术康复计划”，为西部贫困地区儿童免费治疗疝气。

附录二 李嘉诚历年捐款（部分）

1980 年 1 月，以母亲庄碧琴的名义捐款修缮潮州开元寺。

12 月，捐款兴建潮州市中心医院和潮州市医院。

1984 年 捐款在威尔斯亲王医院建立李嘉诚专科诊疗所。

向中国残疾人基金会捐赠 100 万港元。

1987 年 10 月，捐款建立三家养老院。

5 月，向中国孔子基金会捐赠 50 万港元，资助其进行儒学研究。

1988 年 向北京炎黄艺术馆捐赠 100 万港元。

捐款兴建潮汕体育馆。

捐款兴建儿童骨科医院。

向香港肾脏基金、亚洲盲人基金会、东华三院工捐赠 1 亿港元。

12 月，向香港迦密中学捐赠 325 万港元。

12 月，捐款兴建海南省人民医院。

1989 年 捐款兴建大坑道护理安老院。

捐款资助北京举办第十一届亚运会。

1990 年 12 月，捐款兴建潮州市体育馆。

1991 年　捐款在香港大学兴建“庄月明楼”和“庄月明文娱中心”。

7 月，以旗下四大公司的名义向华东水灾地区捐赠 5000 万港元。

7 月，捐款帮助汕头地区中小学修缮在台风中受损的校舍。

8 月，向中国残疾人基金会捐赠 500 万港元。

8 月 16 日，向中国残联捐赠 1 亿港元。

1992 年　捐款建立香港警察子女教育基金。

向卫奕信文化信托基金会和大口环根德公爵儿童书院捐赠 1900 万港元。

4 月 29 日，宣布对汕头大学的捐款增加至 6.8 亿港元。

4 月 30 日，宣布捐款兴建汕头大学医学院第二附属医院住院部大楼。

6 月 27 日，向广州市科技进步基金会捐赠 1000 万港元。

10 月，和黄将 120 万港元赠予在巴塞罗那第二十五届奥运会中获得奖牌的中国运动员。

1993 年　捐款资助大屿山羌山观音寺重建工程。

10 月 5 日，向中国残疾人福利基金会捐赠 1 亿港元。

1994 年　6 月，捐款为潮州贫困地区兴建 50 所基础小学。

1995 年　向明天会更好基金会捐赠 500 万港元。

1997 年　捐款为北京大学兴建新图书馆。

9 月，捐款为潮州市再建 20 所基础小学。

2000 年　1 月 25 日，捐款资助香港公开大学设立港岛区教学中心。

2 月 8 日，资助 1000 名学生参加“千禧万里行”活动。

5月20日，李嘉诚基金会捐款6亿港元支持中国内地、中国香港、美国知名学者进入汕头大学校董会。

6月1日，李嘉诚基金会向香港理工大学捐赠1亿港元。

9月22日，捐款支持长江学者奖励计划，并资助清华大学建设国家未来互联网技术研究中心。

11月7日，宣布每年捐款支持“宁养医疗服务”。

12月4日，捐款开启“长江新里程计划”。

12月4日，捐款两亿港元支持残疾人事业。

12月12日，李嘉诚基金会捐款资助香港公开大学设立港岛区教学中心。

2001年 2月，以李嘉诚基金会、长江实业以及和记黄埔的名义捐款3亿元人民币，开展“李嘉诚基金会西部教育计划”。

2月13日，李嘉诚基金会宣布以每年1600万元并逐步提升的捐款额度支持十六所医院建立“宁养医疗服务”。

2002年 4月10日，李嘉诚及和黄捐款资助内地和香港两地研究生赴英国深造。

5月，向英国剑桥大学先进癌症研究中心捐款530万英镑。

6月28日，捐款兴建国际眼科中心。

9月9日，李嘉诚基金会与和黄共同捐款1950万新元，支持新加坡管理大学图书馆建设以及成立内地、香港学生奖学金。

10月10日，以和黄名义捐款设立“和黄志奋领奖学金”，资助港陆两地研究生赴英国深造。

2003年 2月20日，李嘉诚基金会捐款支持继续发展长江学者奖励计划。

7月24日，李嘉诚基金会向安徽、云南灾区捐赠价值1200万港元的大米。

8月4日，李嘉诚基金会向安徽捐赠价值1000万港元的大米。

9月4日，捐款在香港中文大学成立眼科研究及训练基金。

9月19日，捐款支持潮州广济桥修复工程。

10月，捐款兴建上海金山众仁护理院。

11月18日，捐款设立奖学金，资助港陆两地博士生赴英国深造。

2004年 4月7日，李嘉诚基金会捐款资助香港中文大学建立健康科学研究所。

6月24日，捐款开启“长江澳洲毅进奖学金计划”。

12月28日，和黄与李嘉诚基金会共同向南亚地震海啸灾民捐款2400万港元。

2005年 1月13日，将出售加拿大帝国商业银行股份所获得的12亿加元拨作公益用途。

2月3日，追加捐款200万英镑，资助港陆两地博士生赴英国深造。

2月22日，李嘉诚基金会向香港大学佛学研究中心捐赠500万港元。

2月25日，李嘉诚基金会捐款资助对禽流感和新发传染病的研究。

5月5日，李嘉诚基金会向香港大学捐赠10亿港元，成为香港最大一笔教育捐赠。

6月20日，李嘉诚基金会向美国加州大学伯克莱学院捐赠4000万美元。

8月，向香港中文大学捐赠1亿港元，资助其医学研究计划。

9月，李嘉诚基金会向香港中文大学医学院“李嘉诚健康科学研究所”捐赠1亿港元。

9月8日，透过李嘉诚基金会宣布，向圣保罗男女学校捐赠8000万港元。

10月10日，和黄与李嘉诚基金会共同向巴基斯坦地震灾民捐款50万美元。

11月30日，李嘉诚基金会向加拿大多伦多大学圣米高医院捐赠2500万加元。

2006年 2月20日，李嘉诚基金会向性暴力受害者支持组织“风雨兰”捐赠100万港元。

2月24日，李嘉诚基金会向新加坡管理大学捐赠1950万新元。

3月30日，李嘉诚基金会向广东省公安民警医疗救助基金会、广东警官学院捐赠2500万元人民币。

6月20日，李嘉诚基金会为汕头大学“211工程”建设项目捐款两亿元人民币。

10月27日，李嘉诚基金会捐款资助陕西农村医疗建设。

10月31日，和黄追加对“和黄志奋领奖学金”的捐款，前后共捐款650万英镑。

2007年 1月8日，捐款资助英国剑桥大学设立肿瘤科教授席。

1月23日，李嘉诚基金会向澳洲医疗救护组织“皇家飞行医生服务”捐赠300万澳元。

3月10，透过李嘉诚基金会向新加坡国立大学李光耀公共政策学院捐赠1亿新元。

4月2日，李嘉诚基金会捐款支持第二期长江新里程计划。

4月19日，透过李嘉诚基金会向牛津大学捐赠200万英镑，资助其开展全球卫生计划。

6月29日，李嘉诚基金会捐款资助卡尔加里大学开展创新教育。

9月8日，李嘉诚基金会向香港中文大学捐赠2000万港元。

12月13日，李嘉诚基金会向香港大学李嘉诚医学院、香港医管局等捐赠1500万港元，资助开展同时注射肺炎链球菌疫苗和流感疫苗的先导计划。

2008年 1月18日，李嘉诚基金会向潮汕850户贫困家庭每户捐献20千克大米。

4月3日，捐款医治全国唇腭裂患儿。

5月，李嘉诚基金会捐款3000万元人民币，用于汶川大地震的救灾工作，后又联合长实、和黄共同捐款1亿元人民币。

2009年 6月1日，长实与和黄共同向上海世博会中国馆捐赠1亿元人民币。

2010年 4月，李嘉诚基金会向加拿大阿尔伯特大学捐赠2800万加元，资助其研究病毒感染疾病治疗方法。

5月13日，李嘉诚基金会向英国牛津大学捐赠500万英镑。

12月19日，李嘉诚基金会捐款2800万港元资助“Love Ideas HK集思公益计划”。

2011年 3月17日，李嘉诚基金会向日本红十字会捐款100万美元，用于抗震救灾。

3月29日，李嘉诚基金会通过“香港仁爱香港”捐款4000万港元，拓展“宁养医疗服务”。

4 月 12 日，李嘉诚基金会向茅盾文学奖捐赠 500 万元人民币。

7 月 3 日，李嘉诚基金会向汕头大学医学院附属肿瘤医院捐赠放射治疗系统 Ture Beam，使其成为中国第一家拥有该设备的医院。

7 月，捐款推行“疝气手术康复计划”。

12 月，向“李光耀双语基金”捐赠 500 万新元，推广新加坡学前双语教育。

2012 年 1 月，李嘉诚基金会向香港中文大学医学院捐赠放射治疗系统 Ture Beam。

1 月 11 日，李嘉诚基金会与汕头大学联手向汕头 850 户贫困家庭捐献 17 吨大米。

2013 年 4 月 24 日，李嘉诚基金会向雅安地震灾民捐款 3000 万元人民币。

4 月，李嘉诚基金会捐款 10 余亿港元，资助以色列理工学院落户中国，在汕头大学成立广东以色列理工学院。

4 月 26 日，李嘉诚基金会捐款 1000 万元人民币，开展“集思公益幸福广东——支持妇女计划”，为单亲妈妈或患病儿童提供援助。

5 月，李嘉诚基金会向英国牛津大学捐赠 2000 万英镑，成立“李嘉诚健康信息及研发中心”。

11 月 13 日，李嘉诚基金会向香港科技大学捐赠 2000 万港元。

11 月，李嘉诚基金会捐款 2000 万元人民币，与民政部共同开展“展璞计划”，使 3800 名女村干部得到大学培训。

2014 年 8 月，李嘉诚基金会捐款 3000 万元人民币，救援云南昭通地震灾区灾民。

11 月，李嘉诚基金会捐款 2000 万港元，支持湖北“长江新里程计划”第三期“关心你的残疾邻居”。

2015 年　6 月，李嘉诚基金会捐款 50 万元人民币，与汕头市民政局共同开展“集思公益·大爱潮汕”公益项目。

7 月，李嘉诚基金会向中国器官移植发展基金会捐赠 800 万元人民币。

附录三　李嘉诚历年获得荣誉（部分）

1981 年　3 月，被评选为 1980 年香港风云人物。

5 月，获非官守太平绅士头衔。

1986 年　3 月，被比利时国王封为勋爵，获颁比利时皇室勋章。

1989 年　4 月，被英国女王封为 CBE 勋爵。

1990 年　2 月，获得汕头市荣誉市民称号。

12 月 15 日，获得港督卫奕信颁发的“商业成就奖”。

1991 年　2 月，获颁汕头市荣誉市民证和金钥匙。

1993 年　2 月，获得广州市荣誉市民称号。

1994 年　3 月，获得南海市荣誉市民称号。

6 月，获得深圳市荣誉市民称号。

11 月，获得《亚洲周刊》主办的“一九九四年企业家成就奖”，同时被评选为 1993 年度香港商界风云人物。

1995 年　3 月，获得佛山市荣誉市民称号。

11 月，获得潮州市荣誉市民称号。

1997 年　7 月，被美国《福布斯》杂志评为“全球十大最具创意和成功商人”

之一。

1998 年　旗下的和黄获得亚洲最佳管理企业、最佳管理公司、最佳亚洲公司。

1999 年　4 月，获得英国《泰晤士报》评选的千禧年企业家大奖。

2000 年　6 月 6 日，在加拿大温尼伯获得马尼托巴大学商业管理学院颁发的 2000 年“国际杰出企业家大奖”。

2001 年　12 月，被评选为“全球二十五位最具影响力的商业领袖”之一。

2002 年　旗下的和黄获得整体最佳管理企业、全亚洲二百家最具领导地位企业、香港最佳管理企业、亚洲最佳企业管治。

2003 年　旗下的和黄获得整体最佳管理企业、最佳财务管理、亚洲最佳跨国企业、香港最佳管理企业。

2005 年　1 月，被法国总统授予荣誉军团司令勋章。

旗下的和黄获得亚洲一百五十家表现最佳企业、香港最佳管理企业、最佳亚洲企业大奖“最佳综合企业”。

10 月，被评选为全球最具影响力华人。

10 月，获得宁波市荣誉市民称号。

2006 年　4 月，获得民政部“十大慈善家”特别贡献奖。

9 月，获颁“福布斯终身成就奖”，也是第一个获此奖项的企业家。

9 月，获得粤港澳公益捐款公益先驱人物称号。

9 月，被评选为亚洲最具影响力人物。

11 月，入选《时代》杂志评选的“亚洲英雄榜”。

12 月，获得中央电视台评选的中国经济年度人物特别荣誉大奖。

2007 年　3 月，获得中华慈善奖终身荣誉奖。

4 月，获得美国对外英语教学教育学会颁发的 2007 年主席大奖。

5 月，入选《时代》杂志评选的全球百大最具影响力人物。

11 月，入选美国《商业周刊》评选的全球二十五位慈善家。

11 月，入选《财富》杂志评选的全球二十五位最具影响力的商业领袖。

12 月，入选十大中华公益人物。

12 月，获得南粤慈善家称号。

12 月，被著名的公关公司凯旋公司评选为全球最受敬佩行政总裁。

2008 年 5 月 5 日，获得北京大学授予的杰出教育贡献奖。

12 月 5 日，获得中华慈善奖特别贡献奖。

2010 年 2 月，入选《福布斯》杂志评选的全球最具影响力富豪榜。

12 月，获得 2010 年度华商领袖年会领袖人物·特别贡献大奖。

2011 年 10 月，获得美国加州大学伯克莱学院颁发的伯克莱奖章。

2012 年 4 月，李嘉诚基金会获得民政部颁发的“中华慈善奖”。

图书在版编目（CIP）数据

李嘉诚传．初心与未来 / 李阳编著．— 石家庄：花山文艺出版社，2017.10

ISBN 978-7-5511-3597-9

Ⅰ．①李… Ⅱ．①李… Ⅲ．①李嘉诚（1928-）— 传记 Ⅳ．① K825.38

中国版本图书馆 CIP 数据核字（2017）第 183322 号

书　　名：李嘉诚传．初心与未来
编　　著：李　阳

责任编辑：梁东方
责任校对：温学蕾
出版发行：花山文艺出版社　（邮政编码：050061）
（河北省石家庄市友谊北大街 330 号）
销售热线：0311-88643221/29/31/32/26
传　　真：0311-88643225
印　　刷：北京温林源印刷有限公司
经　　销：新华书店
开　　本：787×1092　1/16
印　　张：17
字　　数：160 千字
版　　次：2018 年 1 月第 1 版
2018 年 1 月第 1 次印刷
书　　号：ISBN 978-7-5511-3597-9
定　　价：48.00 元
